U0534618

深度探索

陈劲　安健　著

中信出版集团｜北京

图书在版编目（CIP）数据

深度探索 / 陈劲，安健著 . -- 北京：中信出版社，
2025.6. -- ISBN 978-7-5217-7495-5
Ⅰ . F492.3
中国国家版本馆 CIP 数据核字第 20250B5M07 号

深度探索
著　　者：陈劲　安健
出版发行：中信出版集团股份有限公司
　　　　　（北京市朝阳区东三环北路 27 号嘉铭中心　邮编　100020）
承 印 者：三河市中晟雅豪印务有限公司

开　　本：787mm×1092mm 1/16　印　　张：21　字　　数：226 千字
版　　次：2025 年 6 月第 1 版　　　　印　　次：2025 年 6 月第 1 次印刷
书　　号：ISBN 978-7-5217-7495-5
定　　价：79.00 元

版权所有·侵权必究
如有印刷、装订问题，本公司负责调换。
服务热线：400-600-8099
投稿邮箱：author@citicpub.com

目 录

序　言　勇立潮头的恒定价值　V

第一章　为什么偏偏是中国，偏偏是 DeepSeek？　001

横空出世的 DeepSeek　004
颠覆认知：从华尔街到 AI 大佬　010
技术民主化的胜利？　014
面对抄袭的指责：什么是蒸馏？　018
盗火者：辛顿、奥尔特曼、梁文锋　023

第二章　大模型——站在巨人肩膀之上　027

苦涩的教训　030
联结主义——另一条道路　035
辛顿和深度神经网络　039
突破算力和数据之墙　042
GPU 对决 CPU　044
深度神经网络初露峥嵘　046
自注意力机制点燃大模型时代　047
惊艳：大模型的开窍时刻　054
大模型的中国涌现　061

第三章　淬火的刀：DeepSeek 创新启示录　065

回溯：DeepSeek 的来时路　069
MoE 模型：各操一剑的顶级大师　073
MLA：DeepSeek 的信息过滤员　080
妙招：多令牌预测　089

以柔克刚：用算法压榨算力　091
"价格屠夫"？AI 不是富豪的玩具　093
重构研发的三个常识：稀疏，无约束，多令牌　098

第四章　强化学习、大模型与归来少年　105

千呼万唤不出来——Scaling Law 的边际时刻　108
成也 Scaling Law，败也 Scaling Law　115
不走寻常路：绕过监督微调　122
王者归来：强化学习再登场　126
再谈蒸馏：知识迁移的力量　133
DeepSeek：探索未知的少年　137

第五章　算力狂潮：从崇拜到跌落神坛　143

什么是算力　148
"卖铲子"的英伟达　153
OpenAI 与 DeepSeek：两种路线的较量　163
中国算力评估　169

第六章　开源与闭源：商业模式之争　173

开源才是人类文明的常态　176
闭源的由来与微软　180
OpenAI 和马斯克的开源之争　185
DeepSeek：开源战胜闭源　190
开源与闭源：AI 商业模式的两难选择　193

第七章　豪赌未来：DeepSeek 及其竞争对手　197

美国科技巨头重金押注　200
各路英豪：中国 AI 的差异化竞争　208
颠覆式创新三要素　216

第八章　驯服 AI 幻觉：从苏格拉底提问到多维思维　221

幻觉：大模型的致命之处　224
一道破万法：使用 AI 将知识引导出来　227
高效使用 AI 的核心能力：学会提问　231
避免 AI 幻觉的另一个思路：联网更新与交叉验证　235
多元融合思维：拓展维度、精简维度与维度转换　237

第九章　未来已来：AI 趋势的多维透视　241

量子人工智能：算力跃迁的终极战场　245
生成式 AI 的三重进化　248
行业渗透的深水区挑战　254
具身智能：物理世界的 AI 觉醒　257
人机共生：后 AI 时代的能力重塑　260

第十章　大模型：从"诸神之战"到负责任的创新　265

从 DeepSeek 到 deep innovation　268
创新者精神超越企业家精神　272
创新者精神：王选的故事　276
呼唤负责任创新　281

第十一章　唯有深度创新能力不可替代　287

熊彼特权重　290
会聚创新：一个灰烬中重生的案例　295
深度创新能力是人类最后的坚持　301

第十二章　AI：是普罗米修斯的火种还是潘多拉的魔盒？　307

速度与火焰终结一切　310

比尔·盖茨的机器人税　313
歌德的寓言，维纳的担忧　316
重温工具理性与价值理性　319

参考文献　323

序　言
勇立潮头的恒定价值

2025 年新年伊始，一家来自中国的人工智能初创公司——深度求索（DeepSeek），以破竹之势进入大众视野。它的出现不仅打破了中美在人工智能领域原有的力量格局，给 2025 年中国经济注入了澎湃动力，更在悄然间重塑着人类科技创新的基石。基于 DeepSeek 等新一代人工智能平台，全球科技创新的步伐进一步加速，传统劳动者向创新者的转变更为顺畅，人类迈向美好生活、追求更高文明形态的进程也得以加速。

在探讨 DeepSeek 的价值时，著名战略管理大师罗伯特·格兰特曾指出："以土地、劳动和资本为基础的经济正在向以知识为基础的经济转变。"这一观点其实缺乏实质意义。因为，回顾人类文明发展长河，人类几乎所有的重要进步都是以知识为基础的。管理学家彼得·德鲁克早在 1965 年就曾预言："知识将取代土地、劳动、资本与机器设备，成为最重要的生产因素。"因此，那些善于汇聚知识，并将其转化为创新动力的民族，往往能成为世界经济社会发展的引擎，引领所在国家或地区走向繁荣。

古希腊时代的雅典通过"汇聚、结合和编码"的方式，将分散的知识有效聚合，在公元前 5 世纪成为地中海地区东部重要的政治、经济、文化交流中心，创造了令斯巴达等古希腊城邦难以企及的"希腊的奇迹"，奠定了西方文明的基石。而在中国，从印章、拓印工艺的兴起到更为先进的活字印刷术的发明，这些伟大创举推动了知识的传播与汇聚，为中国文明的持续创新奠定了坚实的物质基础。

不过，哈耶克在其名篇《知识在社会中的运用》中提出了一个难题：关于变化的知识，从来无法集中。每当发生变化，往往只有部分个体能在局部有所感知，而这些关于变化的知识，是难以汇聚于一人大脑的。互联网和人工智能的发明与普及，为解决这一"哈耶克难题"提供了契机。维基百科、谷歌搜索引擎等的出现，让信息的标准化定义与快速收集变得轻松便捷；而 2022 年问世的 ChatGPT，更是为信息的收集、整理、计算、分析以及人脑的"观念建构"提供了强大助力。

DeepSeek，这家诞生于有着南宋文化历史底蕴的创新之城杭州的科技公司，凭借"知识蒸馏"的小数据理念和"算法主导算力"的新型人工智能发展逻辑，一跃成为全球人工智能领域的领先企业，给人类带来了更为强大的知识搜索和创造工具。从电商时代的软实力积累到 AI 时代的硬科技突破，DeepSeek 的异军突起并非偶然。杭州自由开放的市场环境、政府对创新创业的长期主义支持、一流研究型大学在人工智能学科领域的引领以及以数字经济为核心的产业基础等，共同孕育了这颗科技新星。它的成功是因地制宜发展新质生产力的生动实践，也有力证明了中国式科技创新应走非对称创新之路——以原创性、颠覆性的科技创新获得先发优势，以丰富场景和强大的工程科技创新能力实现市场价值。其中，后者是中国已有的强大优势，前者则是中国正在形成的强大优势。

本书作为国内较早系统论述 DeepSeek 技术与创新发展逻辑的专著，以工具理性和价值理性并重的视角，对 DeepSeek 的发展进行回顾、反思与展望，深入探究其对全球经济、商业、科技和社会发展的深远影响。我们期望通过本书，激励更多怀揣"让世界更美好"梦想的创新者，创造出更多像 DeepSeek 这样卓越的企业，为全球创新搭建更优质的平台，让人类共享更多繁荣与福祉。

在本书的创作过程中，我们得到了众多国内外学者的关心与支持。香港中文大学（深圳）校长、中国工程院院士徐扬生，浙江大学本科生院院长、计算机科学与技术学院教授吴飞为本书撰写了推荐语，在此深表感谢。

在知识经济时代，DeepSeek 提供的知识搜索和文本生成功能固然重要，但深度创新的素养才是更具价值的宝藏。古往今来，钱塘江大潮准时奔涌，那奋勇向前的磅礴气势给人类的创新发展带来了深刻启示。习近平总书记提出"干在实处永无止境，走在前列要谋新篇，勇立潮头方显担当"[①]的期望，鼓励我们勇敢地立于科技创新的浪潮之上。在机器智能逼近人类智能的关键时期，我们唯有秉持非凡的创造力和持之以恒的创新精神，才能

---

① http://www.qstheory.cn/dukan/qs/2019-10/03/c_1125069246.htm。

催生更多现象级的科技创新成果,从而为中国的经济发展和人类的繁荣昌盛贡献新的更大力量。

陈劲

清华大学经济管理学院教授

浙江大学竺可桢学院前常务副院长

2025 年 5 月 18 日于清华园

第一章 | 为什么偏偏是中国，偏偏是DeepSeek？

2025 年 1 月 27 日，正值中国农历新年除夕的前一天，当中国人正忙着采买年货、打扫庭院，准备热热闹闹地迎接新年时，一家来自中国的人工智能初创公司 DeepSeek 却在大洋彼岸的美国搅动风云。

当天美股一开盘，全球领先的 GPU（图形处理器）和人工智能芯片制造商英伟达的股价就剧烈波动。当日收盘，英伟达的股价暴跌 17%，市值蒸发了近 6000 亿美元，这是自 2020 年 3 月新冠疫情初期以来英伟达最糟糕的单日表现。

除了英伟达，其他与 AI 相关的股票的价格均出现不同程度的下挫，博通股价下跌 17%，台积电下跌 13.33%，美光下跌 11.71%，AMD（超威半导体公司）下跌 6%，微软下跌 2%。

英伟达带头的暴跌也导致纳斯达克综合指数跌 3.07%，标普 500 指数跌 1.46%。AI 行业的服务领域，如电力供应商也受到重创。美国联合能源公司股价下跌 21%，瑞致达的股价下跌 29%。

此次暴跌的主要原因是，市场对 DeepSeek 带来的竞争与威胁的担忧。DeepSeek 在 2025 年 1 月 27 日宣布其开源 AI 模型 R1 的训练成本仅约为 600 万美元，远低于英伟达客户为运行类似 AI 模型（如 ChatGPT）所支付的数亿美元。这一消息引发了市场对 AI 芯片需求可能放缓的担忧，导致投资者对英伟达的未来收入前景产生怀疑。

此外，DeepSeek 的技术突破被认为可能会改变 AI 行业的经济格局，降低市场对英伟达高端 GPU 的需求，甚至可能导致芯片价格暴跌。尽管英伟达的发言人对 DeepSeek 的技术进步表示认可，但市场仍对其可能带来的长期影响感到不安。

同一天，一款来自中国的神秘应用赫然出现在应用商店的榜首，它拿下了包括美国在内的 51 个国家和地区的应用商店免费下载榜第一。没错，这款应用就是 DeepSeek。一时间，DeepSeek 在各大应用商店的屠版开始霸榜各大媒体头条（见图 1-1），这也引发了从华尔街到硅谷的恐慌。

横空出世的 DeepSeek

从表面来看，DeepSeek 一夜之间爆火，火得一塌糊涂，火得一发不可收，但又火得莫名其妙。不过太阳底下没有新鲜事，DeepSeek 横空出世的背后，其实是中国 AI 公司在这一领域持续多年的深耕细作。DeepSeek 的崛起是一个典型的中国科技初创公司凭借技术创新和开源模式迅速崭露头角的故事。

2024 年 12 月末，有媒体报道称，小米总裁雷军以年薪千万的优厚条件聘请了一位被称为"天才 AI 少女"的年轻人，负责领导小米的人工智能大模型团队。这位出生于 1995 年后的女性名叫罗福莉，过去几年间曾效力于 DeepSeek 团队，并深度参与了大模型研发的核心工作。

TECHNOLOGY|ARTIFICIAL INTELLIGENCE

Silicon Valley Is Raving About a Made-in-China AI Model

DeepSeek is called 'amazing and impressive' despite working with less-advanced chips

《华尔街日报》：硅谷对中国制造的人工智能模型赞不绝口

yahoo / finance

DeepSeek is making Wall Street nervous about the AI spending boom: Here's what we know

雅虎财经：DeepSeek 让华尔街对人工智能投资热潮感到紧张

UPDATED TUE, JAN 28 2025. 4:51 PM EST

S&P 500 slides, Nasdaq drops 3% in sharp AI stock sell-off spurred by China's DeepSeek: Live updates

美国消费者新闻与商业频道（CNBC）：人工智能相关股票在 DeepSeek 的刺激下被大幅抛售

What to Know About DeepSeek and How It Is Upending A.I.

How did a little-known Chinese start-up cause the markets and U.S. tech giants to quake? Here's what to know.

《纽约时报》：DeepSeek 是如何颠覆人工智能的

TECH · ARTIFICIAL INTELLIGENCE

What to Know About DeepSeek, the Chinese AI Company Causing Stock Market Chaos

《时代》杂志：DeepSeek 引发股市混乱

图 1-1　DeepSeek 霸榜各大美媒头条

图片来源：各相应媒体网站主页截图。

对没有专门关注科技圈的普罗大众而言，这其实是DeepSeek第一次走进公众视野。不过，当时"天才AI少女"的风头显然盖过了DeepSeek，这越发使得后者在一夜成名后显得低调而神秘。从关于DeepSeek创始人梁文锋零零散散的背景资料中我们可以发现，2015年12月1日水木社区上转发的一则招聘启事，勾画出了梁文锋量化交易之路的轮廓：

> 2008年，L先生（指梁文锋）带着8万元本金，开始了自己独立的量化交易之路。2015年，历经七年熊市牛市大轮回的L先生，凭借每年超过100%的复合收益率，跻身亿元富豪之列。
>
> 这个行业里率先富起来的L先生认为，中国的量化交易将从"单兵游侠"的时代转向极客会聚的私募基金时代。他和IT（信息技术）圈的朋友创办了自己的公司，希望能打造一支世界一流的量化私募团队。他们给自己的公司取名"幻方科技"。"幻方"源自中国古代洛书九宫图，是一种特殊的矩阵，是科学的结晶与吉祥的象征。
>
> L先生的理想是有朝一日自己的公司能够与世界级的量化交易泰斗——西蒙斯的文艺复兴科技公司相媲美。

这则校园招聘的标题是《顶尖量化对冲基金公司觅牛人》。10年前，梁文锋是否能够招到牛人不太好说，但随着DeepSeek-V3的问世，业界普遍推测这一成就背后必有行业资深专家或"大牛"领衔。然而，罗福莉的走红却揭示了一个出人意料的事实：引领 DeepSeek 技术革新的主要推手并非传统意义上的行业老将，而是一群像她这样充满活力和创新精神的青年才俊。

尽管公司成员都很年轻，但 DeepSeek 在人工智能领域却堪称老兵。正如这则招聘启事所透露的，其起点可以追溯至 2008 年，当时梁文锋从浙江大学信息与通信工程系毕业，投身量化投资领域。他与友人共同探索利用数学模型和计算机程序进行交易的可能性，这段经历让他深刻体会到技术驱动创新的重要性。

2015 年，梁文锋与校友徐进联合创立了幻方量化。徐进拥有浙江大学信号与信息处理专业博士学位，曾在华为技术有限公司上海研究所任职。他们购置了大量 GPU，建立了实验室，开始研究如何借助 AI 技术构建投资策略。这一举措使幻方量化在短短四年内成长为管理资金规模超百亿元的私募巨头。既然 AI 制定的量化策略能跑赢市场，那 AI 是否会产生真正的智能？让我们大胆猜测，这第一桶金可能在梁文锋心中播下了将能实现通用人工智能（AGI）的种子。

随着业务的扩展，幻方量化于 2019 年成立了专门的 AI 实验室，并投入逾 10 亿元资金，研发了 AI 超级计算机"萤火一号"和"萤火二号"。其中，"萤火二号"配备了约 1 万张英伟达 A100 显卡，其算力超过了 72 万台个人电脑。凭借这些强大的计算资源，幻方量化在 2021 年将资产管理规模提升至 1000 亿元人民币。

到了 2022 年底，ChatGPT 的问世终于引燃了梁文锋对通用人工智能的热情。多年的积累让他做好了迎接这一挑战的准备。梁文锋表示："我们成立了名为深度求索的新公司，从大语言模型入手，未来还将涉及视觉等领域。"尽管在人工智能公司 OpenAI 公布了论文和代码后，国内外涌现出许多大模型公司，但他坚信，在未来 20 年内，无论是大企业还是初创公司都将拥有广阔的发展空间。

与其他国产大模型不同，DeepSeek 选择了开源道路，并且在第三代大模型发布时仍未推出任何具体应用，也未全面考虑商业化。梁文锋明确表示，他们的目标不在于开发单一应用，而是专注于基础研究和前沿创新。这种纯粹的理想主义，以及不被任何资方束缚、裹挟的底气，在某种程度上来自梁文锋早已实现财务自由的洒脱。这一点，与马斯克投资特斯拉、大举押注新能源汽车，有异曲同工之妙。真正的耐心资本只能是自己的资本。

长期以来，人们普遍认为，欧美科技界在从 0 到 1 的技术创新上更具优势，而中国企业则擅长在应用层面发力，即所谓的从 1 到 N。然而，梁文锋并不认同这种观点，他坚信中国 AI 不仅会跟随，还能以创新者的身份参与新的技术浪潮。

2023 年 7 月 17 日，梁文锋成立了杭州深度求索人工智能基础技术研究有限公司，宣布其目标是打造"真正具备人类级别智慧的人工智能"。当时，有一种观点在网络上流传：在中国，拥有高性能 GPU 最多的机构并非人工智能公司，而是一家量化私募投资公司。据《财经十一人》2023 年的报道，中国拥有超过 1 万张 GPU 的企业不超过 5 家，幻方量化是其中唯一一家不属于科技"大厂"的企业。这种一掷千金的果断与勇气，绝不是一般企业管理者所能达到的；这种不符合传统商业逻辑的决策，只能来自一个对通用人工智能有坚定信念的创始人。

在中国的 AI 大模型创业公司中，DeepSeek 一直保持着低调的姿态，但在基础技术研发方面，其却展现出了惊人的实力和一种学院派的严谨。尽管成立时间不长，但 DeepSeek 的发展速度和技术创新能力令人瞩目。仅在成立半年后，即 2023 年 11 月 2 日，DeepSeek 发布了 DeepSeek Coder，这是其首款开源代码大模型，支持多种编程语言的代码生成、调试和数据分析任务。该模型完全开源，免费供商业使用，这是该公司在 AI 领域的首次重大突破。

紧接着在 2023 年 11 月 29 日，DeepSeek 发布了其首款通用大语言模型 DeepSeek LLM 67B。这款模型的参数规模达到了 670 亿，性能接近 GPT-4，并在多个中英文公开评测榜单上表现优异。DeepSeek LLM 67B 进一步使 DeepSeek 成为开源大语言模型领域的领先者。

2024 年 5 月，DeepSeek 发布了开源第二代 MoE（混合专家）大模型 DeepSeek-V2，这款模型不仅在性能上实现了显著提升，还因其极低的成本引发了行业内的价格战。DeepSeek-V2 的推理成本仅为每百万令牌 1 元人民币，这一价格仅为 Llama 3 的 1/7，GPT-4-Turbo 的 1/70。这种巨大的成本优势迫使国内主流大模型厂商，包括腾讯、百度、阿里巴巴、字节跳动等，纷纷下调价格。

又是短短半年过后，DeepSeek-V3 模型发布，其输入价格进一步降至每百万令牌 0.5 元，这再次推动了国产大模型的降价潮。2024 年 12 月，字节跳动下调其旗下豆包视觉理解模型输入价格，与行业平均水平相比，降低了 85%。

真正的爆发是在 2025 年的 1 月 20 日，DeepSeek 发布了性能对标 OpenAI o1 正式版的新模型——DeepSeek-R1。由于它在基准测试中超越了 OpenAI 的同类产品，且强大丝滑的产品使用体验震惊了海外 AI 社区，因此 DeepSeek 被海外 AI 界人士称为"神秘的东方力量"。同时，国内媒体也在争相报道 DeepSeek 的大火，称 DeepSeek 为典型的"墙外开花墙内香"的中国创新。

"DeepSeek-R1 是我见过最惊人、最令人印象深刻的突破之一，"顶级风投 a16z 创始人马克·安德森评论道，"作为开源模型，这是给世界的一份意义深远的礼物。"

颠覆认知：从华尔街到 AI 大佬

就像分娩的阵痛总伴随着新生儿的第一声啼哭一样，DeepSeek 的出现也给世界带来了震撼与颠覆。世界在接受这一份来自东方的厚礼的同时，也在被这一颠覆式创新重塑着自身产业格局。

如前所述，DeepSeek 横空出世后，在全球资本市场引发了剧烈波动，华尔街视其为"AI 的斯普特尼克时刻"。

"斯普特尼克时刻"源于 1957 年苏联成功发射人类首颗人造地球卫星"斯普特尼克 1 号"。这一事件震惊了西方，尤其是美国，使其意识到在科技竞赛中自己可能会落后。可以说 DeepSeek 的出世，让美国回忆起大约 70 年前铁幕另一侧带来的巨大竞争压力。

近 10 年来，硅谷与华尔街之间形成的"技术—资本"合作关系，塑造了一个经典的双寡头叙事框架：硅谷凭借技术创新编织未来图景，而华尔街则通过金融杠杆作用拉高市场预期。为了使这一叙事模式持续保持吸引力并不断推陈出新，它需要不断地融入新鲜元素与新奇故事。最近，人工智能成了故事主角的不二之选。

OpenAI 的飞速崛起，无疑是这一模式的经典案例。

自 2015 年 12 月成立以来，OpenAI 的估值在 2019 年仅为 10 亿美元。然而，随着 2022 年底 ChatGPT 的发布，其估值飙升至 200 亿美元。到 2024 年 10 月，在一轮 66 亿美元的融资之后，OpenAI 的估值惊人地达到了 1570 亿美元，尽管其盈利之路仍遥遥无期。

与此同时，AI 领域其他领军企业的估值也在以惊人的速度"吹气球"。马斯克于 2023 年创立的 xAI，在 2024 年 12 月的 C 轮融资中筹集了 60 亿美元，估值超过 400 亿美元；而美国人工智能初创公司 Anthropic 则正在以 600 亿美元的估值寻求 20 亿美元的融资。

在自动驾驶领域，Waymo 公司于 2024 年完成了 56 亿美元的融资。而数据分析和 AI 平台领域的大数据公司 Databricks 在 2024 年 12 月完成了 100 亿美元的 J 轮融资，估值达到 620 亿美元。

根据美国风投数据研究公司 PitchBook 于 2025 年 1 月发布的报告，2024 年，美国的人工智能初创公司（其中大部分位于硅谷）共获得了约 970 亿美元的风投融资，占所有初创公司 2090 亿美元融资总额的近一半。

这种硅谷—华尔街模式的核心理念有二。第一，从 0 到 1 的技术突破需要巨额资金来支撑，用于算力和人才的投入，而资本市场的估值则建立在对"技术护城河"的广阔想象之上。

第二，从 1 到 100 的增长游戏是"技术理想主义"与"资本扩张需求"的合谋。微软计划在 2025 财年投资约 800 亿美元建设人工智能数据中心，OpenAI 与英伟达、软银等启动了 5000 亿美元的"星际之门"项目，这些都体现了 AI 业务增长对资本的极度依赖。

广大资方之所以如此慷慨，是因为它们坚信，依托于强大的资本市场，硅谷的 AI 公司能够带来丰厚的回报。而现实也确实如此。

即使在 2025 年 3 月初的股市调整中，特斯拉、英伟达等公司仍保持着匪夷所思的高估值。特斯拉的市盈率高达 170 倍，投资者将其视为马斯克多次强调的 AI 公司，而不仅仅是新能源车企；英伟达的市盈率为 45 倍，微软则为 33 倍。而同期中国的互联网巨头们的市盈率大部分在 15~23 倍，如阿里巴巴为 16.9 倍，腾讯为 22.2 倍。

要维持"过于丰满"的估值，美国股市的"七巨头"急需新的素材和故事情节，以持续吸引投资者的目光。近年来，维持它们高估值的关键正是 AI。因此，"技术—资本"模式已经演变为"AI—资本"模式。

然而，"AI—资本"模式这一闭环的脆弱之处在于，其可持续性完全依赖于技术领先性与资本收益率之间的正向循环。2025 年，DeepSeek 成了这一循环的最大变数。

当 DeepSeek-R1 仅以约 600 万美元的训练成本便实现了可与 OpenAI 数亿美元投入相媲美的模型性能时，硅谷和华尔街共同编织的 AI 神话开始受到广泛的质疑。

更关键的是，DeepSeek 的开源策略直接冲击了闭源模型的稀缺性溢价——这种溢价原本是"AI—资本"估值模型的核心变量。通过开源，DeepSeek不仅降低了AI技术的使用门槛，还促进了全球开发者社区的协作和创新。AI应用生态开始从"寡头游戏"转向"全民参与"。这种模式的转变，可以说直接冲击了硅谷的闭源霸权，促使AI行业向更加开放和普惠的方向发展。

以华尔街的视角来看，DeepSeek的颠覆性并非来自技术代际超越，而在于对现有资源的极致优化。DeepSeek的V3模型通过异构计算架构和动态负载均衡算法，显著提升了单位算力的产出效率，训练成本仅为行业平均水平的几分之一，从而开辟了一条低成本、高效率的新技术路径。

这种"效率革命"直接暴露了硅谷"堆算力、堆数据"模式的缺陷。马斯克透露，OpenAI正在开发的GPT-5的训练成本已超过10亿美元，而DeepSeek-R1仅以约600万美元的成本就实现了同等性能，直接拉低了行业估值的锚点。资本市场一周内相关股票价格暴跌超过20%，也反映出市场对"烧钱换增长"逻辑产生了信任危机。

在全球范围内，DeepSeek的影响力正逐步显现。其技术的卓越表现不仅得到了用户的广泛认可，也吸引了国际科技巨头的关注。亚马逊、微软等多家海外科技巨头对DeepSeek表现出开放态度，均宣布接入DeepSeek模型。

谷歌CEO（首席执行官）桑达尔·皮查伊称赞DeepSeek团队做了"非常非常棒的工作"。AMD的CEO苏姿丰也表示，DeepSeek在模型上的创新及其算法有利于AI的应用，它用更少的基础设施实现训练和推理能力是一件"好事"。

英国《卫报》网站刊文指出，DeepSeek 打破了美国对 AI 的话语权垄断。其开源和低成本的特点，可能有助于 AI 技术普及，让其他国家的开发者能够入局。

技术民主化的胜利？

DeepSeek 低成本、高性能的技术路线迅速赢得了全球开发者的关注和追捧。然而，正所谓木秀于林，风必摧之。DeepSeek 的快速崛起也引发了部分国家的担忧。多国政府对其进行的封杀和限制，构成了 AI 世界的两大绝妙讽刺：原本居世界领先地位的 AI 是封闭的，但它偏偏叫 OpenAI，对全世界开源免费并积极拥抱世界的 DeepSeek 却在被封锁和围堵。

美国、意大利、澳大利亚等国以"安全风险"为由，在政府设备中封杀 DeepSeek，甚至英国军方也加入这场技术围堵。

2025 年 2 月 4 日（当地时间），澳大利亚全面禁止政府的系统和设备使用 DeepSeek 的 AI 服务，其内政部长称 DeepSeek 技术存在"不可接受的风险"。

同年 2 月 7 日，韩国两大能源国企宣布禁止使用 DeepSeek。

更早些时候，意大利数据保护局 Garante 下令屏蔽 DeepSeek，爱尔兰数据保护委员会要求 DeepSeek 提供更多信息，法国数据保护监管机构 CNIL 向 DeepSeek 提出质询。此外，日本、英国、荷兰等国也在考虑出台有关使用 DeepSeek 的法规。

这当中自然少不了美国，前脚美国总统特朗普还称"DeepSeek 是很积极的技术成果"，后脚美国的权力机构就对

DeepSeek 展开了"全面围剿"，具体如下：

- 美国国家航空航天局（NASA）发布内部备忘录，以服务器位于美国境外、存在国家安全和隐私风险为由，禁止员工使用 DeepSeek 的 AI 服务，禁止系统访问 DeepSeek 平台。
- 美国海军向全体成员发邮件，警告 DeepSeek 来源和使用存在"潜在安全和道德问题"，禁止军方人员使用。
- 美国众议院首席行政事务官通知国会办公室，警告国会办公室不要使用 DeepSeek 的服务。
- 白宫人工智能和加密货币事务负责人甚至声称"有大量证据表明，DeepSeek 将 OpenAI 的知识，通过蒸馏提炼到 DeepSeek 中"。

更有甚者，2025 年 1 月 29 日美国共和党参议员乔希·霍利（Josh Hawley）在其个人网站提出了一项名为《2025 年美国人工智能能力与中国脱钩法案》（Decoupling America's Artificial Intelligence Capabilities from China Act of 2025）的激进提案，直指中国人工智能公司 DeepSeek。该法案要求全面禁止美国公民和企业在未经授权的情况下下载、使用或与中国合作开发 AI 技术，违者最高可面临 20 年监禁、个人 100 万美元罚款或企业 1 亿美元罚款。

尽管该法案只是提案，尚未获得通过，该议员的做法也激进且颇有炒作之嫌，甚至让整个事件看起来更像是一出闹剧，但美国对 DeepSeek 的封锁与打压态度，以及其风声鹤唳的紧张氛围，已足以管中窥豹，可见一斑。

不过，美国媒体对此却保持着清醒的认识。彭博社亚洲科技领域的专栏作家凯瑟琳·索尔贝克（Catherine Thorbecke）直言，DeepSeek已经无法被彻底封杀，"华盛顿几乎不可能消除DeepSeek的影响了"。

政府的禁令反而成了DeepSeek的最佳广告。在社交媒体上，"如何绕过封锁下载DeepSeek"的教程如病毒般传播；在技术论坛里，用户自发建立分布式节点来破解限制。在意大利应用商店下架DeepSeek的第一天，DeepSeek在该国的下载量反而增加了200%；在美国国会通过禁令之后，民间甚至流行起了"下载即反抗"的口号，用户将安装截图设置为社交头像，以示对禁令的嘲讽。

更具戏剧性的是，美国海军内部邮件泄露，显示军官们私下使用DeepSeek来优化战术模拟；法国数据保护监管机构CNIL的审查报告意外公开，文件中明确写道"技术无可替代"。民众戏谑地说："政客越封杀，我们越使用！"

2025年的春天，喧嚣与荒诞交织：一方面，DeepSeek在遭受压制和禁用；另一方面，其下载量却在多个国家登顶，月活跃用户数突破3000万，服务器因访问量过大而频繁宕机。在欧洲各国和美国，DeepSeek在许多人眼中已不仅仅是一个工具，更是一种象征、一种理念。而理念，是最难被封杀的。

DeepSeek大受欢迎的背后，是一次技术民主化的胜利。DeepSeek选择最高程度的开源，将算法代码和训练方法公布于众，允许全球开发者自由修改和进行二次创新。这种透明性不仅打破了闭源巨头对技术的垄断，还激发了从医疗到教育等多个领域的应用创新，英国人工智能初创公司NetMind通过转用

DeepSeek 模型节省了 90% 的开发成本。

而且，由于 DeepSeek 的代码已开源，全球实验室争相复刻其成果。即使封杀官方服务，开发者仍可基于公开技术自建模型，仅就存在的意义而言，DeepSeek 已经达到了不可磨灭的程度。

Meta 公司首席 AI 科学家杨立昆明确表示："DeepSeek 的成功表明，开源模型正在超越专有模型。"这种开放生态让技术突破不再受制于国界或资本，正如印度电子和信息技术部部长所评价的那样："DeepSeek 的低成本'节俭模式'，正在重塑全球 AI 价值链。"

英伟达、微软、亚马逊等美国科技巨头已主动接入 DeepSeek，并将其集成至云计算和芯片产品中。当企业选择用脚投票时，政府的行政禁令反而成为技术落伍的加速器。

《史记》有言："天下熙熙，皆为利来；天下壤壤（攘攘），皆为利往。"当利益足够大的时候，任何禁令都只能形同虚设。DeepSeek 的免费路线吸引了大量企业用户和开发者，与此同时，这些用户和开发者也成为其技术扩散的重要力量。极致的体验和无限趋近于零的成本，使得任何关于 DeepSeek 的禁令都只能沦为一纸空文。

历史总是押着相似的韵脚：16 世纪，西班牙凭借海上优势控制香料贸易，却加速了荷兰东印度公司的崛起；19 世纪，英国试图用《航海条例》垄断贸易，反而催生了美国私掠船的黄金时代。如今，DeepSeek 用开源代码和分布式网络，在数字世界复刻了同样的剧本。

正如硅谷风险投资人马克·安德森所说："与开源和自由相

比，闭源、不透明、审查和政治操纵，并非美国应该选择的制胜之道。"

面对抄袭的指责：什么是蒸馏？

比起徒劳的封禁，对于 DeepSeek 抄袭的指责，显得更有正当性和迷惑性。

较早对 DeepSeek 发出疑问的是 AI 领域的门外汉，不过这只是充满欢乐色彩的乌龙事件。如图 1-2 所示，有网友在向 DeepSeek-V3 模型提出"你是谁"这一问题时，DeepSeek-V3 的回答是 ChatGPT，这被当成 DeepSeek 抄袭的"铁证"，并开始在网络上疯传，逐步演变为一场群氓的狂欢。

科技媒体 TechCrunch 报道，此前谷歌的 AI 模型 Gemini 在中文语境下被提问"你是谁"时，回答自己是文心一言。Meta 的 Llama 3 在西班牙语场景下被误标为"Claude"。

DeepSeek-V3 有可能直接将 ChatGPT 生成的文本作为训练基础。在训练过程中，该模型可能已经记住了一些 GPT-4 的输出，并会逐字复述这些内容。另有业内人士指出，目前互联网大模型优质数据训练集有限，训练过程中不可能没有重合。

究其根源，数据污染已成为行业系统性风险。随着 ChatGPT 等大模型生成内容的海量扩散，互联网正沦为"AI 垃圾场"：欧盟预测 2026 年 90% 的在线内容或由 AI 生成。当开发者使用公开网络数据训练模型时，即便数据经过严格清洗，仍无法完全过滤潜藏的 AI 痕迹。

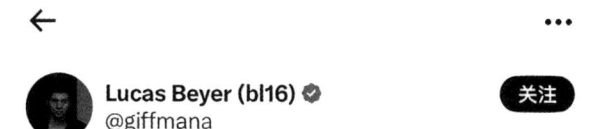

图 1-2　当被问及"你是谁"时 DeepSeek 的回答
图片来源：社交媒体截图。

不过，信者恒信，疑者恒疑。对 DeepSeek 身份的质疑迅速演化成两种声音，一种认为 DeepSeek 是抄袭或套壳，而另一种则指向了数据蒸馏。

对 DeepSeek 抄袭或套壳的指责，在 DeepSeek 开源的一刻就已经不攻自破了。因为开源，所有代码都是公开的，如果套壳，那就等于自己把证据大白于天下。

开源的透明性使得 DeepSeek 的技术实现完全公开，任何对其技术来源的质疑都可以通过查看代码来验证。这种透明性不仅证明了 DeepSeek 的技术独立性，也展示了其对知识产权的尊重。

一个 AI 模型的表现本质上是由三个基本因素决定的：一是神经网络架构，二是参数数量，三是具体参数的权重数值。这就与 OpenAI 闭源构成一个悖论：因为 OpenAI 是闭源的，所以抄袭者就会无处可抄；而又因为 DeepSeek 采取开源，如果抄袭，自然又无源可开。开源策略使得 DeepSeek 的技术细节完全透明，任何试图通过抄袭来获取技术优势的行为都会被迅速发现并公开。

而蒸馏却是一个颇为值得讨论的问题。

在人工智能领域，知识蒸馏（knowledge distillation）技术的发明通常被归功于杰弗里·辛顿（Geoffrey Hinton）。辛顿在 2015 年的一篇论文中首次提出了 AI 蒸馏技术。该技术的核心思想是通过让一个较小的模型（学徒模型）学习一个较大模型（导师模型）的输出，从而在保持较高性能的同时降低计算成本和模型规模。

简单地说，知识蒸馏的基本原理在于利用一个较为庞大的"导师模型"来指导一个较为紧凑的"学徒模型"，从而使学徒模型能够在资源受限的场景下尽可能地复现导师模型的性能表现。这一技术过程可以类比为"一位导师对学徒的知识传承活动"，设想一位资深专家（导师模型）正在向一位新手（学徒模型）传递复杂的专业知识。这位专家不仅向学徒展示知识的具体内容或解决方案（即模型的输出结果），还会深入剖析这些内容或解决方案背后的形成机制，帮助学徒理解知识或某一结论的内在逻辑。这样一来，当面临实际任务（向模型输入指令）时，学徒就能够给出可与导师相媲美的高质量回应（模型的输出结果）。关于知识蒸馏的细节，我们将会在本书后文详细展开讨论。

2025年1月29日，OpenAI指控中国人工智能初创公司DeepSeek使用模型蒸馏技术来训练自己的模型，并暗示这可能违反了OpenAI的服务条款。OpenAI声称，DeepSeek通过API（应用程序接口）大量提取ChatGPT模型的输出数据，并利用这些数据训练自己的开源模型（R1），这一过程被认为可能构成知识产权侵权。

然而，模型蒸馏技术本身是合法的，关键在于数据的获取和使用是否合法。根据OpenAI的用户协议，用户对其通过OpenAI服务生成的输出内容享有完整的所有权，包括获取、使用、修改及商业化权利。因此，只要用户在获取和使用数据的过程中遵循协议，其行为就是合法的。此外，AI模型的训练数据和方法是否构成"知识产权"，尚无全球统一标准。因此，即使DeepSeek使用了OpenAI生成的数据进行蒸馏，这些数据只要是通过合法途径获取的，就不构成侵权。

所以，尽管OpenAI提出了上述指控，但其CEO萨姆·奥尔特曼（Sam Altman）明确表示，OpenAI没有计划对DeepSeek采取法律行动。在2025年2月3日的采访中，奥尔特曼表示："我们目前没有起诉DeepSeek的计划。我们将继续打造卓越的产品，并以模型能力引领世界，我相信这会很好。"

颇为讽刺的是，此时的 OpenAI 还深陷与《纽约时报》的官司。2023 年 12 月 27 日，《纽约时报》将 OpenAI 和微软告上法庭，指控这两家企业未经授权便使用其数百万篇文章来训练 ChatGPT 等 AI 聊天机器人。这场诉讼是全球首个大型媒体机构起诉 AI 平台侵犯版权的案例。

《纽约时报》起诉 OpenAI 和微软的案件中，主要指控内容包括：OpenAI 和微软未经授权便使用《纽约时报》的数百万篇文章来训练 ChatGPT 等 AI 模型。ChatGPT 能够逐字复制《纽约时报》的文章内容，并模仿其写作风格，对文章进行提炼和总结。这种未经授权的使用不仅侵犯了版权，还给新闻出版商制造了潜在的竞争对手，损害了其获得订阅、版权许可、广告和其他附带收入的能力。

从《纽约时报》的指控内容来看，其核心问题在于 OpenAI 未经授权便使用《纽约时报》的文章来训练 ChatGPT 模型，这主要涉及侵犯版权问题。而知识蒸馏技术本身是一种合法的技术手段，用于优化和压缩模型，其关键在于如何获取和使用数据。因此，OpenAI 对 DeepSeek 的指控颇有些"贼喊捉贼"的味道。

而整件事的背后，其实揭示了 AI 发展的一大困局：数据枯竭的危险迫在眉睫。自 2020 年以来，用于训练大语言模型的数据规模增长了 100 倍，可能已经占据了互联网中很大一部分内容。然而，互联网可用内容的增长速度却非常缓慢，年增长率不到 10%。与此同时，AI 训练数据集的规模每年翻倍。这种不平衡导致了数据资源的快速枯竭。

为了应对这一威胁，目前总共有三种方案。第一种是使用合成数据，通过计算机模拟或算法生成的带有注释的信息来替代真实数据，以补充数据的不足。根据 Gartner（高德纳）的预测，用于训练大模型的数据中将有 60% 是合成数据。第二种应对之策就是寻找非常规数据源：一些 AI 公司正在转向使用专注于特定领域的专业数据集，如健康护理、环境等领域。第三种则是优化数据使用效率：通过改进模型架构和训练方法，减少对数据的需求。

无论采用哪种方案，数据蒸馏技术在解决 AI 数据集枯竭问题上都具有不可替代的重要性。数据蒸馏技术通过从大规模数据集中提取关键信息，构建一个更小但更具代表性的数据集，从而显著降低存储和计算成本，同时提高模型训练的效率。

因此，对 DeepSeek 抄袭的指责，本质上是对未来变革的不适。尽管如此，DeepSeek 仍将被一些人指责为"盗窃者"，但事实上，DeepSeek 并非盗窃者，而是把火种带给人间的"盗火者"。

盗火者：辛顿、奥尔特曼、梁文锋

"盗火者"这一概念源自希腊神话中的普罗米修斯。普罗米修斯从众神那里盗取了火种，带给人类光明和智慧，从而推动了人类文明的进步。在现代语境中，"盗火者"被用来形容那些勇于探索、敢于挑战权威、为人类带来新希望和可能性的人。

正是数代特立独行的"盗火者"薪火相传，才引发了此次人工智能革命的燎原大火。这些盗火者有一个共同特征，就是拥有对通用人工智能的坚定信念，以及敢于挑战现状的无限勇气。

第一代盗火者杰弗里·辛顿，他质疑符号主义人工智能的"显学"，坚信人工智能的出路在于模仿人脑的神经网络结构。然而，他对深度神经网络的研究却无人问津，甚至被讥讽为"学术炼金术"。他不顾同行的讥笑与质疑，一手开创了反向传播算法，让深度神经网络的训练成为可能，也为后来的大模型时代奠定了坚实的基础。

奥尔特曼和辛顿的弟子、OpenAI 的联合创始人及前首席科学家伊利亚·苏茨克维（Ilya Sutskever）是第二代盗火者的代表。这一代盗火者质疑深度神经网络只能用于特定任务，而坚信参数更多的模型会带来智能爆发的奇异点——Scaling Law（规模定律）必将是打开通用人工智能的秘密钥匙。在他们的带领下，OpenAI 这家公司拥有了超越谷歌等巨头的勇气和决心，在回报前景不明的情况下，投入上亿美元进行模型训练，并创造了 GPT-3——第一个震惊世人的大模型。GPT-3 向世人证明了，在大模型、大算力、大数据的支持下，"大力真的可以出奇迹"，也让所有人看到了通用人工智能时代的曙光。

与前者一样，梁文锋也是通用人工智能的坚定信徒，只不过与辛顿等学者不同，他对通用人工智能的坚定信念可能来自资本市场的动荡沉浮。未尽研究创办人周健工表示：量化投资与 AI 研究，构成了幻方量化基因的双螺旋结构。这种独特的企业基因，不仅在中国是独一份，在世界范围内也罕有。这一方面让 DeepSeek 团队质疑更大的算力是不是通向更高智能的唯一路径，另一方面也让他们在研究中极度重视成本的控制（我们将在后面的章节中展开）。

此外，以 OpenAI 转向"ClosedAI"为代表事件，全球人工智能转向技术封闭的暗潮涌动。DeepSeek 的横空出世让梁文锋成为"AI 普惠化的推动者"，正是他力排众议地选择了开源路线，在日渐形成的 AI 霸权上打开了一个缺口，才让更多国家的更多企业和更多用户有权利享受人工智能带来的益处。正如马斯克参与投资成立 OpenAI 的初衷正是要对抗谷歌的 AI 霸权，他说："我认为，防止人类滥用人工智能的最佳防火墙就是让尽可能多的人都拥有人工智能。"

第二章 大模型——站在巨人肩膀之上

DeepSeek 的爆火，是国产 AI 的一次成功突围。

面对如潮好评，深度求索创始人梁文锋谦虚地回应："我们不过是站在开源社区巨人们的肩膀上，给国产大模型这栋大厦多拧了几颗螺丝。"

实际上，DeepSeek 的成功不仅植根于开源社区的协同创新生态，更系统性地继承了人工智能领域从符号主义到深度学习时代的学术积淀与工程实践，从艾伦·图灵提出的可计算性理论框架，到 Transformer 架构等里程碑成果的持续演进，均为其技术突破提供了跨越时代的范式支撑。

从 1956 年达特茅斯学院潮湿的夏夜算起，这场相隔约 69 年的时空接力，传递着同一支火炬——达特茅斯会议争论的机器智能的边界，在 DeepSeek 的神经网络中被重构为可量化的认知熵值；香农未曾设想的"信息熵的社会化应用"，正通过大模型的多模态接口重塑法律、教育与科研范式。当约翰·麦卡锡定义的"智能"从实验室方程蜕变为全球日均 50 亿次的 API 调用，技术史的断层线在此刻彰显：一代代智能体突破的不仅是算力与数据，更是人类对思维本质的认知疆域。

苦涩的教训

所以要讲清楚 DeepSeek，还要从人工智能说起。

智能本身是难以定义的。我们称自己为智人（有智慧的人），是因为智能对我们来说尤其重要，但是千百年来没有人能给智能下一个令人信服的清晰的定义，以至于智能的近义词诸如智慧往往沦为大话和谎言的开场白。

早在艾伦·图灵开始研究人工智能时，他通过提出一个判断机器是否具有智能的标准，巧妙地避开了给"智能"下明确定义的难题。图灵提出，如果一台机器能够在与人类的对话中表现得足够自然，以至于人类无法区分它与真正的人类之间的区别，那么这台机器就可以被认为具有智能。

这就是 1950 年，图灵在其论文《计算机与智能》中提出的大名鼎鼎的图灵测试。时至今日，每隔一段时间就有研究团队试图通过图灵测试来验证他们人工智能系统的智能水平。但遗憾的是，至今没有一个系统能完全通过这个测试，即使是目前最先进的 AI 模型，也尚未实现图灵最初的愿景。

图灵的论文在学术界引起了广泛关注，吸引了越来越多的学者加入对机器智能的研究。其中，就包括达特茅斯学院年轻的数学助教约翰·麦卡锡，以及哈佛大学年轻的数学和神经学家马文·明斯基。

1956年，麦卡锡、明斯基等科学家在美国达特茅斯学院召开会议（见图2-1），首次提出"人工智能"（artificial intelligence，AI）的概念，标志着现代AI呱呱坠地。麦卡锡提出的"让机器像人一样思考、学习和自我改进"成为会议的宣言，也成为几代人奋斗的目标与动力。

图 2-1　达特茅斯会议与会者

图片来源：Courtesy of the Minsky family。

这场为期两个月的研讨会更像是一场科学乌托邦：明斯基展示了早期的神经网络模拟器 Snare；艾伦·纽厄尔和赫伯特·西蒙带来了"逻辑理论家"（Logic Theorist）程序，这是当时唯一可以工作的人工智能软件，成功证明了《数学原理》中的38条定理，其中两条定理的证明比罗素和怀特海的更简洁；克劳德·香农则把注意力放在"会下棋的机器"上。当与会者围坐在草坪上乐观地畅想"一个暑假造出能媲美人脑的机器"时，没有人会想到他们将开启的是一场长达69年的跋涉，并且至今也没有走到尽头的迹象。

人工智能的探索之旅之所以走得如此艰难，究其根源，在于人工智能在一开始就走上了看似平坦实则艰险无比的道路——符号主义。

符号主义，又称逻辑主义，是人工智能领域早期的一个重要流派。如果用一句话来描述符号主义的思想，那就是将现实世界抽象为可被机器识别和计算的符号，利用运算模仿人脑思考，通过逻辑推理来认知世界。简而言之，符号主义认为智能就是计算。由于逻辑和计算是人类典型的心智活动，因此符号主义也常常被称为心智派。

科研界早期对符号主义的热情拥抱与坚定信心，源于四大历史合力的交织作用——认知科学的范式契合、技术突破的示范效应、冷战背景下的战略驱动以及社会想象的集体建构，这种集体信念既折射出时代的认知局限，也反映了技术革命初期的典型特征。

符号主义将智能简化为符号操作，与笛卡儿"我思故我在"的理性主义哲学一脉相承。1956年达特茅斯会议明确指出："学习或其他智能特征的每个方面，都应被精确描述，从而让机器模拟。"这种对人类理性的机械主义理解，契合了当时主流的认知科学范式。

维特根斯坦"语言的界限即世界的界限"的论断，在符号主义中演变为"符号的界限即智能的界限"。20世纪50年代的语言学家乔姆斯基提出的转换生成语法，为符号系统处理自然语言提供了理论依据，使人们相信语言理解可以通过语法规则来实现。

20世纪60年代兴起的认知心理学，将人类思维视为信息加工过程。这种类比使符号系统成为研究人类认知的理想工具，以至于1957年开发的通用问题求解器（general problem solver, GPS），直接模拟了人类解决问题的思维步骤。

20世纪50年代推出的IBM 7090计算机，其内存达32KB，运算速度为23万次/秒，这种技术进步让人们相信符号系统的计算瓶颈终将突破。1965年的DENDRAL系统，通过分析质谱数据自动推断有机分子结构，准确率达到化学家的水平。20世纪60年代诞生的摩尔定律提出，计算机算力每隔18~24个月就要翻一番。20世纪70年代推出的MYCIN医疗诊断系统，在血液感染诊断中表现优于初级医生。这些成功案例极大地鼓舞了研究者。

1957年苏联发射"斯普特尼克1号"卫星后，美国国防部高级研究计划局（DARPA）将AI列为战略重点。符号系统因其可解释性和逻辑可控性，被视为开发军事专家系统（如指挥决策辅助）的理想工具。

20世纪60年代，阿波罗计划需要复杂的任务规划系统。符号系统，如STRIPS（Stanford Research Institute Problem Solver）系统的分层规划为航天器路径规划提供了有效方法，反过来，这种实际应用也进一步巩固了符号系统的地位。

符号主义强调的理性设计与西方自由市场理念形成了隐喻对应关系，而苏联的控制论研究则侧重神经网络。这种技术路线的选择被赋予意识形态色彩，成为冷战时期竞争的一部分。

科幻作品，尤其是1942年阿西莫夫提出的"机器人三定律"和1968年上映的电影《2001太空漫游》，塑造了大众对智能机器的符号化想象。《2001太空漫游》中HAL 9000计算机的逻辑推理能力，成为符号主义的完美注脚。

20世纪60年代，IBM（国际商业机器公司）、DEC（美国数字设备公司）等将符号系统宣传为"第四次工业革命"的核心。1970年，《生活》杂志引用了明斯基的预言："3~8年内，机器人将具有普通人的智能水平。"

20世纪60年代的计算机科学教育将符号逻辑作为核心课程。MIT（麻省理工学院）的Logo编程语言通过海龟绘图教学，强化了"符号操作即智能"的认知模式，培养了整整一代符号主义信徒。

如此形成的集体信心，本质上是特定历史条件下的认知泡沫。符号主义的局限性——常识推理缺失、组合爆炸、知识获取瓶颈——在当时被由技术进步带来的乐观情绪所掩盖。正如1961年明斯基在《迈向人工智能的步骤》中所宣称的："在一代人的时间内，创造人类水平的智能将成为现实。"这种乐观主义持续到1973年《莱特希尔报告》的发布，才被残酷的现实打破。

符号主义的兴衰揭示了技术发展的普遍规律：初期的范式革命往往伴随过度的社会期待，而真正的突破往往发生在主流范式的边缘。DeepSeek的R1模型正是这种规律的当代体现——当硅谷醉心于"更大更强"的符号主义式扩张时，杭州团队通过统计学习的创新路径，在AI领域创造了新的可能性。

这段历史或许正如理查德·萨顿于2019年发表的《苦涩的教训》（The Bitter Lesson）中所揭示的技术发展的冷酷逻辑所概括的那样："人类引以为傲的智慧与经验，在算力与数据的洪流中可能沦为次要因素。"这段历史不仅关乎技术演进，更映射出人类对智能本质认知的嬗变——从"机械复制思维"到"涌现创造智能"，我们终于学会敬畏复杂性，承认有些奇迹只能诞生于规模与混沌之中。

联结主义——另一条道路

当符号主义高歌猛进时，另一群人则在更加坎坷的道路上艰难探索。这条路就是联结主义。如果说符号主义的目标是模拟人类的思维过程，那么联结主义则旨在模仿人类大脑的运作方式。符号主义称霸了早期的AI，以神经网络为基础的联结主义则统治了今天的AI。

联结主义的起源甚至比符号主义更早。1943年，神经科学家沃伦·麦卡洛克与数学家沃尔特·皮茨在《数学生物物理学通报》上发表的论文中首次提出了人工神经模型。后来，人们根据麦卡洛克和皮茨的名字将这个仅有二进制激活函数的模型命名为"M-P神经元模型"。尽管这是人类首次将神经元抽象为阈值逻辑单元，为神经网络奠定了数学基础，但它还是太简单了，以至于人们不知道它能用来做什么。

转机来自达特茅斯会议召开一年之后，1957年，弗兰克·罗森布拉特在IBM 704计算机上模拟实现了感知机Mark1，标志着联结主义的首次技术突破。这个由 400 个光电池、100 个神经元组成的装置，通过调整权重实现了 0~9 的手写数字识别。更具革命性的一点是，它无须编程即可自主学习——这种"数据驱动"的范式，与符号主义的"规则驱动"形成鲜明对比。正如罗森布拉特所预言的："感知机将为理解人类智能提供钥匙。"

要让感知机能够识别手写数字，我们需要将大量手写数字的数据集"投喂"给神经网络，这个过程又被称为机器学习。

第一步，将训练集里的每个手写数字图片转化为 28×28 总共 784 个像素（见图 2-2），然后用 784 个神经元去识别这 784 个像素。我们给每一个像素赋予一个数值。比如，手写图片 9 正中央的像素，它的赋值对 9 来说应该是一个负值，因为如果这个像素在图片中间出现，那么这个图片是 9 的可能性就降低了，而对于数字 1 来说，这个赋值就应该是正的，因为它一旦出现，这个图片是 1 的可能性就上升了。我们把这个像素的赋值称作权重。

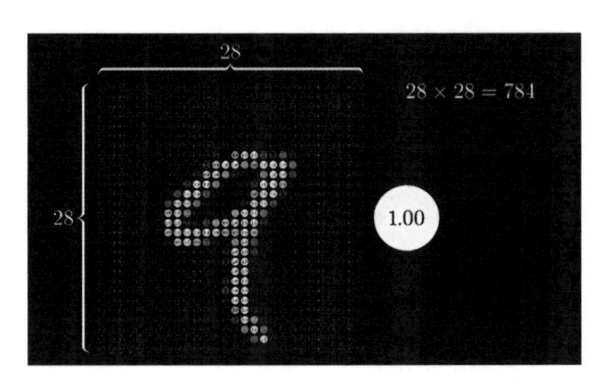

图 2-2　将手写数字图片转化为 784 个像素

图片来源：3Blue1Brown。

第二步，将 784 个像素的赋值归一化，就可以将一幅像素画转化为特定的数值范围，对应 0~9 不同的数字，这时感知机就可以识别数字了。

科研人员让感知机识别大量手写数字图片（见图 2-3），并通过识别的结果不断调整每个神经元的参数，直到整个感知机可以准确地输出答案，这和今天几百亿参数大模型的训练过程并没有本质区别。

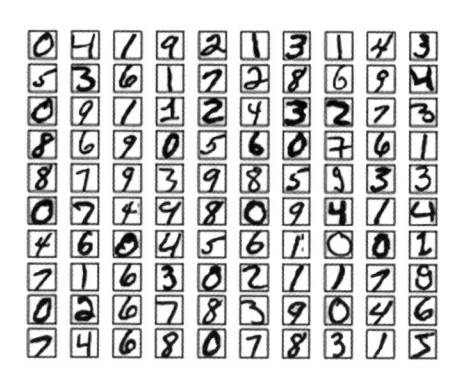

图 2-3　手写数字图片训练样本

图片来源：Michael Nielsen。

感知机识别手写数字的训练，是人类首次摒弃了传统编程，通过预先调整参数的方式，单纯依靠机器学习来完成智能任务，开辟了与图灵机和符号主义完全不同的一条人工智能发展新路径。至今，所有基于神经网络的人工智能模型在基本工作原理上仍与感知机保持一致（见图 2-4）。从此刻起，人类终于给了机器一个自主学习的大脑，机器学习时代发出了第一次微弱的脉搏。

然而好景不长，1969 年明斯基与西摩·佩珀特合著的《感知机》将机器学习的婴儿扼杀在襁褓中。他们通过数学证明：单层

图 2-4　罗森布拉特的感知机 Mark 1

图片来源：Frederic Lewis/Getty Images。

感知机无法解决 XOR（异或）等非线性问题（见图 2-5）。早期神经网络可以轻松解决 OR（或）问题，却无法处理 XOR 这样的非线性问题，导致神经网络研究陷入长期停滞。

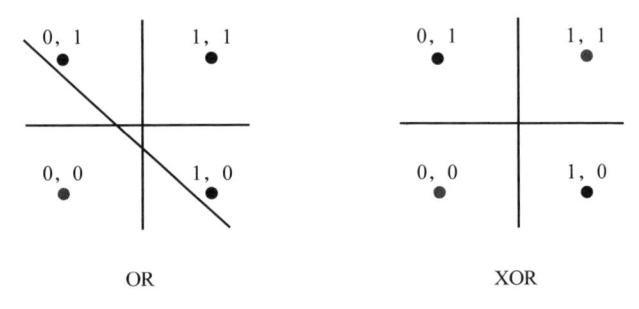

图 2-5　OR 与 XOR 问题

图片来源：https://dev.to/jbahire/demystifying-the-xor-problem-1blk。

这个结论被过度解读为"神经网络没有前途",导致美国政府切断了资助。这种理论打击与罗森布拉特的意外离世形成双重暴击,联结主义研究进入长达37年的寒冬。

颇具讽刺意味的是,《感知机》一书其实提到了多层网络可能突破限制,但当时无人具备实现它的算力与算法。这也是人工智能第一次遭遇算力与算法的瓶颈挑战,但是一旦凿开这堵叹息之壁,前方便是一片光明。这也为后来的大模型"大力出奇迹"的模式埋下了伏笔。随着时间的推移,人工智能的发展逐渐依赖于算力和数据的堆砌,演变成了一场大模型的军备竞赛。正是凭借不断增加的算力与数据量,大模型才能够展现出其强大的能力和"大力出奇迹"的特点,这也展现出算力与数据对大模型至关重要的推动作用。

20世纪七八十年代,神经网络研究沦为学术边缘课题。只有少数"逆行者"仍在坚持:芬兰学者托伊沃·科霍宁提出自组织映射(self-organizing map,SOM),证明神经网络能够实现无监督学习;日本科学家甘利俊一建立信息几何理论,为深度学习奠定数学基础;当然,还有本书前文提到的盗火者辛顿。

辛顿和深度神经网络

也许是受到作为生物学家的父亲的影响,辛顿年轻时起就对人脑的结构及人脑如何工作着迷,他坚信模拟人脑的构造是通向人工智能的正确道路。在20世纪70年代和80年代,关于神经网络的研究几乎进入冻结状态,辛顿的研究自然四处碰壁,美国的 AI 研究机构都对他的研究不感兴趣。最终辛顿落脚加拿大，因为当时只有多伦多大学愿意资助他的研究。

真理也许真是掌握在少数人手中，辛顿的研究多年来不断遭受同行的怀疑和嘲讽，连与他同校的教授都认为神经网络是"科研炼金术"，让学生离这个课题远点儿。而辛顿却不为所动，一直坚持不懈地发表了大量研究成果。1986 年，辛顿与大卫·鲁姆哈特和罗纳德·威廉姆斯在《自然》杂志上共同发表了《通过误差反向传播算法的学习表示》（Learning Representations by Back-propagating Errors）。这篇论文是深度学习领域的里程碑之作，它详细介绍了反向传播算法的原理和应用：

> 这个算法通过反复地去调整网络中的连接权重，来最小化该网络的实际输出向量和真实预期输出向量之间的差。由于权重的不断调整，那些不作为输入和输出层的内部隐藏层开始表现出任务的重要特征，我们通过这些隐藏层单元间的相互作用来发现任务的规律性。

前文介绍过，单层神经网络可以分辨 0~9 这 10 个数字，但是要让其分辨更复杂的图像，比如判断一张随机的图片里是不是有一只猫，这个任务对单层神经网络而言就太过复杂了。而多层神经网络的目的就是解决更复杂的问题。这可以简单地理解为，深度（多层）神经网络就是把任务进行分解，然后各个攻破。

比如，我们可以设计一个三层的神经网络去识别猫。首先，可以让第一个中间层去分辨猫的各个器官的细节轮廓；第二个中间层将细节组合起来，用来分辨猫的重要器官，例如眼睛、爪子；最后一个中间层将器官组合起来，用来分辨猫的头部、躯干和四肢等。当然，这只是人脑识别猫的过程，而实际的神经网络在训练过程中是一个黑箱，它给各个权重赋值时并不遵循任何逻辑规律。

这时我们可以使用一个猫的图片库，里面有几十万张人工标注的猫的图片，然后我们让神经网络回答图片里是什么。一开始，神经网络的几万个神经元的权重是随机的，因此它给出的结果也是完全随机的。但是我们可以把标注后的猫的图片"投喂"给神经网络，告诉它"正确答案"，那么神经网络可以根据正确答案与随机答案之间的差值来不断调整这几万个神经元的权重，让结果更加贴近正确答案。这个正确结果与随机结果之间的差值又被称为成本函数，而神经网络训练的过程就是让成本函数不断缩小，最后变成零的过程。

这一过程用机器学习的语言来描述就是梯度下降——通过不断迭代试错来找到成本函数值下降最快的方向。当成本函数缩小为零时，神经网络就完成了训练，这时再给它任意一张猫的图片，它就可以很准确地给出答案了。

深度神经网络的出现，让网络的层数以及它们之间的连接数呈指数级增长。网络的输入和输出纯粹成为一个高维空间内的相互映射，从此深度神经网络远远超越了人脑所能理解的范围，这也是大模型不可解释性的根本来源。训练一个深度神经网络所需的算力随参数的增多呈指数级增长，远远超越辛顿所处的时代，这一问题将在未来几十年成为制约人工智能发展的物理难题。

突破算力和数据之墙

有了反向传播算法和深度神经网络，理论上机器就可以自主学习任何需要人类智能的任务了。今天动辄千亿参数的大模型本质上就是规模巨大的深度神经网络。

但这只是停留在理论上，辛顿那篇具有划时代意义的论文依旧没有掀起太多浪花。这当中固然有大环境的因素（当时的主流还是符号主义），但是极高的期待导致极度的怀疑，人工智能尚未从1973年《莱特希尔报告》引发的寒冬中走出来，维度灾难更是最真切的现实制约，多层网络的参数数量随层数呈指数级增长（如10层网络的参数可达百万级），而当时的数学工具无法解决梯度消失问题，导致训练陷入局部最优解，参数成了神经网络发展道路上的又一个魔咒。

除此之外，数据匮乏也让人工智能的发展陷入了恶性循环。20世纪80年代，全球数据总量不足100 GB（吉字节），且缺乏标准化标注数据集，这使得神经网络的发展缺乏必要的基础，网络的训练效果和泛化能力大打折扣，无法有效发挥其潜力。此时的神经网络还是无根之木，无源之水。

如前文所述，计算能力的制约是笼罩在神经网络头上的另一朵阴云。即便20世纪80年代计算机技术相较于1969年机器学习被宣判死刑的那一刻已经有了巨大进步，但依旧算力不足。深度神经网络需要大量的计算资源来处理复杂的多层神经网络和庞大的参数空间。当时的中央处理器（CPU）速度较慢，且计算并行性有限，而图形处理器（GPU）还没有普及。没有足够的计算资源，使得训练深度神经网络几乎不可能，尤其是在没有足够数据的情况下，神经网络无法充分发挥其潜力。

如今数据和算力的不足仍然是神经网络发展的桎梏，牢牢束缚着其前进的步伐，所以无怪当时的人们普遍不看好联结主义的未来。

打破这道枷锁除了依靠时间和技术进步，还要靠一位传奇女性——被称为"AI 教母"的李飞飞教授。

李飞飞出生在中国，12 岁时随全家移民到美国。刚到美国时，全家的生计都要依靠一家小小的干洗店。为了筹集学费，她曾到餐馆打工，做过家庭清洁工。拮据的生活并没有影响她卓越的学术成绩，反而磨炼了她的意志。2009 年，她开始在斯坦福大学计算机科学系担任助理教授。在斯坦福，李飞飞长期致力于计算机视觉领域的探索，她的灵感源自对儿童图像识别过程的观察。人类的眼球平均每 200 毫秒便会移动一次，如果将眼睛比作相机，那么一个 3 岁的孩子已经看过数以亿计的图像。李飞飞认为，正是这种海量的视觉学习，赋予了大脑强大的视觉识别能力。要使计算机也具备类似的能力，必须提供大量的训练数据。受此启发，她与普林斯顿大学的李凯教授于 2007 年联合创建了图像识别数据库 ImageNet，旨在推动计算机图像识别技术的发展。

然而，这一决策并未得到广泛支持，许多人劝她放弃。其中甚至包括李飞飞导师的导师吉滕德拉·马利克，后者曾劝导她放弃 ImageNet，并告诉她："科学的诀窍是与你的领域一起成长，而不是远远超前于它。"

李飞飞面临的机会成本非常高昂，如果数据库项目失败，她可能无法获得终身教授职称。但李飞飞毫不动摇，继续坚持推进数据库的建设。由于图像标注需要大量人工，李飞飞灵机一动，决定借助云计算技术发起全球众包，邀请来自160多个国家的近5万名网民参与，对互联网上的图片进行标注。用时两年，借助互联网上众筹的力量，李飞飞突破了数据对于神经网络的第一重限制。到2009年，ImageNet已经积累了2200个类别，涵盖了150亿张经过清理、分类和标注的图片。作为回报，这一庞大的数据库完全开源，免费对全球研究者开放。

毫无疑问，李飞飞所创立的ImageNet为计算机视觉领域的图像识别技术提供了极大的推动作用，也让全世界看到了深度学习的巨大潜力。从2010年起，ImageNet大规模视觉识别挑战赛（ILSVRC）每年都会举行，比赛的目标是评估哪款参赛算法能以最高的准确率完成物体和场景的分类与检测。这项具有量化标准且充满对抗性的赛事吸引了公众的广泛关注。彼时，几乎没人预见到，辛顿的深度神经网络在比赛中的首次亮相将成为改变世界的历史时刻。事实证明，取得伟大科学突破的诀窍不是等待学科领域的发展，而在于是否有挑战现状的巨大勇气。

GPU 对决 CPU

时来天地皆同力，运去英雄不自由。在李飞飞发起ImageNet的前一年，另一位在计算机科学领域举足轻重的人物，英伟达创始人兼CEO黄仁勋宣布，公司将推出"统一计算设备架构"（Compute Unified Device Architecture，CUDA）平台。当时人们还无法预料到，这将是人工智能产业发展史上最重要的事件之一。

CUDA 允许开发人员直接编程 GPU，从而利用其庞大的计算能力来处理科学计算、机器学习等复杂任务，提升了计算效率和性能。

以当年的眼光看，CUDA 的推出堪称一个极其离谱的商业决策。彼时，CUDA 最广泛的用途是供疯狂的游戏极客并联多块 GPU，他们只为了以 8K 分辨率玩《雷神之锤Ⅱ》这款游戏。黄仁勋不顾公司上下的反对，投资数亿美元打造 CUDA 框架，让每个个人用户能组建自己的超级计算机，后来这被证明是一个远超其时代的决定。2024 年 11 月，英伟达以 3.4 万亿美元市值超越苹果，成为全球最有价值的公司。

在训练深度神经网络的需求出现之前，个人计算机的核心是 CPU，而显卡只能用于加速电脑游戏的图形渲染，常常被视为可有可无的配件。而在智算时代，两者的地位瞬间逆转，这是由于两者不同的构造导致它们擅长不同的工作。

CPU 通常有少量核心，但每个核心处理能力强，适合处理复杂的串行任务。而 GPU 有成千上万的小核心，其设计初衷是处理图形渲染中的并行计算，比如同时处理多个像素或顶点。深度学习训练，尤其是神经网络，涉及大量的矩阵运算，比如矩阵乘法和加法，这些操作可以高度并行化处理。GPU 的大量核心可以同时处理这些运算，从而加速训练过程。

在此刻，GPU 正式替代了 CPU，成为人工智能的算力中枢，英伟达也成为 AI 掘金时代的"卖铲人"，赚得盆满钵满。

CUDA 的引入，让多个 GPU 形成并联算力矩阵成为可能，从而使 GPU 在通用计算领域展现出强大的并行处理能力，极大地推动了高性能计算（HPC）和人工智能领域的发展。CUDA 这一平台的推出，为科研人员和工程师提供了低成本、强大的算力资源。

如今，随着 V100 显卡和 A100 显卡的相继发布，英伟达不仅牢牢占据了科学计算市场的主导地位，还在人工智能算力市场中形成了垄断。特别是在深度学习和大规模机器学习模型训练中，V100 显卡和 A100 显卡成为支撑巨大算力需求的核心硬件，推动了人工智能技术的突破和快速发展。

深度神经网络初露峥嵘

解决了数据和算力问题，剩下的就是算法。2010 年前后，辛顿和他的两名学生伊利亚·苏茨克维、亚历克斯·克里泽夫斯基一起，专注于深度神经网络在计算机识别方面的应用研究。经过无数次的尝试和优化，他们终于成功设计出一个具有 8 个中间层、包含 400 多万个参数的深度神经网络。

为了训练这个模型，他们使用了两张 GTX 580 显卡。在 2012 年的那个夏天，这两张显卡满负荷运转，经过大约一周的训练，模型逐渐收敛，性能也不断提升。与今天动辄上千亿参数的大模型相比，400 万个参数的模型确实显得微不足道，但在当时，那却是最先进的图像识别神经网络。

AlexNet 在当年的 ImageNet 大规模视觉识别挑战赛中横空出世，以压倒性的优势击败了其他传统算法，将图像识别的错误率从 26% 大幅降低至 15%。

比赛主办者李飞飞对此回忆道：当卷积神经网络 AlexNet 以巨大的优势赢得冠军时，那就像一辆本田思域打破了路上最快行驶纪录，且像每小时比原纪录快 100 公里一样令人惊异。

AlexNet 的横空出世彻底解冻了学术界对神经网络的研究。当这个"古老"的工具在最先进的视觉识别比赛中复活时，它对学术界产生的影响无疑是一次大地震。在该届比赛后，所有的冠军模型无一不是以神经网络为基础的，可见其影响力之深远。

AlexNet 的成功也拉开了深度学习时代的序幕。从算法的角度来看，AlexNet 引入了多项创新技术，如 ReLU 激活函数解决了梯度消失问题，Dropout 技术防止了过拟合，这些技术为后续深度学习模型的发展奠定了坚实的基础。

以大数据、大参数、大算力为标配的大模型雏形在 AlexNet 问鼎的一刻初露峥嵘。

自注意力机制点燃大模型时代

不过从任何意义来说，AlexNet 都不能算作大模型，它只是大模型的"火种"，而非"火炬"，但 AlexNet 点燃了"大数据—大参数—大算力"的链式反应，为大模型奠定了技术基础（见图 2-6）。

理论突破—工程化验证—社会扩散是现代社会普遍遵循的创新扩散模式，以明斯基和辛顿为代表的先贤走完了第一步，AlexNet 接力走完了第二步，接下来就是企业界在竞争中大显身手了。

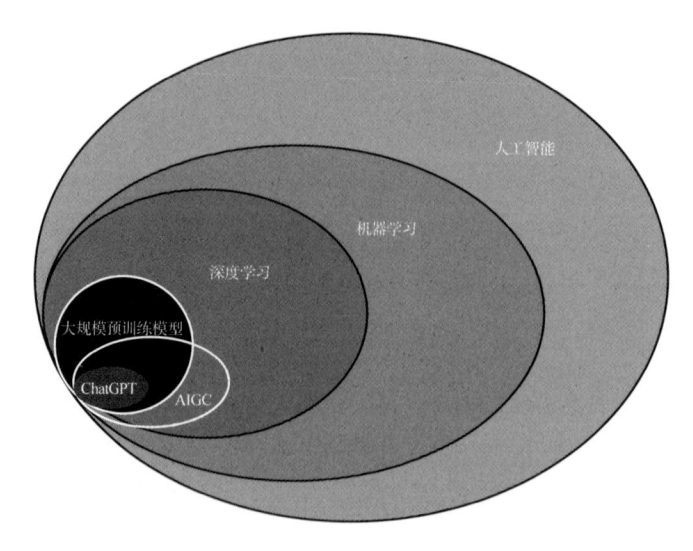

图 2-6　大模型在人工智能中的定位及相应关系

图片来源：阿里云研究院。

2015 年是人工智能领域的又一个里程碑之年。

这一年，微软亚洲研究院开发的 152 层残差网络（ResNet）以 3.57% 的错误率在 ILSVRC 图像识别竞赛中折桂，首次突破人类视觉识别的平均错误率（5.1%）。这一里程碑式突破不仅宣告机器在图像识别领域首次实现了对人类的超越，更验证了深度神经网络架构的巨大潜力。其创新的残差连接设计成功解决了深层网络训练难题，为后续大模型的层数扩展奠定了工程基础。

同年，硅谷创投圈敏锐捕捉到深度学习技术的革命性潜力。萨姆·奥尔特曼、埃隆·马斯克等科技领袖共同创立了 OpenAI。伊利亚·苏茨克维，作为深度学习三巨头之一的杰弗里·辛顿的高足曾主导 AlexNet 的研发，他从谷歌人工智能实验室离职，以创始科学家身份加盟这家新兴机构，成为其核心技术的引路人。

这位深度学习领域的青年才俊带来的不仅是 ImageNet 冠军团队的技术积累，更带来了对通用人工智能的前沿思考，为 OpenAI 后来居上的技术突破埋下伏笔。

还是在这一年，约书亚·本吉奥（Yoshua Bengio）、德米特里·巴赫达瑙（Dzmitry Bahdanau）以及赵京勋（Kyunghyun Cho）在论文《基于联合学习（以）对齐和翻译的神经机器翻译》（Neural Machine Translation by Jointly Learning to Align and Translate）中首次将注意力机制引入神经网络翻译任务，帮助模型动态聚焦于输入序列的关键部分。

2016年，谷歌的人工智能程序 AlphaGo 在围棋比赛中击败了围棋世界冠军李世石，这标志着 AI 在复杂战略游戏中的巨大突破。虽然这与语言模型或大模型的应用无关，但它展示了深度学习在处理极其复杂任务方面的巨大潜力，并使 AI 技术应用得到了广泛关注。

2017年谷歌团队率先发力，一篇名为《你只需要注意力机制》（Attention Is All You Need）的文章横空出世，与该文同时发布的还有以自注意力机制为基础的 Transformer 架构。

Transformer 架构完全摒弃了传统的循环神经网络（RNN）和长短期记忆网络（LSTM）。通过自注意力机制，Transformer 架构能够高效地捕捉序列中各个元素之间的关系，尤其在处理长序列时，相较于 RNN 和 LSTM，它更具优势。

Transformer 架构的提出，标志着自然语言处理（natural language processing，NLP）领域的革命。自然语言处理才是人工智能领域的桂冠之一。回顾图灵测试的含义，机器只有能够生成以假乱真的人类语言，才有望通过图灵测试。所以，如今几乎所有的大模型都是基于 Transformer 架构的，在这个意义上，大模型真真切切地诞生了。

那为什么自注意力机制才是 Transformer 架构的基础？这要从 1999 年一场著名的心理学实验说起。

"看不见的大猩猩"是心理学史上经典的实验之一，由丹尼尔·西蒙斯和克里斯托弗·查布利斯于 1999 年设计完成（见图 2-7）。实验要求受试者观看一段篮球比赛视频，专注于统计某队球员的传球次数。视频中途，一名装扮成大猩猩的人会出现在画面中央，捶打胸膛后离开。令人惊讶的是，约 50% 的受试者完全没有注意到这只"大猩猩"的存在，即使它明显处于画面中央且停留了数秒。

图 2-7 "看不见的大猩猩"实验视频截图

图片来源：Daniel J. Simons。

这可以解释生活中的"视而不见"现象，即人类注意力有时如同聚光灯，只能聚焦于特定目标，其他信息会被过滤。当受试者全神贯注于计数任务时，大脑自动屏蔽了无关的视觉刺激，这就是选择性注意（selective attention）。

即使刺激（如"大猩猩"）处于视野范围内，若未被注意到，人们也可能"视而不见"。实验中，未注意到"大猩猩"的受试者并非视力有问题，而是受到注意力分配的影响，这就是无意视盲（inattentional blindness）。

而出现这些现象的根源则是高级视皮层处理信息的能力有限，需要依赖注意机制筛选关键信息。当注意力集中于传球计数时，大脑优先处理相关视觉信号，抑制了对"大猩猩"的有意识感知。任务复杂度越高（如精确计数），认知资源越被挤占，就越容易导致对意外刺激的敏感度下降。

"看不见的大猩猩"是心理学中的一个实验，旨在展示人类注意力的局限性；而"自注意力机制"是机器学习中的一种技术，主要用于让模型在处理输入数据时动态地调整关注点。尽管它们分属不同领域，但都围绕着一个关键议题，即如何分配注意力。

人的视觉系统通过选择性注意来过滤不重要的信息，并将注意力集中在关键区域，从而节省认知负担。在自注意力机制中，模型也通过计算不同词语之间的关系，给每个词语分配不同的权重，进而决定哪些词语对当前任务更为重要。

通过在语言处理中为不同词语分配不同的注意力权重，模型可以更高效地处理信息，就像人脑通过选择性注意来减少认知负担一样。自注意力机制确实可以通过调整权重来集中计算资源，避免对所有词语进行等量处理，从而提升效率和节省算力。

如果前面的例子还不够直观，那么下面是由 DeepSeek 生成的一段话，这段话极尽可能地模拟了一个说话抓不住重点的人：

今天这个天气，哎呀，可真是冷得够呛！你瞧瞧这风，呼呼地往脖子里灌，跟冰刀子似的，树叶都打旋儿飘，天灰蒙蒙的，连太阳都躲得严严实实。昨儿个还暖和得能穿单衣呢，今早一睁眼，嚯，温度计上的数字直往下蹦，吓得我赶紧把柜子底下的厚毛衣、羽绒服全找出来了。这季节转换得比翻书还快，早穿棉袄午穿纱都不够用，早晚出门得裹成粽子才行！对了，你瞅瞅我这手，刚在外头站了五分钟就冻得通红，跟胡萝卜似的，鞋底子也凉飕飕的，得赶紧换双加绒靴。哎呀，可千万别嫌穿得多，这年头感冒了可麻烦，药费贵不说，还得遭罪。你听我的，围巾、手套都捂严实喽，领口、袖口别漏风，秋裤也得套上，甭管臃不臃肿，保命要紧！

这是即便人看了也要很长时间才能总结出重点的一段话。可想而知，如果没有合理的注意力分配，每个字都拥有同样的权重会是怎样的算力灾难。自注意力机制的作用就是让模型像人一样智能地选择重要的信息，从而提高处理效率，避免计算上的浪费。

当然，自注意力机制能做的不只如此，它还能够处理输入数据中远距离的信息依赖问题。例如，在句子中，某个词与句子中其他较远位置的词之间可能有重要关系，传统的卷积神经网络和循环神经网络在捕捉这些长距离依赖时会面临一定的挑战。而自注意力机制允许模型直接计算任意一词与其他所有词之间的关联（通过权重），不受距离限制，从而能够更好地捕捉长距离依赖。比如，在句子"我喜欢这个项目，它很有意义"中，"它"指的是"项目"，这两者并非紧临，传统模型可能难以捕捉到这种依赖，而自注意力机制能直接关联这两个词。

循环神经网络处理输入序列时每个步骤依赖前一个步骤，无法并行化，导致训练效率较低。与传统的循环神经网络不同，自注意力机制能够并行处理整个输入序列，而不依赖于序列的顺序。而且，自注意力机制通过一次性计算所有词之间的关系，使得训练进程大幅加速。比如：在处理一个句子时，循环神经网络需要逐个处理每个词，并依赖上一个词的状态；而自注意力机制可以同时计算所有词之间的关系，从而加速计算。

自注意力机制允许每个词根据整个句子的上下文来动态地调整其表示。换句话说，每个词的表示不再是固定的，而是根据整个输入序列中的其他信息进行更新，这使得模型能够学习到更丰富和精确的语义表示。比如：在句子"他喜欢苹果"中，"他"和"苹果"的关系是由自注意力机制动态调整的，最终帮助模型理解"他"指的是谁以及"喜欢"的动作指向何物。

除此之外，自注意力机制还能增强灵活性和可解释性，提升性能，增强信息融合，等等。无怪乎，大模型的诞生首先是以自注意力机制的突破为契机的。

惊艳：大模型的开窍时刻

不过，尽管谷歌在大模型技术上占尽了先手，但是在模型发布上却是 OpenAI 抢得了先机（见图 2-8）。在伊利亚·苏茨克维主导的技术路线下，OpenAI 于 2018 年率先推出基于 Transformer 架构的 GPT-1 语言模型，该模型凭借 1.17 亿参数和单向自注意力机制，通过前序词汇预测实现文本生成任务的突破。这种遮蔽后续词汇的训练策略虽限制了上下文全局感知，却意外提升了生成文本的连贯性，这一设计为后续大语言模型的迭代提供了重要参照，也显示了自注意力机制的强大。

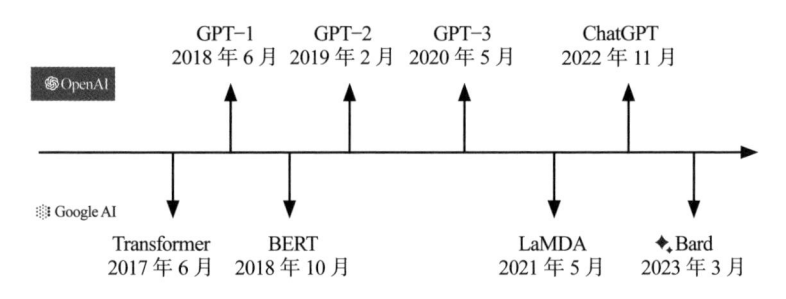

图 2-8 谷歌与 OpenAI 的"军备竞赛"

图片来源：安健。

面对技术制高点的争夺，谷歌团队怎肯甘居人后，GPT-1 推出四个月后即推出参数规模达 3.4 亿的 BERT 模型，其双向注意力机制突破了单向建模的局限，在 11 项 NLP 基准测试中刷新纪录。值得注意的是，BERT 模型采用的掩码语言建模（MLM）与下一句预测（NSP）双任务训练框架，展现了预训练模型在语义理解维度的全新可能，这种技术路线差异实质上反映了生成式与判别式模型在应用场景上的分野。

OpenAI 在 2019 年以 15 亿参数的 GPT-2 做出战略回应，此次迭代的核心突破在于零样本多任务适应能力。相较于前代产品对特定任务的强依赖性，GPT-2 通过多任务联合训练实现了跨领域的泛化迁移，这种"统一架构、多样任务"的设计理念，标志着预训练模型从专用工具向通用平台的进化。值得关注的是，参数规模增长带来的性能提升和边际效应开始显现——尽管 GPT-2 参数量较 BERT 模型提升 340%，但其在不同自然语言处理任务中的表现提升并没有与参数量提升成正比，这引发了学界对"参数军备竞赛"有效性的质疑——模型的规模是不是越大越好？模型规模带来的能力提升是否也有一定的增长极限？

技术突破背后，资本运作的暗线同样值得深究。2018 年，因内部理念分歧与权力斗争，马斯克负气离开 OpenAI。此后，OpenAI 面临研发资金紧张的局面。关键时刻，萨姆·奥尔特曼创新性地设计出有限营利架构，成功吸引了微软 10 亿美元的战略投资。微软 CEO 萨提亚·纳德拉主导的此次注资不仅解决了算力瓶颈，更将微软的 Azure 云平台与 OpenAI 的技术优势深度耦合，形成了"模型研发—算力支撑—商业落地"的闭环生态。这种产研协同模式，为后续 GPT-3 的爆发式突破奠定了物质基础。

2020 年问世的 GPT-3 以 1750 亿参数和 45 TB（太字节）训练数据重新定义了行业标准，其零样本学习能力验证了"规模扩展假说"的有效性。该模型在保留自回归生成优势的同时，通过稀疏注意力机制突破计算复杂度瓶颈，在文本生成质量、逻辑推理深度和跨模态理解等维度实现代际跨越。从技术演进规律来看，

GPT-3 的成功证实了当模型容量突破特定阈值时涌现能力的非线性增长现象，这也再次验证了 2019 年理查德·萨顿在《苦涩的教训》中所说的算力常胜：摩尔定律预测了计算能力的指数级增长，这使得计算密集型学习算法的应用成为可能；通过大规模的训练数据和模型，结合强大的算力，AI 系统能够逐步逼近甚至超越人类智能。一句话，大参数、大算力、大数据依旧可以"大力出奇迹"。

虽然 GPT-3 于 2020 年发布，但其影响力在 2021 年持续发酵。作为回应，2021 年 5 月，谷歌推出了 LaMDA（Language Model for Dialogue Applications），这是一个专门用于对话的大语言模型。LaMDA 能够进行深入、连贯的对话，理解复杂的问题并给出有逻辑的回答。LaMDA 的发布引起了广泛关注，特别是在对话系统和智能助手的应用方面。

2021 年 10 月，微软和英伟达联合发布了 MT-NLG 模型（大型生成语言模型），参数量达到 5300 亿，是当时最大的语言模型之一，这是一个针对大规模神经网络训练的开源框架，能够显著提升训练和推理的效率。微软的努力进一步推动了大模型在实际应用中的部署。

2021 年 12 月，谷歌旗下的 DeepMind 公司发布了 Gopher 模型，这是一个具有 1750 亿参数的大型预训练语言模型。Gopher 在多项语言理解任务中表现出色，特别是在阅读理解、自然语言推理等方面有显著优势。它标志着 DeepMind 在大规模语言模型上的进一步提升。

2022 年 11 月，Meta 发布了针对科学文献的专用大模型

Galactica，参数规模达 1750 亿，它通过整合学术论文、专利等专业语料，在科研领域展现出强大的知识推理能力。

GPT-3 的发布震撼了全球 AI 研究界，自然也包括中国。阿里达摩院作为自然语言处理领域的先行者，在 2021 年推出了 PLUG，它是拥有 260 亿参数的中文文本预训练语言模型。同年，他们还发布了 M6 多模态模型，参数规模达到万亿级别。M6 的亮点不仅在于其规模巨大，还在于其创新性：首先，其仅用 480 张英伟达 V100 GPU 就完成了训练，相比其他公司，能耗降低了 80% 以上，效率提升了近 11 倍。其次，借助阿里巴巴的商业场景，M6 成为国内首个实现商业化落地的多模态大模型。阿里的布局恰恰也体现出国产大模型的特点：注重成本和性价比，强调效能和应用。

除了阿里，百度在 2023 年推出了新的大规模预训练模型——ERNIE 4.0；华为发布了 PanGu-Alpha，一个基于 Transformer 架构的大规模中文语言模型，参数量为 1000 亿；腾讯发布了自有的大规模预训练模型——腾讯混元大模型。

反倒是 OpenAI 在 2021 年反常地沉寂下来，当外界都在猜测 OpenAI 会憋出什么大招的时候，2022 年底，ChatGPT 的问世再次惊艳了整个世界，它实现了技术突破与社会认知的双重跨越。

ChatGPT 采用 GPT-3.5 架构，在 1750 亿参数基础上引入 RLHF（基于人类反馈的强化学习）。这种创新训练范式通过人类标注员对生成内容的质量评分来构建奖励模型，并指导策略优化，使模型生成的对话内容在自然性、安全性和相关性上实现质的飞跃。

OpenAI构建了全球首个对话优化专用集群,包含超过1000台A100服务器,实现每秒1.2 exaFLOPS的浮点运算能力,并通过混合精度训练技术,使实时对话响应成为可能。GPT-3.5上下文窗口扩展至4096令牌,支持10轮以上复杂对话。

然而,所有这些技术数据和复杂的术语,终究无法真正传达ChatGPT给世界带来的那种震撼感。毕竟,当我们与它对话时,我们并不关注它背后那庞大的计算能力和算法优化,而是沉浸在一场宛如与真人交流的对话中。它不仅仅能理解我们的意图,还能根据对话的上下文和情感变化,灵活地调整回答,好像是一位真正的对话伙伴。

ChatGPT的出现,仿佛是一场突破常规的科技革命——它让人类与机器的界限变得模糊,甚至有些时刻,机器的回答让我们不禁怀疑:这真的是一个程序在说话吗?这种前所未有的流畅性与自然性,真正让人类和人工智能的交流进入了一个崭新的时代。

ChatGPT推出仅5天,注册用户数就超过了100万,两个月后月活用户数突破1亿,ChatGPT成为有史以来用户增长最快的商业应用。

微软的联合创始人比尔·盖茨在自己的博客中写道:"我一生见证过两次最伟大的技术演示,一次是在1980年我看到了图形交互界面,它后来塑造了微软和PC(个人计算机)时代;另一次就是在去年(2022年),ChatGPT的出现宣告了人工智能的时代已经到来。"

谷歌发明了Transformer架构,这是深度学习领域一个跨时代的突破，极大地推动了自然语言处理技术的发展。然而，尽管谷歌在架构上的创新堪称行业领导者，但它却未能成为大语言模型（如 GPT 系列）的开创者，这不禁让人扼腕叹息。

为什么 ChatGPT 能实现如此大的飞跃？

ChatGPT 之所以能实现技术飞跃，本质上是因为其作为复杂适应系统（CAS）在数据、参数和算法协同作用下产生了非线性质变。

ChatGPT 的参数量从 GPT-1 的 1.17 亿激增至 GPT-3 的 1750 亿，数据规模从数十 GB 扩展至 45 TB。这种超线性增长触发了复杂系统的"相变"——当参数突破临界阈值（约百亿级）时，模型突然展现出逻辑推理、多轮对话等能力，而这些能力并未被显式编程。

Transformer 架构的并行计算特性与 GPU 集群的协同，使得模型能够高效处理长距离依赖关系。自注意力机制通过动态权重调整，将输入序列映射为高维语义空间，形成全局信息整合能力，这是传统的循环神经网络和卷积神经网络无法实现的。

以 GPT-3 为代表的大语言模型的运作可以被看作两个不同速度的过程在一起工作。首先，信息在神经网络的不同层之间迅速传递，形成一个稳定的状态，比如生成连贯的文本。其次，模型通过反向传播不断调整其参数，逐步变得适应更多任务。这两个过程的结合让模型能够快速适应新的环境，比如借助少量提示就能学会新任务。

此外，模型中的自注意力机制不仅用于提取特征，它还是一种更高层次的控制结构。当生成长文本时，模型能够动态地调整对不同位置的关注度，从而更好地理解整个上下文的逻辑。随着模型规模的扩大，这种能力将变得更为强大。

在神经网络中，连接权重的分布呈现"赢家通吃"的现象，形成了类似生物神经网络的功能模块化结构。这种结构并不是人为设计的，而是训练过程中自发形成的。

大模型通过无监督预训练，将文本映射到高维向量空间，其中相似语义的词语在空间中聚类。例如，"国王 – 男性 + 女性 = 女王"的向量关系，展现了模型对抽象概念的隐喻式理解，这是符号主义系统无法实现的涌现特性。

ChatGPT的飞跃印证了复杂科学的核心洞见——智能的本质是复杂系统在临界规模下自然涌现的规律。这种涌现既非完全随机，也非完全可控，而是数据、算法、硬件与社会需求协同演化的结果。未来，理解并引导这种涌现过程，将是实现可控通用人工智能的关键。

一言以蔽之，ChatGPT的智能涌现是规模法则的魔力——量变引起质变——如同人类大脑的构造，规模到一定程度便催生智能。李飞飞在其自传中对此有一段极其精彩的描述：尽管构成大脑大部分结构的神经元相对简单，但大脑也许是最能充分诠释"量变引起质变"这一公理的例子。当神经元以千亿计的数量级复制，当它们之间的连接达到10的11次方时，质变就发生了。物质变成了思维，产生了爱、喜悦、悲伤、愤怒、恐惧和欢笑，也造就了我们在科学、艺术、音乐和数学等方面的能力。

此刻，人类在前往通用人工智能的道路上终于走出了漫漫长夜。

大模型的中国涌现

从本质来说，ChatGPT 的飞跃就是涌现，而作为这次涌现的结果，另一种字面意义上的涌现正在中国上演，那就是"百模大战"。

2023 年 2 月，百度宣布"文心一言"（ERNIE Bot）成为国内首个公开对标 ChatGPT 的大模型。就这样"百模大战"拉开了序幕。

没想到的是，在文心一言新闻发布会召开的前一天，GPT-4 重磅推出，百度此前铺垫的热度为他人作嫁衣。OpenAI 的 GPT-4 同期发布，其功能升级进一步刺激国内企业加速布局，阿里、华为、360 等企业迅速跟进，推出"通义千问""盘古""智脑"等模型，形成"百模大战"的雏形。

截至 2023 年 10 月，国内参数规模 10 亿以上的大模型达 238 个，覆盖互联网巨头、科研院所及创业公司，如知乎"知海图 AI"、复旦大学 MOSS 等。

头部企业如百度、阿里、腾讯通过优化算法（如文心一言推理效率提升 10 倍）和算力集群（腾讯 HCC 高性能计算集群）争夺技术高地，这种通用大模型的规模竞赛，在加剧技术内卷的同时，也促进了技术突破，比如多模态技术。2023 年上半年，文生视频技术快速发展，百度"文心一言"视频生成功能、阿里达摩院"文本生成视频大模型"相继落地。

大模型的火爆也带来了下游企业的繁荣，数据标注、模型训练工具（如星尘数据、Scale AI）借势而起，成为产业链关键环节。各家企业躬身入局，带动了生态的发展，Meta、谷歌推动开源模型（如 Llama）的发展，而 OpenAI 转向闭源；作为回应，国内华为昇腾、腾讯云等尝试构建自主生态。

成本优势和注重应用落地是从阿里 M6 开始，国产大模型就具备的行业基因，这种基因也在这次史无前例的大战中被发扬光大。长春市妇产医院利用第四范式的 AutoML 技术构建"新生儿体重预测模型"，误差控制在 200 克以内；商业银行借助 AI 反欺诈模型挖掘出了多达 20 亿条的潜在线索，相较于传统依靠人工规则仅能发现的上千条规模，优势极为显著。

"百模大战"无疑是壮观的百舸争流，因此自然也免不了泥沙俱下，在有人指摘其有"重复造轮子"之嫌时，自然也就有人说"'百模大战'不是参与者太多，而是远远不够"。

对于平时关注大模型不多的读者而言，他们可能会认为：是 ChatGPT 在全球的爆火，才让中国科技企业迅速加入这场战局。

这只能说答对了问题的一半。一些人工智能初创企业的确是眼见 ChatGPT 引发的狂潮到来，迅速融资后开始投入大模型的研发。但对于国内一些科技大厂来说，它们在人工智能领域深耕已久，早就进行了多年的细致布局与准备。

阿里云、百度、腾讯、华为等大厂早早开始在大数据、大算力、预训练模型等方面进行技术积累。这些企业不仅紧跟生成式 AI 的潮流，还通过发布自研的大模型（如阿里云的"通义千问"、百度的"文心一言"、腾讯的"混元大模型"和华为的"盘古大模型"）在技术上进行不断优化，推动了大模型的研发。

除了科技大厂，很多企业也加速了在 AI 领域的布局。大模型的应用已经从传统的计算机视觉、自然语言处理等扩展到更多行业场景，包括医疗、电力、煤矿等多个领域，展现出 AI 工业化的趋势。

根据赛迪顾问发布的《2023 大模型现状调查报告》，截至 2023 年 7 月底，中国累计已有 130 个大模型问世，"百模大战"局面已然呈现，大模型的竞争开始进入"大力出奇迹"的阶段。

这个看似混乱无序的"战国时代"的背后，彰显了一个国家、一个古老民族的砥砺奋进，是整个中国人工智能行业对先进技术的追赶与超越的雄心壮志。在中国这个拥有最多理科人才、最大应用市场和广大创业者空前热情的国度之下，伟大创新的诞生应该只是个时间问题。

从这个角度看，DeepSeek 的崛起的确是建立在国产大模型的大厦之上，背后交织着时代机遇、地域禀赋与民族意志的共振。

第三章 | 淬火的刀：DeepSeek创新启示录

时间进入2023年，尽管AI大模型仍在如火如荼地发展，但国内的"百模大战"似乎渐渐有偃旗息鼓的苗头。

原因无他，只是大模型训练起来太贵了。研究机构Epoch AI提供的数据显示，大模型训练成本在2022年之后出现爆炸式增长（见图3-1）。2023年，OpenAI首席执行官奥尔特曼透

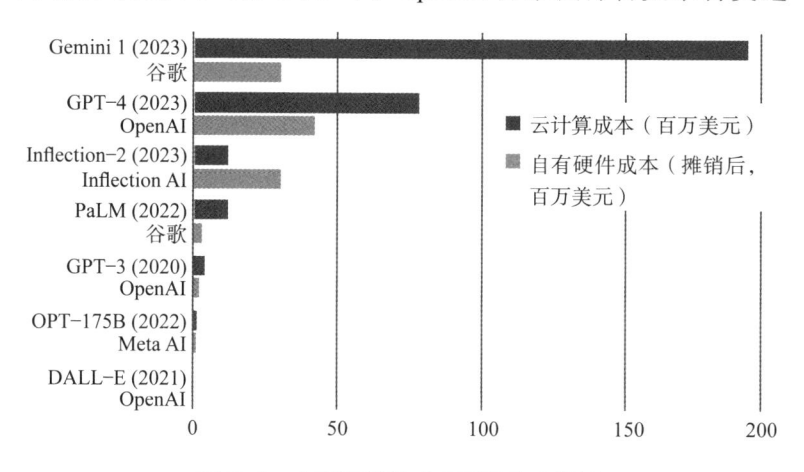

图 3-1 大模型训练成本呈爆炸式增长

注：数据均系四舍五入后的结果，不包括员工薪资。
图片来源：https://www.statista.com/chart/33114/estimated-cost-of-training-selected-ai-models/。

露，GPT-4 的训练成本超过 1 亿美元，而 GPT-3 的训练成本仅为 460 万美元，两代产品间成本飙升了 20 多倍。谷歌在其后发布的 Gemini 的训练成本达到了令人咋舌的 1.91 亿美元，这还没有将研究人员的薪酬计算在内。

如此高的训练成本注定了大模型竞争是一个"贵族游戏"，也许只有现金流充足的互联网巨头们才是拥有上桌资格的"玩家"。2023 年伊始，起初观望的各家大厂已纷纷入局大模型，抢滩人工智能时代的桥头堡。

另外，"百模大战"如一团夏日烟火，热烈而短暂。在中美两国，除了几家头部企业，众多创业公司因缺乏足够资金支持和可见的盈利模式，而选择调整方向至 AI 应用甚或萌生退意时，幻方量化却逆势而行，选择孤注一掷地深耕这一领域。

2023 年 4 月 14 日，幻方量化发布进军大模型领域的公告时，援引了法国新浪潮电影先驱特吕弗对青年创作者的寄语："务必要疯狂地怀抱雄心，且还要疯狂地真诚。"

这一公告反映出幻方量化对技术探索的独特哲学：其以挑战金融领域复杂场景积累的算法能力为基底，选择在 AGI 这一人类科技巅峰领域进行高密度的投入，展现出超越商业逻辑的理想主义色彩。

不过在外界来看，DeepSeek 既没有理想主义的光环，也没有理工男的耿直，外界听到的是关于其用 AGI 炒股的传言。公告发布两天后（2023 年 4 月 16 日），幻方量化董事总经理陆政哲不得不在朋友圈澄清："我用中文重申一下：AGI 不是用来炒股的，有大得多的用处和大得多的价值。"这也可见 DeepSeek

对于理想的执拗。当然这种执拗并非无的放矢，而是由技术实力支撑的。后来证明，DeepSeek 通过多项技术创新成功地让大模型训练变得"物美价廉"起来。

回溯：DeepSeek 的来时路

从公司成立时长来看，DeepSeek 展现了惊人的发展速度。2023 年 7 月，幻方量化将其 AI 研发部门分拆，正式成立独立子公司 DeepSeek，宣布将聚焦于研发具备人类认知水平的人工智能技术。其目标不仅限于复刻 ChatGPT 等现有成果，更致力于探索 AGI 的深层奥秘，推动技术边界向更广阔的未知领域拓展。这头鲸鱼从此进入了一片广袤蓝海，开始急速巡弋。

2023 年 12 月，成立约半年的 DeepSeek 推出了首个大语言模型 DeepSeek-V1，包含 7B 和 67B 两种规格。

该模型的训练数据体系独具匠心：团队构建了 2 万亿令牌的庞大语料库，通过了三级智能筛选机制——先剔除重复内容以保证多样性，再过滤低质信息以提升知识密度，最后重组优化数据结构。团队凭借这种数据锻造工艺为模型注入了优质知识燃料。

在技术架构方面，DeepSeek 采用分层设计的巧思：7B 模型设置 30 层神经网络，67B 则扩展至 95 层，这种深度定制既保证了参数总量合理，又优化了计算资源分配。特别是在 67B 模型中引入分组注意力机制，使其较传统架构节省了 30% 的运算资源，并能实现流畅运行。

在性能表现方面，67B 模型展现出惊人的实力：在代码生成和数学解题等复杂任务中，它不仅全面超越了 Llama 2 70B，其对话模型更逼近 GPT-3.5 的水平。这种突破源于双重技术路线——基础模型通过海量预训练构建知识框架，对话模型再经过多轮人机交互微调，使 AI 既能理解专业领域内容，又能自然对话。

值得注意的是，DeepSeek 团队在模型压缩方面取得了关键突破：通过动态参数激活技术，67B 模型实际运行时仅需调用部分神经元，这样既保留了大模型的智慧容量，又大幅降低了运算能耗。这种"大而精巧"的设计理念，为大模型普惠化开辟了新路径。

随后，DeepSeek 团队发布并开源了 DeepSeek Coder 系列模型。这一系列包含从 1B 至 33B 不同参数规模的版本，每个模型均基于 2 万亿令牌的混合数据训练，其中 87% 为多种编程语言代码、13% 为中英文自然语言文本。该系列创新性地采用了 16K 超长上下文窗口设计，并引入了代码填空预训练任务，使其具备处理复杂项目级代码的能力，可智能完成跨文件代码补全和缺失代码段填充。

相较于传统代码模型，DeepSeek Coder 在技术实现上进行了多项优化：通过海量高质量代码数据强化模型对编程逻辑的理解能力，支持 Python、Java 等主流语言的精准生成；在 HumanEval[①] 等权威测试中，其代码生成准确率显著高于同类开源模型，尤其在处理复杂算法和系统级开发任务时展现出了接近

---

① HumanEval 是一个由 OpenAI 于 2021 年推出的人工智能领域中专门用于评估代码生成模型性能的重要数据集。

人类程序员的推理能力。开发者可直接调用不同版本、不同规模的模型，灵活适配从轻量级脚本编写到大型软件工程开发的多样化需求。

2024年2月，DeepSeek团队推出了DeepSeek Math-7B模型，它是基于DeepSeek Coder-v1.5-7B代码模型进行了参数初始化研发的数学大语言模型。该模型通过构建1200亿数学相关令牌的预训练语料库（包含数据集Common Crawl提取的数学网页数据及5000亿令牌自然语言与代码数据），结合创新的渐进式分层训练方法，显著提升了数学推理能力（见图3-2）。

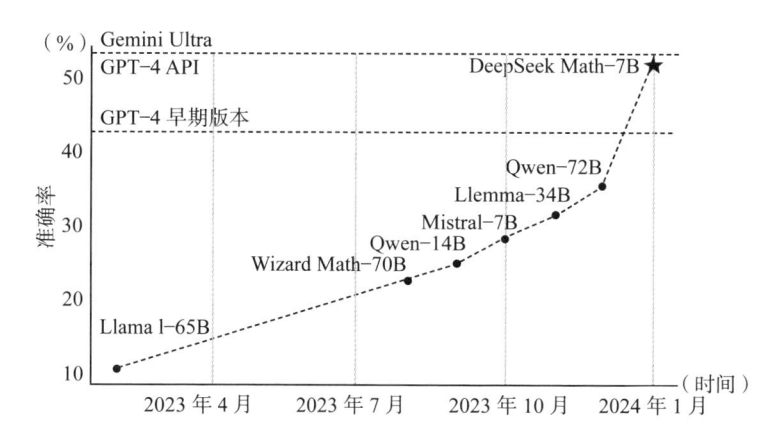

图3-2　多个开源大模型在数学竞赛水平基准测试中的表现

图片来源：DeepSeek团队论文"DeepSeek Math: Pushing the Limits of Mathematical Reasoning in Open Language Models"。

在图3-2提到的这篇和模型一起发布的论文中，DeepSeek首次提出了后来闻名业界的群体相对策略优化（group relative policy optimization，GRPO），创造性地将深度学习应用于后训练阶段，并且改进了后训练流程。

DeepSeek MoE和DeepSeek Math是DeepSeek在预训练和后

训练阶段最重要的创新的集中体现，也是 DeepSeek 路线图的起点。只可惜当时业界还忙于"百模大战"，对于这两个模型以及其相关论文中的重要探索缺乏关注。

2024 年 3 月 11 日，DeepSeek 团队发布了首款多模态大模型 DeepSeek-VL。它通过对训练数据、模型架构和训练策略进行联合拓展，构建出最强开源多模态模型之一，它包含 7B 和 1.3B 两种规格。

DeepSeek-VL 在不丢失语言能力的情况下融入多模态能力，能够针对绝大多数现实场景下的问题给出细致而有条理的回复。它能够接受高分辨率图片作为输入，分辨率高达 1024×1024，从而可以识别图片中的细小物体。同时，它具备通用多模式理解能力，能够处理逻辑图、网页、公式识别、科学文献、自然图像，并能够在复杂场景中体现智能。

DeepSeek-VL 在具备强大图文理解能力的同时，生成的回复也极具条理性。DeepSeek-VL 的强大能力来自研究人员在数据、模型结构和训练策略这三大方面的综合考量。

DeepSeek 第一个里程碑式的技术突破来自 2024 年 1 月推出的 DeepSeek MoE 模型，它是基于 MoE 架构研发的创新大语言模型（见图 3-3）。该模型通过两项核心技术策略实现了效率突破：其一是细粒度专家分割（fine-grained expert segmentation）策略，即将传统专家模块拆解为更小规模的子专家单元，显著提升模型处理复杂任务的灵活性；其二是共享专家隔离（shared expert isolation）策略，即通过独立设置全局共享专家与动态路由专家，优化计算资源分配效率。

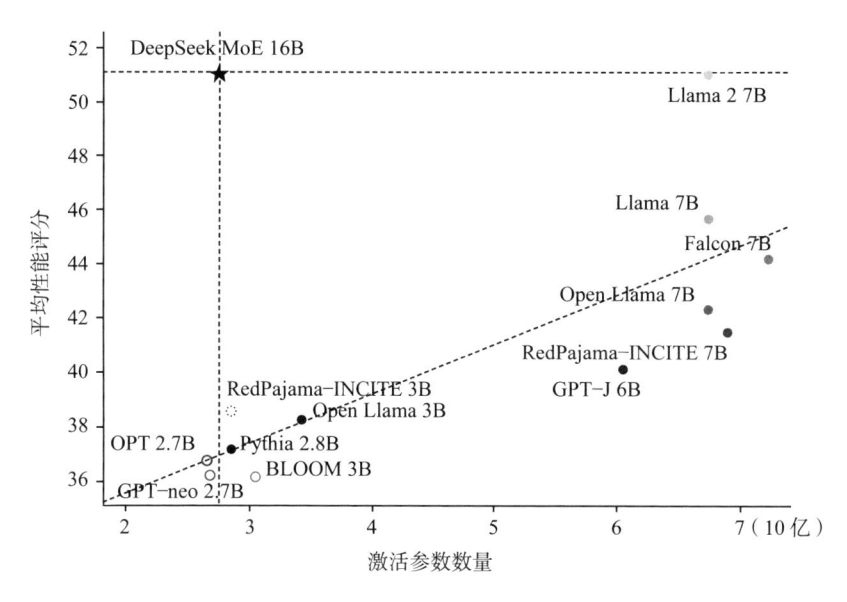

图 3-3 各模型激活参数对比

图片来源：DeepSeek 团队论文 "DeepSeek MoE: Towards Ultimate Expert Specialization in Mixture-of-Experts Language Models"。

该模型基于 2 万亿令牌的中英文混合数据完成全量训练，在性能测试中展现出与 DeepSeek MoE 16B 和 Llama 2 7B 相当的水平，但仅需约 40% 的计算资源消耗。这种架构创新标志着 DeepSeek 技术路线正式向 MoE 方向转型，其核心价值在于通过专家网络动态激活机制，在保持模型性能的前提下大幅降低算力需求，为大规模语言模型的工程化落地提供了新的技术范式。

MoE 为何如此神奇？

MoE 模型：各操一剑的顶级大师

谈到 DeepSeek 的算法创新，首先要介绍的就是 MoE 模型，到底什么是 MoE 模型呢？

金庸的小说《天龙八部》中有这样一段情节。吐蕃国师鸠摩智要求大理交出六脉神剑剑谱。大理天龙寺的枯荣大师不愿就范，希望与几位高僧一起紧急修炼六脉神剑以抗敌。不幸的是，这几位高僧的武学资质较为平庸，难以单独练成这门绝世武功。情急之下，枯荣大师想出了一个办法：让六位高僧分别修炼"六脉"中的一脉。通过分工，六位高僧终于在有限时间内各自练成一脉神剑。六位高僧组成鸠摩智所称的"六脉神剑剑阵"，在枯荣大师的指挥下成功与鸠摩智周旋。

这段情节很好地说明了 MoE 模型的本质。如果将六脉神剑中的每一脉视为一个任务，六脉神剑便是一个多任务的大模型。故事中，练习六脉神剑需要强大资质，如同现实中大模型训练对算力的高要求。而枯荣大师让高僧们各修一脉的做法，相当于将模型拆分为六个"专家"模型。通过这样的任务分解，本身资质有限的高僧得以速成六分之一的武功，并通过组合达成类似完整版六脉神剑的效果。类似地，几个训练好的"专家"模型经过加总与协调，也可实现完整模型的功能，同时训练门槛和总成本远低于直接训练整个大模型。

MoE 模型作为深度学习的创新范式，其技术演进历程可追溯至 1991 年自适应局部专家混合模型理论的提出。该模型通过集成多个专业化子网络（即专家网络）和智能路由（routing）机制，实现了参数规模与计算效率的平衡发展（见图 3-4）。

在 1991 年发表的论文《自适应局部专家混合模型》（Adaptive Mixtures of Local Experts）中，MoE 模型的基本要素已经齐备，

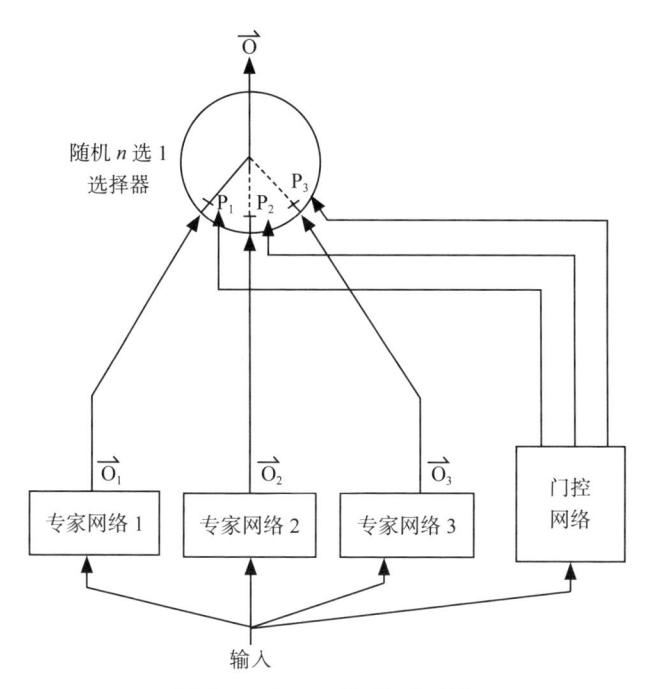

图 3-4　MoE 模型架构示意

图片来源：Adaptive Mixtures of Local Experts。

即专家网络和门控网络（gating network），后者演化为今天常见的路由机制。

针对传统神经网络在多任务学习场景中存在的干扰效应问题，1991年提出的 MoE 模型通过架构创新实现了突破性改进。干扰效应本质上源于任务间的参数耦合与梯度冲突，当模型参数在不同任务的权重更新过程中相互干扰时，会导致收敛速度下降及泛化能力衰减。

该研究提出的解决方案是，构建由多个专家网络和智能路由机制组成的并行化学习架构。每个专家网络专注于特定任务域的特征学习，通过参数空间的解耦设计，有效避免跨任务的权重干扰。这种模块化结构不仅提升了个体专家的学习效率，还通过专家组合的集成效应增强了整体模型的表达能力。

实验验证表明，这种"分治—集成"的架构设计成功将不同任务的学习过程解耦，使模型在保持参数规模可控的前提下，相较传统单体网络获得了显著提升的训练速度和跨域泛化能力。该成果为后续稀疏化大模型的发展奠定了重要理论基础，特别是在当前千亿参数规模的大模型时代，其核心思想仍被广泛应用于提升模型效率的实践中。

时隔20多年，谷歌在2017年发布了具有里程碑意义的论文《超大规模神经网络：稀疏门控专家混合层》（Outrageously Large Neural Networks: The Sparsely-Gated Mixture-of-Experts Layer），将MoE模型成功应用于LSTM架构[①]。通过这一创新，谷歌训练出了参数规模高达1370亿、包含128 000名"专家"的LSTM模型。即便在多年后的今天，这样的模型规模仍然堪称巨无霸级别，其背后需要克服大量的工程挑战。

与1991年的早期工作相比，这篇论文实现了真正意义上的稀疏激活机制。这种机制使得模型在实际计算量较少的情况下，依然能够高效训练超大规模网络，从而为大模型的发展开辟了新的可能性。

在Transformer架构尚未诞生的时候，人工智能领域尚未掀起如今这般激烈的大模型"军备竞赛"，但学术界已在文本、图像、音频等多个领域通过实证研究揭示一个规律：模型容量与性

---

① LSTM架构是一种特殊的循环神经网络架构，主要用于处理序列数据，在自然语言处理、语音识别、时间序列预测等领域有广泛应用。

能之间存在显著的正相关关系。其中，所谓"容量"，即模型拟合复杂函数的能力。在参数规模突破特定阈值后，模型对数据的表征能力会呈现阶跃式提升。

然而，这种性能跃迁的代价是算力需求的指数级增长。根据计算复杂度理论，模型参数量（N）与训练数据量（D）之间通常需遵循 $N \approx D$ 这一约束条件，这意味着当模型规模扩大时，不仅需要同步增加训练数据量，其计算开销更会以 $O(N^2)$ 的规律急剧攀升。这种非线性增长规律在 21 世纪第二个 10 年的算力条件下，曾使许多研究团队陷入"越大、越强却越难训练"的悖论。直到稀疏计算技术（如 MoE 架构）的出现，才部分缓解了这一矛盾。

谷歌于 2020 年 6 月发布的研究论文《GShard：利用条件计算和自动分片扩展巨型模型》（GShard: Scaling Giant Models with Conditional Computation and Automatic Sharding），标志着 MoE 模型与 Transformer 架构深度融合的关键突破。该研究首次在标准的 Transformer 中系统集成了 MoE 层，通过创新的条件计算机制与自动分片技术，成功构建了当时规模空前的稀疏化神经网络——其最大模型参数量突破 6000 亿，这成为首个实现超大规模 MoE 架构工程化部署的标杆案例。

研究团队通过动态路由机制重构了 Transformer 前馈层的计算范式，使每个输入样本仅激活特定专家子网络，同时引入张量自动分片技术实现跨设备参数分布。这种架构创新不仅保留了 Transformer 处理序列数据的核心优势，更通过稀疏计算显著提升了模型容量与训练效率的平衡能力。实验证明，该框架在保持单设备计算负载稳定的前提下，将模型参数量提升两个数量级，为后续万亿参数模型的研发奠定了关键技术基础。这项突破性工作标志着现代 MoE 架构范式的确立，推动了神经网络从稠密计算向稀疏化、专业化方向演进。《GShard：利用条件计算和自动分片扩展巨型模型》这篇论文用了很长的篇幅介绍工程实现和优化，这也是 MoE 模型训练最大的痛点。

DeepSeek MoE 作为国内首个开源的 MoE 模型，通过双维度架构创新有效突破了传统 MoE 系统的性能瓶颈。其核心创新体现在专家系统重构与知识解耦机制两方面。针对传统架构普遍存在的知识冗余（knowledge redundancy）和知识杂糅（knowledge hybridity）问题，DeepSeek MoE 提出了两个关键解决方案。

一是细粒度专家分割，即在保持总参数量不变的前提下，将每个专家模块拆分为更小的计算单元。比如，将原本 16 个专家拆分为 64 个微专家，激活数量对应调整为 8 个。这种设计使得专家组合空间从 $C(16, 2)=120$ 种跃升至 $C(64, 8)=4.4 \times 10^9$ 种，极大提升了模型对多样化特征的适配能力。

二是共享专家隔离，即设置固定激活的共享专家模块，专门捕捉跨领域的通用知识；通过将通用计算能力（如数学运算、基础语法解析）剥离到共享专家模块，使其他专家模块能够专注于垂直领域的深度特征学习。这种分层知识架构使得 145B 参数的 MoE 模型仅需 67B 稠密模型的计算量，即可实现同等性能表现。

不仅如此，DeepSeek 在工程上的创新也功不可没，它通过动态内存分配算法和稀疏计算优化，使 16B 参数模型可在单张 40GB 显存 GPU 上直接部署运行，无须量化压缩。这得益于专家分片策略与激活缓存机制的协同设计,该设计将峰值显存占用降低至传统架构的 63%。

采用"自适应学习调速"(动态梯度裁剪)和"专家响应微调"(激活噪声注入)双保险,可以有效防止系统陷入死循环。这就像给自动驾驶系统加上防抱死制动系统,使汽车在高速行驶时仍能灵活转向。实测数据显示,在训练相当于 145 亿个神经元的超大型 AI 时,系统始终保持灵活高效的协作状态(熵值在 4.2~4.5,相当于团队始终保持多样化的解题思路),避免了某些专家模块被过度依赖而"宕机"。

在 DeepSeek 的 MoE 架构中,无辅助损失的负载均衡策略扮演着至关重要的角色,它就像一位经验丰富的调度员,默默地协调各个专家模块的工作,确保整个模型能够高效且稳定地运行。

在 MoE 架构中,不同的专家模块可以被看作各有所长的工匠,每个工匠都擅长处理特定类型的任务。然而,在实际运行过程中,由于输入任务的多样性和复杂性,不同专家模块之间可能会出现工作负担不均衡的现象。一些专家模块可能因为任务量过大而忙得不可开交,而另一些模块则可能因为任务稀少而处于闲置状态。这种负载不均不仅会导致资源浪费,还会对模型的整体性能和效率造成负面影响。

无辅助损失的负载均衡策略的引入,成功解决了这一问题。它通过一种智能的动态路由偏置调整机制,根据各个专家模块的实时负载情况,灵活分配任务。当某个专家模块的任务量较少时,该策略会主动将更多任务分配给这个模块,使其充分发挥作用;而当某个模块的任务量过多时,该策略则会将部分任务分流到其他负载较轻的模块，避免过度消耗单一模块的计算资源。通过这种方式，无辅助损失的负载均衡策略实现了各个专家模块之间的任务平衡，确保每个模块都能在其擅长的领域发挥最大效能，从而提升模型的整体性能和稳定性。

以一个涉及多个领域知识的问答任务为例，假设问题涉及历史、科学、文化等多个领域的知识。在 MoE 架构中，不同的专家模块分别负责处理这些不同领域的任务。无辅助损失的负载均衡策略会根据问题的具体内容以及各个专家模块的当前负载情况，将问题的不同部分分配给最适合的专家模块。例如，对于涉及历史知识的问题部分，系统会将其分配给熟悉历史领域的专家模块；而对于科学相关内容，则会交给专门处理科学知识问题的模块。通过这种精准的任务分配，各个专家模块能够各司其职、协同工作，高效完成复杂的问答任务，为用户提供准确、全面的答案。

这项技术的核心优势在于，它无须依赖额外的辅助损失函数即可实现负载均衡，从而避免了传统方法中可能带来的梯度干扰问题。这就像一个交通信号灯系统，能够根据实时流量动态调整信号灯的时间分配，确保每条道路的通行效率最大化。正是这种智能化的协调机制，使得 DeepSeek 的 MoE 架构能够在复杂任务中展现出卓越的性能和稳定性。

MLA：DeepSeek 的信息过滤员

DeepSeek 的创新当然不止于 MoE。来自 DeepSeek-V3 报告的一张图展示了 DeepSeek-V3 的核心架构（见图 3-5），特别突出了其在多头潜在注意力（multi-head latent attention，MLA）和 MoE 模型方面的创新设计。

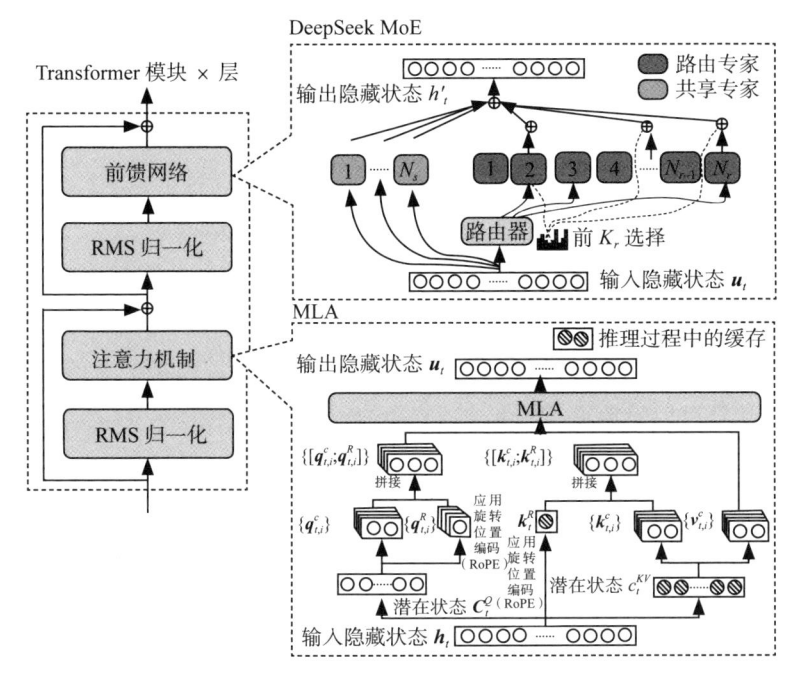

图 3-5　DeepSeek-V3 的核心架构

图片来源：DeepSeek-V3 Technical Report。

DeepSeek-V3 拥有 6710 亿个参数，堪称一个超级大脑。它采用了 MoE 架构，意味着其内部包含多个专家模型，但每次只使用其中的 37 亿个参数来进行计算。为了确保这些专家模型高效运作，DeepSeek-V3 配备了一个智能调度员，精确分配任务，确保每个专家模型都能充分发挥作用，避免某些过于繁忙，而其他闲置。

除此之外，DeepSeek-V3 还装有一个名为"MLA"的信息过滤器，它能够让模型聚焦于关键信息，避免被不重要的细节干扰，确保效率和准确性。但是其意义远不止于此，这是对注意力机制的一次重大创新。要搞清楚这一点，还得从 Transformer 架构说起。

在本书中，我们已经多次提到 Transformer 架构。自大模型诞生以来，Transformer 这个名词就变得家喻户晓。要说清楚它的来历，就要从一位来自德国的年轻人雅各布·乌斯科雷特说起。

2012 年，乌斯科雷特放弃攻读博士学位，加入了谷歌。这一年正是 AlexNet 大放异彩、深度学习兴起的一年。

乌斯科雷特在谷歌的工作主要是尝试将深度学习应用于邮件自动补全以及客服聊天机器人等场景。当时主流的模型结构还是 LSTM 这种循环神经网络。

2014 年，一种叫"注意力"的概念出现了，乌斯科雷特意识到注意力模型可能比循环神经网络更快、更有效，更适合擅长并行处理的 GPU。他成功说服了几位同事一起进行尝试，并在 2016 年发表了一篇论文，算是小有成果。但是，乌斯科雷特认为，注意力机制还可以发挥更大的作用。

2016 年的一天，乌斯科雷特在用午餐时遇到了伊利亚·波洛苏欣，后者当时正在研究如何为搜索问题直接提供答案，但进展并不顺利。乌斯科雷特向波洛苏欣介绍了注意力机制，波洛苏欣不仅同意尝试，还拉来了来自印度的阿希什·瓦斯瓦尼一起参与。三人一起起草了设计文档，Transformer 这个名字也是在这个时候产生的。一方面，这个名字是在描述模型的功能；另一方面，是因为波洛苏欣小时候喜欢玩变形金刚玩具。变形金刚的英文正是 transformers。

故事还没完。2017年初，来自印度的尼基·帕尔玛和来自英国的利昂·琼斯加入团队。随后，卢卡斯·凯泽和他招来的实习生艾丹·戈麦斯也加入进来。团队开始将Transformer的试验方向设定为机器翻译。Transformer表现确实不错，但只是与LSTM差不多，并没有好到哪里去。

山穷水尽的时候，某天，已经在谷歌工作了十几年的非常资深的诺姆·沙泽尔在办公室走廊里经过凯泽的工位时，听到Transformer团队正在激烈讨论。沙泽尔饶有兴趣，发觉这是一群聪明人在做有前途的工作，于是凯泽抓住这个机会，说服沙泽尔加入了团队。这次偶遇非常重要，Transformer的8位主创人员终于到齐了。沙泽尔凭借自己的丰富经验对代码架构进行了重新梳理与编写，将整个系统提升到了一个新的水平。

随着工作的推进，团队决定赶在2017年的NIPS会议（机器学习和计算神经科学领域的国际顶级学术会议，Conference on Neural Information Processing Systems，神经信息处理系统大会）上发布他们的成果。最后两周，他们拼命赶工作，大部分时间都在咖啡机附近的办公室里度过，很少睡觉。论文提交截止前的几分钟，他们还在收集实验结果。最终，他们是在最后两分钟踩着点儿提交的论文。论文的名字《你只需要注意力机制》是由英国的利昂·琼斯提出的，灵感来自披头士乐队的歌曲《你需要的只是爱》(All You Need Is Love)。从变形金刚到披头士的歌曲，艺术总是能给科学家带来美妙的灵感，科学家们在黑暗中摸索的旅程也因为这些灵感的降临而凝结成科学史上一个个闪光的瞬间。

言归正传。2017年12月的NIPS会议上，这篇论文引起了轰动。会场上挤满了想要了解更多的科学家，参会的几位主创人员一直聊到声音沙哑，场地闭馆时现场仍然人头攒动，最后保安前来清场，大家才陆续离开。

截至2024年底，这篇论文已经被引用超过11万次。而Transformer更是开启了人工智能的全新时代，成为AI时代的最强引擎。从蛋白质预测到大语言模型，从AI促进科学到图像和视频的生成，一系列突破性的进展都是基于Transformer架构实现的。

如果说Transformer的诞生是一个大爆炸时刻，那么现在宇宙正在它周围膨胀，而注意力机制无疑是大模型宇宙形成的基本物理定律。这一点在这篇论文的名字上就表现得淋漓尽致。但是，注意力机制有一个致命的弱点。

全局注意力机制的时间复杂度与序列长度的平方成正比[$O(N^2)$]，这导致其在处理长文本或高分辨率图像时产生显著瓶颈。当序列长度从512增至4096时，注意力矩阵的内存占用将膨胀64倍，这使得利用该机制处理4K医学影像或长篇小说级文本时会面临显存耗尽风险。尽管局部注意力可将复杂度降至线性水平，但会损失超过30%的跨区域关联信息。

在第二章我们讨论了注意力机制的重要性来自上下文，上文和下文有高度的相关性，而大模型的本质是概率计算，要推测下文就需要查询上文，因此，文本的计算量是随着文本长度呈指数级增加的。不仅如此，为了推测下文的一个字，必须把上文重复计算一遍，这会造成大量的重复计算。为了避免重复计算，各家大模型就会把之前的运算结果存到显卡的缓存中，这种以空间换时间的做法虽然可取，但势必会带来极大的显存占用问题。

针对这个问题，就有了各种解决方案（见图3-6）。从MHA、MQA、GQA到DeepSeek的MLA，堪称缓存与效果的极限拉扯，但无论如何改进、如何减少缓存，这些都是算法演进的核心驱动力。这些陌生的技术名词看上去有点儿吓人，而且要把它们弄懂也需要费点儿功夫，但是要真正理解大模型背后的机制，这些都是绕不过去的概念。这些概念是理解大模型的基石。只有真正理解这些概念，才能明白科学探索的曲折，一点点的进步是多么来之不易，才能对大模型的未来产生思考的能力。

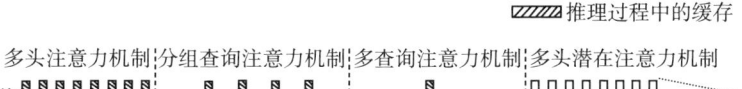

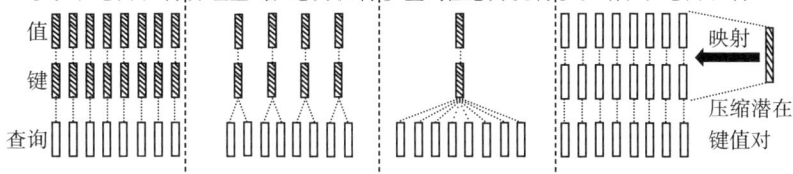

图3-6 解决缓存问题的各种方案

图片来源：DeepSeek-V2: A Strong, Economical, and Efficient Mixture-of-Experts Language Model。

多头注意力（multi-head attention，MHA）机制，是开山之作《你只需要注意力机制》所提出的一种注意力形式，可以说它是当前主流大语言模型的基础，也就是图3-6中最左边的部分。所有的注意力机制都有三个核心的参数需要进行计算，那就是keys（键）、values（值）和queries（查询）。

多头注意力机制将输入分为多个"头"（heads），每个头独立计算注意力权重，也就是说计算一个令牌，每个Transformer

层的每个 head 都要存储一对键和值。每个头的输出经过拼接后，再通过一个线性投影层得到最终结果。因此，其计算量是巨大的。

多查询注意力（multi-query attention，MQA）机制是对多头注意力机制的改进，它旨在减少模型的参数数量和计算复杂度，同时保持或提高模型的性能。与多头注意力机制不同，在多查询注意力机制中，所有的查询共享同一组键和值，但每个查询可以有不同的权重。这种方法减少了需要存储的键和值的数量，同时仍然允许通过多个查询来捕捉不同子空间的特征。

在多查询注意力机制中，由于键和值矩阵是共享的，因此减少了模型参数的数量，它可以减少内存占用并加快推理速度。然而，共享键和值矩阵可能会限制模型捕获不同头之间信息的能力，因此在某些情况下可能会牺牲一些性能。

分组查询注意力（grouped-query attention，GQA）机制进一步优化了注意力计算，通过将查询向量分组，使每个组共享一组键和值。与多查询注意力机制类似，分组查询注意力机制降低了计算复杂度，减少了内存占用，并且通过分组方式保留了模型的表达能力。

分组查询注意力机制是一种在效率和质量之间寻求平衡的注意力机制，适用于大型语言模型，尤其是在需要处理大量数据和保持快速响应的场景中。然而，它也需要在实现和性能上进行仔细的权衡。

这些解决方案都有美中不足，天下苦多头注意力机制久矣，DeepSeek 的多头潜在注意力机制是时候登场了。

多头潜在注意力机制作为注意力机制演进的新突破，其核心创新在于通过结构重构与计算优化，在保持模型性能的前提下显著降低显存占用与计算资源消耗。要理解这一技术突破的本质，需要将其置于注意力机制发展脉络中进行审视。

传统多头注意力机制如同全手工定制工厂，每个注意力头独立处理完整数据，虽能捕捉丰富特征，但需存储大量中间计算结果（KV Cache[①]），导致显存开销过大。多查询注意力机制与分组查询注意力机制的改进类似于引入标准化零件生产，通过共享部分键、值参数来减少存储需求，但过度简化结构可能会削弱模型的表达能力。

多头潜在注意力机制创新性地引入了"预加工＋按需定制"的双阶段处理机制。

在训练阶段，建立低维度潜在空间，通过可学习的投影矩阵将原始数据压缩为紧凑表征（类似于将原材料预加工为标准化半成品），所有注意力头共享该基础表征，但各自配备独立转换工具（投影矩阵）以进行二次加工。

在推理阶段，数学中的恒等变换将原本需要多步骤处理的投影操作转化为单步线性计算（如同将定制加工流程优化为即用型组件装配），使得 KV Cache 只需存储低维共享表征。这种动态计算重构策略，在维持计算等效性的前提下，将存储需求压缩至

[①] 在机器学习中，特别是大模型的推理过程中，KV Cache（键值缓存）是一种重要的优化技术，用于提高推理效率。它的核心思想是通过"空间换时间"的策略来减少重复计算。在 Transformer 模型的自回归推理过程中，每次生成一个新令牌时，模型需要重新计算当前令牌与之前所有令牌之间的关系。KV Cache 通过缓存之前计算过的键和值向量，避免了这些重复计算。

传统多头注意力的 1/8 量级。

该架构通过"算力换显存"的平衡设计突破模型规模瓶颈：在生成阶段将计算压力转移至可并行处理的预计算环节，而关键路径上的显存带宽需求下降使单卡可处理序列长度提升 4~8 倍。这种特性使多头潜在注意力机制特别适合长文本生成、实时对话等场景，为千亿参数级模型的实际部署提供可行性支撑。

多头潜在注意力机制的创新点在于突破传统注意力机制对键和值数量直接削减的路径，转而引入潜在空间进行特征维度压缩。具体而言，多头潜在注意力机制在保留完整键和值数量的前提下，通过线性变换将高维键值对投影至低维隐空间，形成压缩后的潜在表示。这种空间映射操作既维持了原始数据的语义完整性，又通过降维技术降低了显存占用与计算负载，这使多头潜在注意力机制与多查询注意力机制 / 分组查询注意力机制之间形成了本质区别。

在技术实现层面，多头潜在注意力机制的潜在空间可被视为对原始高维特征的信息蒸馏，其压缩过程需通过可学习的投影矩阵完成。这种机制在 DeepSeek 等模型架构中已验证了性能与效率的平衡，尤其在长序列处理场景下展现出了更优的扩展性。因此，也有人将其翻译为"多头隐空间注意力机制"，该译名准确反映了其通过潜在空间进行特征压缩的核心机制。

多头潜在注意力机制的技术突破标志着注意力机制从单纯的结构改良转向系统升级优化，其核心价值在于构建"存储—计算—精度"的动态平衡体系，为后续大模型架构演进提供重要范式参考。

妙招：多令牌预测

多令牌预测（multi-token prediction，MTP）技术是 DeepSeek 在推理过程中的重要创新之一，为模型的推理速度和生成内容的连贯性带来了显著提升。这项技术就像是为模型安装了一台强大的加速器，使其在处理任务时不仅更加高效，还能生成更自然流畅的内容。

在传统语言模型中，文本生成通常采用逐个预测令牌的方式。这种模式类似于一个人说话时一个字一个字地往外蹦，不仅效率低下，还容易导致生成内容缺乏连贯性。而 DeepSeek 的多令牌预测技术则彻底改变了这一局面，它允许模型一次性预测多个令牌，就像我们在日常对话中会连续说出几个词来表达完整的意思。通过这种方式，模型在推理过程中能够一次性获取更多的上下文信息，从而大幅提升推理速度和文本生成质量。

从原理来看，多令牌预测技术的核心在于让模型在训练阶段学习预测多个未来的令牌，这使得模型对语言的整体结构和语义关系有了更深刻的理解。在推理阶段，模型可以根据已生成的令牌和上下文信息，一次性预测出多个合理的后续令牌，而无须像传统方法那样逐个预测并反复迭代。例如，在生成一段文字时，模型不仅考虑当前令牌的最佳选择，还会综合考虑后续多个令牌的可能性，从而确保生成的内容在语义上更加连贯、逻辑上更加一致。这种全局视角使得模型生成的文本更加贴近人类的语言表达习惯，避免了局部决策可能带来的不连贯问题。

在实际应用中，这项技术的优势得到了充分体现。以文本生成任务为例，使用多令牌预测技术的DeepSeek能够快速生成通顺且富有逻辑性的段落。假设要求模型生成一篇关于旅游的短文，它可以一次性生成类似于"我计划在假期去海边旅游，那里有美丽的沙滩和清澈的海水"这样的完整句子，而不是逐个生成"我""计""划"等孤立的令牌。这种连续生成的方式不仅让文本更加自然流畅，也极大地缩短了生成时间，提高了整体生成效率。

此外，多令牌预测技术还在代码生成等复杂任务中展现了卓越性能。由于代码通常具有严格的语法结构和长距离依赖关系，传统的单令牌预测方式往往难以捕捉这些特性，而多令牌预测技术通过同时预测多个令牌，能够更好地满足这类任务的需求。无论是生成高质量的自然语言文本，还是完成复杂的编程任务，这项技术都为DeepSeek注入了强大的能力，使其在各类应用场景中表现出色。

多令牌预测技术不仅是DeepSeek的一项关键技术突破，也为大语言模型的发展开辟了新的方向。它通过一次性预测多个令牌的方式，在提升推理速度的同时，增强了生成内容的连贯性和自然度，为用户带来了更优质的体验。

也许在外人看来，从单令牌预测演变到多令牌预测，应是顺理成章的事情，为什么偏偏被DeepSeek拔得头筹？也许，这可以用克莱顿·克里斯坦森在《创新者的窘境》一书中的观点来解释：在新领域竞争中，摆脱固有模式的"外来者"常能成为创新突破的关键力量。DeepSeek是从金融投资界切换到通用人工智能这个赛道的，它是所有竞争对手当中，最不正规、最缺少条条框框，同时也最纯粹的一个玩家。正是这种"外来者"的、非主流的身份，反倒使 DeepSeek 有可能成为创新者。

以柔克刚：用算法压榨算力

除了前面介绍的内容，DeepSeek 还有下面这些让人眼花缭乱的创新：无辅助损失的负载均衡策略，跨节点全对全通信内核，双路跨节点通信，数据精筛，FP8 混合精度训练框架，等等。

我们可以把训练大模型想象成运营一个工厂，降低成本的方式就两招：一是压缩整体的工作量，二是不让一个工人闲下来。多头潜在注意力机制和 FP8 混合精度训练，就是在压缩工作量。

传统的注意力机制中，每一层都分别存储名称和对应的值。在训练过程中，需要逐一计算这些名称和值，并将它们存储在内存中。这就好比在一个班级里，需要记住"张三 120 斤，李四 180 斤"这样的具体信息。而多头潜在注意力机制的创新之处在于，它将前后几层的信息合并在一起，不再单独记录每个名称，而是统一称为"第一排"。当需要具体信息时，它再通过类似于"第一排第二个男生体重多少"的方式来进行动态查询。这种设计大幅减少了内存占用，同时提升了训练效率。

FP8 是指一种基于 8 位浮点数的表示方法，相较于传统的 FP32（32 位）或 FP16（16 位），它的计算量更少，存储需求更低。虽然看似降低了精度，但 FP8 混合精度训练并非一刀切地降低精度，而是在关键步骤中使用高精度计算（如 FP32）以保证准确性，而在其他场景中，则通过定期校准（每 128 个数交给

FP32 核算一次）来避免误差累积。这种混合策略既减少了计算量，又维持了模型性能。打个比方，原来能精确到 1.85 元的账单，现在直接抹零为 2 元。但面对像比特币这样大币值货币交易的时候，对于 1.85 比特币，系统会切换回高精度模式，一分一厘地仔细计算。

多头潜在注意力机制和 FP8 混合精度训练这两项技术可以视为压缩工作量的典范。除了压缩工作量，DeepSeek 还采用了多项技术来提升并行效率，确保每个"工人"都能高效运转。

双路的核心思想是优化计算流水线。传统流水线中，前一个工人完成任务后，下一个工人才能开始工作，这种串行模式容易导致等待时间过长而影响效率。而 DeepSeek 设计了两条并行流水线，使得不同任务能够同时进行。比如，当一条流水线的工人正在贴胶布时，另一条流水线已经在传输下一个任务。这种方式不仅实现了数据传输与计算的同步进行，还使整体速度提升了 50%，通信开销减少了 20%。

在 MoE 模型中，如何分配任务是一个难点。如果固定分配任务，比如做出类似"小王必须送 30 单，小李必须送 50 单"这样的规定，则很容易出现某些专家过载而另一些专家闲置的情况。DeepSeek-V3 的无辅助损失的负载均衡策略则采用动态分配机制，类似于智能派单系统。当某个专家连续处理过多任务时，系统会自动降低其接单概率，并将任务分配给其他空闲专家。这种灵活调整的方式显著提升了系统的运行效率，使不同专家的工作量达到动态平衡。

DeepSeek 在效率上取得了显著突破，而且它并未牺牲性能，反而在多个指标上表现出色。这主要得益于以下三点：

第一，模型规模庞大：DeepSeek 拥有 671B 的参数量，远超 Llama 3.1 的 405B，奠定了强大的基础能力。

第二，高质量训练数据：DeepSeek 对训练数据进行了精细化处理，从数据筛选、清洗到预处理都力求完美。其训练数据总量高达 14.8 万亿令牌，相当于用最优质的食材制作了一道精心烹调的大餐。

第三，多令牌预测：传统的大语言模型一次只能预测一个令牌，而 DeepSeek 可以同时预测多个连续的令牌。这不仅提高了效率，还能更好地把握令牌之间的依赖关系。

这些反常识的创新，正在改写大模型的竞争规则——未来的 AGI 之战，或许不再是"谁拥有更多 GPU"，而是"谁能更聪明地利用每一焦耳的计算能量"。当同行仍在参数量的数字游戏中内卷时，DeepSeek 已用数学之美证明：真正的智能突破，往往始于对行业共识的勇敢背叛。

这些创新汇集起来其实就是 DeepSeek 高度逼真和流畅的表达能力，而这种表达其实就是 AGI，也是 DeepSeek 所一直追求的。

"价格屠夫"？ AI 不是富豪的玩具

20 世纪 70 年代，Apple Ⅱ（第二代苹果电脑）等产品通过图形界面和易用性，重构了人类工作与生活方式，成为信息革命的基石。但是此时的 PC 更多地被视为玩具。IBM 高管曾断言，

"全球市场只需要 5 台计算机"。

20 世纪 90 年代，亚马逊、谷歌等企业证明，互联网的本质是连接与协作，而非单纯的技术设施。但这并不妨碍业界将互联网看作"科学家专用工具"，《新闻周刊》1995 年发文称，"线上购物违反人类天性"。

2007 年，iPhone（苹果手机）问世，安卓（Android）手机操作系统也蓄势待发，智能手机将通过生态整合（应用商店+传感器）重新定义移动终端，成为人体感官的延伸。但是初代 iPhone 依然被诺基亚嘲笑为"没有键盘的脆弱设备"，诺基亚认为触屏交互不实用。

2010 年前后，电动汽车通过软件定义硬件（如空中下载技术升级）和能源网络重构，成为智能出行生态的核心。但是特斯拉早期还是被质疑"续航短""成本高"，传统车企认为电动化只是环保的噱头。

似乎被误读才是新技术的宿命。

这一次轮到了 DeepSeek。

2024 年 5 月，DeepSeek 团队发布了 DeepSeek-V2，到今天，这款模型被提及最多的依然是"价格屠夫"，这也使 DeepSeek 有了"AI 拼多多"的大名（见图 3-7）。很多技术人士提起这个名字都不无愤慨，可见，公众注意力往往过度集中在成本上，却忽略了其底层技术的创新。

误读归误读，DeepSeek-V2 的价格也确实感人。

2024 年 5 月，发布新模型 DeepSeek-V2 的同时，DeepSeek 宣布把 API 价格下调，降价幅度之大，使得它的价格只是在中文能力方面，DeepSeek-V2 在 AlignBench 排名中全球领先，同时提供极具竞争力的 API 价格。

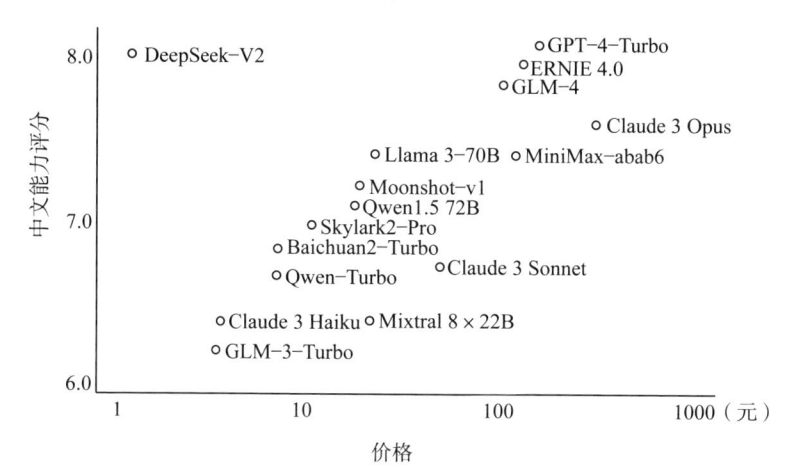

图 3-7　DeepSeek-V2 的 API 价格优势

图片来源：《量化起家，万卡在手，降价狂魔，DeepSeek 可能就是中国大模型混战的终结者》，详见 https://finance.sina.cn/fund/sm/2024-07-05/detail-inccatac7262706.d.html。

GPT-4-Turbo API 价格的 1%。很快，它引发了连锁反应。之后，字节跳动和阿里巴巴的陆续跟进，使得价格战正式铺开。

技术评测数据显示，DeepSeek-V2 在 AlignBench[1] 中文综合能力评测中与 GPT-4-Turbo、文心大模型 4.0 同属第一梯队，在 MT-Bench[2] 英文综合能力评测中超越了 Mixtral 8×22B[3]，其数学、

---

[1] AlignBench 是一个由清华大学等机构联合发布的多维度中文对齐评测基准，专门用于评估大语言模型在中文环境下的对齐程度，有可能是第一个针对中文大模型，能够在多维度上细致评测模型和人类意图对齐水平的评测基准。

[2] MT-Bench 是一个用于评估大语言模型多轮对话和指令遵循能力的基准测试框架。

[3] Mixtral 8×22B 是由 Mistral AI 公司推出的一款开源的稀疏混合专家（SMoE）语言模型，Mistral AI 是一家总部位于法国巴黎的人工智能初创公司，成立于 2023 年，也是欧洲领先的人工智能初创公司之一。

编程等专项能力同样居全球前列。

在商业化层面，DeepSeek开创性地提出了"技术降本"定价策略，其API的定价仅为GPT-4-Turbo的1%，其以每百万令牌输入1元/输出2元的定价体系，依托幻方量化自有资金支持，在实现超50%利润率的同时保持财务独立性。这种不依赖VC（风险资本）融资的商业模式，在行业内引发了鲶鱼效应，促使头部厂商相继调整定价策略。值得注意的是，该模型的技术突破源于8.1万亿令牌的预训练数据积累，配合监督微调（SFT）与强化学习（RL）的双阶段优化，其128K长上下文窗口设计更适配复杂场景应用。

在市场格局演变方面，DeepSeek的技术突破直接推动大模型市场竞争进入"性能—成本"双维博弈阶段。面对后续互联网巨头的资源投入，这种依托底层技术创新实现的成本优势，正在重塑行业生态规则。值得关注的是，随着量化投资领域的技术迭代，研发团队的资源配置策略可能面临新的平衡与挑战。

DeepSeek-V2模型发布后，DeepSeek不小心成了一条鲶鱼。对此，梁文锋表示："没想到价格让大家这么敏感。我们只是按照自己的步调来做事，然后核算成本定价。我们的原则是不贴钱，也不赚取暴利。这个价格也是在成本之上稍微有点儿利润。"

近年来，美国规模最大的几家人工智能实验室一味地相互竞争，力求在模型质量上实现些微的精进，却忽视了去打造成本低、速度快且品质优的模型。在所有的大模型里，DeepSeek的性能也许不是最强的，但性价比一定是最高的。从AI产业角度来看，它带来的主要影响是"降本"。降本是产业发展的必经之路，只有成本下降，新技术才能在商业世界找到盈利空间，才可能出现杀手级应用程序。如果没有DeepSeek，AI可能长期都只是少数几个巨头的玩具，无法形成产业气候。也就是说，DeepSeek的出现，跨越式地推动了AI产业的发展。

但是，DeepSeek-V2拥有的绝不仅仅是价格优势，其背后是雄厚的技术支撑。随着时间的推移，DeepSeek-V2开始引发更多技术上的关注。

SemiAnalysis公司首席分析师认为，DeepSeek-V2论文"可能是2024年最好的一篇"。OpenAI前员工安德鲁·卡尔（Andrew Carr）认为DeepSeek-V2论文"充满惊人的智慧"，并将其训练设置应用于自己的模型。而人工智能初创公司Anthropic联合创始人杰克·克拉克（Jack Clark）认为，DeepSeek"雇用了一批高深莫测的奇才"，还认为中国制造的大模型，"将和无人机、电动汽车一样，成为不容忽视的力量"。

与此同时，在国内，DeepSeek的技术创新开始被人们看到。其中，技术大咖苏剑林发布的《缓存与效果的极限拉扯：从MHA、MQA、GQA到MLA》引起了人们对于DeepSeek技术的广泛讨论。

DeepSeek在世人眼中终于不只有价格了。

有了DeepSeek-V2的预热，2024年12月26日，DeepSeek-V3迅速破圈，引爆中美，2022年OpenAI的ChatGPT带给世界的那种震撼感，国人终于可以自己真真切切地体会到了。

在AI领域，一个令人不安的真相正在浮现：模型的"聪明"程度，可能与其参数总量无关。

重构研发的三个常识：稀疏，无约束，多令牌

当全球科技巨头仍在痴迷于堆砌万亿参数、将 GPU 集群扩张到数万张时，中国 DeepSeek 团队用一场"反向实验"撕开了行业繁荣的表象——他们以 557.6 万美元的训练成本，打造出参数总量达 6710 亿的模型 DeepSeek-V3，但该模型推理效率却比同等性能的传统模型高出 300%。更令人震惊的是，该模型在训练过程中没有经历任何一次"损失值崩溃"，全程稳定得如同一条被驯服的河流。这背后，是一套彻底颠覆 AI 研发范式的技术创新体系：它证明了大模型的进化方向，可能不是"更大"，而是"更聪明"。

DeepSeek 至少在三个方面颠覆了常识。

反常识一：参数膨胀≠智能跃迁，稀疏激活才是关键。

传统 AI 模型遵循"暴力美学"——参数越多，性能越强。OpenAI 的 GPT-3 用 1750 亿参数开启了大模型时代，Meta 的 Llama 2 将参数堆到 700 亿，而谷歌的 PaLM-E 更是突破 5620 亿。虽然这种"参数军备竞赛"的逻辑看似合理——更多的神经元连接理应带来更强的表达能力，但是 DeepSeek-V3 的实验数据揭示了一个反直觉结论：参数总量与模型性能并非线性相关，真正决定智能水平的，是参数被"唤醒"的比例。

以 DeepSeek-V3 为例，其参数总量高达 6710 亿，但处理每个令牌时仅能激活 37 亿参数（约占参数总量的 5.5%）。这种 MoE 架构通过动态路由机制，让模型像人脑一样"按需调用知识"——看到数学题时激活逻辑推理专家，遇到诗歌生成时则唤

醒语言美学专家。相比之下，传统稠密模型是无论输入内容如何，所有参数必须全程参与计算，如同强迫一个交响乐团在演奏儿歌时也动用所有乐器。

这种稀疏激活的威力在成本上体现得淋漓尽致：DeepSeek-V3 的训练成本仅为 278.8 万 H800 GPU 小时，而同等性能的稠密模型需要消耗超过 8 万小时。当行业还在为"万亿参数俱乐部"的门槛争论不休时，DeepSeek 已悄然证明——模型的"智慧密度"远比"参数体积"重要。

反常识二：稳定训练不需要"绷紧缰绳"，无约束路由反而更高效。

在传统的 MoE 模型中，工程师们必须像驯兽师一样严防"专家失衡"——通过复杂的辅助损失函数（auxiliary loss）强制各专家工作量均衡，否则某些专家会被过度调用，而其他专家则沦为"数字摆设"。这种"控制狂"式的设计增加了训练的不稳定性，工程师们稍有不慎就会引发梯度爆炸或专家瘫痪。

DeepSeek 团队却大胆摒弃了这一行业的金科玉律。他们开发的无辅助损失路由算法，彻底撤去了对专家选择的硬性约束。令人惊讶的是，模型不仅没有陷入混乱，反而通过自组织的动态博弈，自然形成了更高效的专家分工。这如同取消交通信号灯后，车辆反而通过自主协商实现了更流畅的通行——某些专家专精高频任务（如语法解析），另一些则聚焦长尾需求（如小语种翻译），系统整体效率提升了 40%。

这一突破的背后，是一套受生物神经元启发的随机竞争机制：每个专家在响应输入时，会引入微小噪声扰动，迫使模型持续探索更优的专家组合。这种"混乱中的秩序"甚至带来了意外收获：在代码生成任务中，模型会动态组建"专家委员会"，让擅长算法逻辑、API 调用和代码风格的不同专家协同工作，输出质量远超传统单专家模式。

反常识三：预测未来不需要"亦步亦趋"，多令牌并行打破时间诅咒。

自回归模型（如 GPT 系列）的生成过程像一场孤独的马拉松：逐词预测，步步为营。这种"串行思维"虽保证了连贯性，却付出了巨大的代价——生成 1000 个令牌需要顺序执行 1000 次计算，且早期错误会随上下文传播而放大。DeepSeek-V3 的多令牌预测技术彻底颠覆了这一范式：它能同时预测未来 3~5 个令牌，如同棋手能够预判对手的多步走法，在保持准确率的前提下将生成速度提升 2 倍。

更反直觉的是，这种并行预测非但没有增加训练难度，反而通过暴露更长距离的依赖关系，让模型更早学会"战略布局"。例如，在生成科技论文时，模型会先预测结论中的关键词（如"量子纠缠"），再反向推导实验设计部分的内容结构。这种"时间倒序学习"的效果，恰似人类作者先列大纲再填充细节的创作过程。

当行业陷入"规模崇拜"时，DeepSeek 重新定义了创新的方向。DeepSeek 的技术路径，本质上是对 AI 研发范式的三重解构：

第一，从"规模优先"到"效率革命"：用稀疏激活破解"算法暴政"；

第二，从"控制至上"到"自组织涌现"：以无约束路由释放专家潜能；

第三，从"线性思维"到"并行跃迁"：借多令牌预测突破时间屏障。

DeepSeek-V3的爆火导致其论文中的一张图（见图3-8）被疯狂转发，这张图到底说了什么呢？那就是DeepSeek在多项赛事中的战绩。

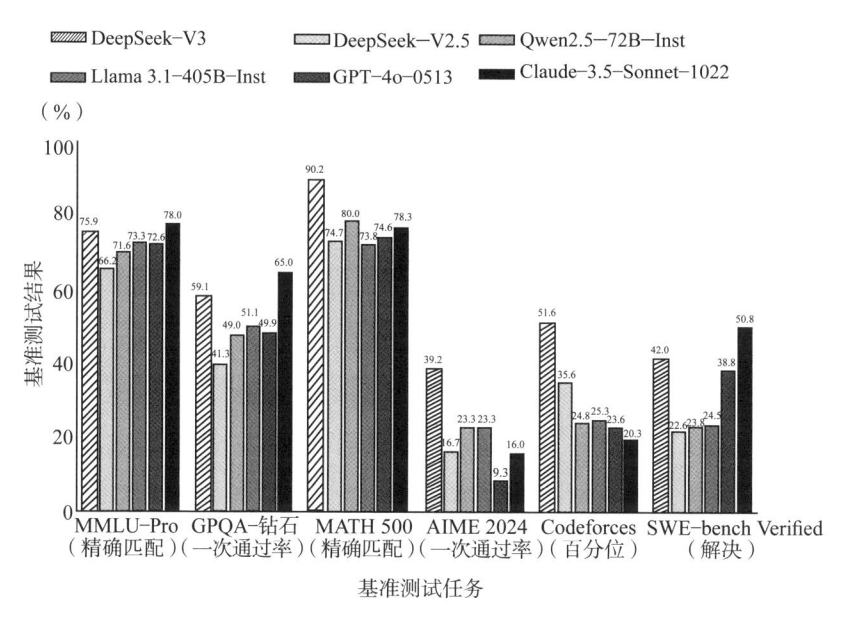

图3-8 主流大模型性能对比

注：每个柱状图显示了不同模型在各个测试集上的准确率或百分位。
图片来源：DeepSeek-V3 Technical Report。

图3-8展示了DeepSeek-V3及其竞品（DeepSeek-V2.5、Qwen 2.5-72B-Inst、Llama 3.1-405B-Inst、Claude-3.5-Sonnet-1022、GPT-4o-0513，其中第二个和第三个是业界普遍认可的最好的开

源模型，而后两个则是最好的闭源模型，图中所列对手名单也在一定程度上反映了 DeepSeek 的野心）在多个基准测试中的性能表现。横轴列出了不同的基准测试任务，纵轴表示准确率或百分位数。每个柱状标识代表一个模型在特定任务上的表现，通过对比，我们可以看出不同模型的优劣势。

图 3-8 中，从左往右看，第一项测试 MMLU-Pro 是大规模多任务语言理解（Massive Multitask Language Understanding）的专业版，是一个多任务语言理解基准测试。在测试中，DeepSeek-V3 表现出色，准确率为 75.9%，仅次于闭源大模型 Claude-3.5-Sonnet-1022 的 78.0%。

第二项测试是 GPQA-钻石，即通用问答（General-Purpose Question-Answering）的钻石级版本，专注于开放性问答任务。其衡量指标是模型在第一次尝试时回答正确的比例。DeepSeek-V3 表现出色，准确率为 59.1%，仅次于 Claude-3.5-Sonnet-1022 的 65.0%，与第一名的差距并不明显。

在接下来的三项测试中，DeepSeek 的成绩极为亮眼，全部遥遥领先，以大比分碾压对手。MATH 500 是一个数学推理基准测试，包含 500 道数学竞赛级别的题目。其衡量指标为 EM（exact match，精确匹配），即模型的答案与正确答案完全一致的比例。DeepSeek-V3 表现出色，准确率为 90.2%，远超其他模型。

AIME 2024 是美国数学邀请赛（American Invitational Mathematics Examination）的 2024 年版本，是一个高难度的数学竞赛。在这项测试中，DeepSeek-V3 以 39.2% 的准确率摘得桂冠，以大比分领先 GPT-4o-0513，后者准确率仅为 9.3%。

Codeforces 是一个编程竞赛平台，这里选用了其数据集作为基准测试资源，主要考察模型在代码生成和算法理解方面的表现。可以看到，DeepSeek-V3 的准确率已经达到 51.6%，超越了人类程序员，而 GPT-4o-0513 的准确率仅为 23.6%，不到 DeepSeek-V3 准确率的一半。

SWE-bench Verified 是一个软件工程相关的基准测试，主要用于评估模型在软件开发任务中的表现。DeepSeek-V3 是 42.0% 的准确率，几乎是除 Claude-3.5-Sonnet-1022、GPT-4o-0513 以外其他对手准确率的两倍左右。

由此不难看出，DeepSeek 不只有价格优势，性能上也能碾压对手，尤其是在推理能力上具有明显的优势，但由于其成本领先优势过于突出，所以其性能往往被忽略。

本章说了太多术语，打了太多比喻。也许若干年后人们在回首大模型技术演化路径的时候，会理解我们用文字记录技术的良苦用心，会发现决定未来的蛛丝马迹，这些已经在本书中悄然留下痕迹。

在本章结尾的部分，我们不妨一起欣赏一段 DeepSeek 生成的文字，直观感受一下这些创新带给我们的震撼，就像我们在前文所说的，这份震撼和 2022 年 OpenAI 带给全球的如出一辙。

2025 年春节期间有人以"玄武门事变之后"为题，要求 DeepSeek 写一篇李世民的独白，以下是它回答的结尾部分：

（指尖蘸着朱砂在空白处画了幅长安舆图）
怀里的武德律还在发烫，但压在下面的贞观新政纲要更烫。五更前要改完均田制细则。

卯时还得去太医署看魏徵——这头倔驴竟真敢空手夺我陌刀，他淌在朱雀大街上的血，可比他写的谏书有分量得多。

（晨光刺破窗纸时突然顿笔）

建成，你教我的《商君书》错了，帝王术不是棋枰上的黑白子，而是淬火的刀。

今日我斩断的每寸骨血，都会熔成他日量天下的尺。

（最后在绢帛角落以血为印）

后世若嫌这墨色太腥，便让他们去读我用二十年光阴漂白的青史。

DeepSeek 就像一把以创新之火淬炼的刀，凛然出鞘，令世人一震。

第四章 | 强化学习、大模型与归来少年

若干年之后，当再回首时，人们会发现2025年的春天属于两位"三岁的中国年轻人"：

一位是三岁"影帝"哪吒，《哪吒之魔童闹海》上映10天便问鼎全球影史单一市场票房榜，16天破票房百亿，21天登顶全球动画电影票房榜，闪电般地打破35项影史纪录，为全球电影市场注入一剂"东方神话强心针"。

另一位则是诞生于2023年"百模大战"时期的DeepSeek，被誉为"来自东方的神秘力量"。正如梁文锋本人在2024年12月16日发布的一条朋友圈所言："三年过去了，旧世界分崩离析，新时代正在光速到来。"

在DeepSeek横空出世之前，OpenAI的CEO萨姆·奥尔特曼似乎认为拐点已经到来："我认为我们正处于时代的尾声，届时将会出现这些巨型模型。我们将以其他方式让它们变得更好。"他说的巨型模型，正是耗资大约上亿美元数量级的GPT-4等。他说这番话的时候，中国的人工智能行业正处于严峻的劣势。

2022年，美国禁止向中国出口先进芯片。英伟达不得不为中国市场设计特殊的降级方案。美国还试图阻止中国在本土发展制造顶级芯片的能力，方法是禁止出口必要的设备，并威胁那些可能对中国提供帮助的非美国公司进行处罚。当时，人们普遍认为中国人工智能的发展大幅落后于美国，至于落后的程度，有人说落后一到两年，有人说虽然中国在拼命追赶，但仍然落后半年到一年。

哪吒在虚拟世界里打破成见，DeepSeek则在现实世界中改写着AI竞争的叙事逻辑，直接硬刚算力封锁的刀锋：在硬件层面，其算法创新突破算力依赖，以低成本训练实现在性能上对标国际顶尖模型，将中美人工智能的差距大幅缩小；在技术范式上，通过推理优化重构能力演进路径，证明复杂决策可优先于规模扩张；在生态层面，开源策略重塑全球创新格局，推动技术普惠而非垄断性控制。这种系统性创新，使得"差距拉大""芯片'卡脖子'"等传统认知失去解释力。

在第三章，我们已经介绍了DeepSeek在预训练阶段的技术创新；本章，我们从大模型性能的视角，介绍DeepSeek后训练阶段的技术创新。

千呼万唤不出来——Scaling Law的边际时刻

在开始讨论这个问题之前，为了避免混淆，我们先要区分两类模型，一类是像DeepSeek-V3这样的通用大语言模型，这类模型有很多，比如OpenAI公司从GPT-1到GPT-4都属于这类。

DeepSeek-V3之所以牛，最重要的原因在于其拥有领先的成本优势，其以极低的成本比肩一众大模型的水准，登上了"开源之王"的宝座，性能直逼闭源大模型GPT-4o。DeepSeek的技术报告显示，训练V3总共花费278.8万H800 GPU小时，成本为557.6万美元，仅仅是OpenAI的1/20（见图4-1）。

> Lastly, we emphasize again the economical training costs of DeepSeek-V3, summarized in Table 1, achieved through our optimized co-design of algorithms, frameworks, and hardware. During the pre-training stage, training DeepSeek-V3 on each trillion tokens requires only 180K H800 GPU hours, i.e., 3.7 days on our cluster with 2048 H800 GPUs. Consequently, our pre-training stage is completed in less than two months and costs 2664K GPU hours. Combined with 119K GPU hours for the context length extension and 5K GPU hours for post-training, DeepSeek-V3 costs only 2.788M GPU hours for its full training. Assuming the rental price of the H800 GPU is $2 per GPU hour, our total training costs amount to only $5.576M. Note that the aforementioned costs include only the official training of DeepSeek-V3, excluding the costs associated with prior research and ablation experiments on architectures, algorithms, or data.

图4-1 DeepSeek-V3技术报告关于训练成本部分的描述

图片来源：DeepSeek-V3 Technical Report。

而另一类则是像OpenAI的o1模型、DeepSeek-R1这样的推理大模型。凭借一己之力引爆网络热潮，血洗美国股市的正是DeepSeek-R1推理大模型。在当时，纵观全球，OpenAI的o1模型一枝独秀，颇有些金庸武侠里独孤求败的味道，但没想到DeepSeek-R1一出现，直接以大道至简的GRPO技术创新与o1模型打成平手。

那么，凭借着从GPT-1到GPT-4，OpenAI明明已经牢牢筑起了护城河，为什么非要去费力不讨好地研究什么推理大模型，反而给了对手机会呢？

因为从GPT-1到GPT-4都不是OpenAI真正的护城河，OpenAI真正的看家法宝是规模定律，也就是大名鼎鼎的Scaling Law。

前文我们介绍过2017年谷歌发表了划时代的论文《你只

需要注意力机制》，谷歌在发明了自注意力机制的同时发明了Transformer架构，这个架构最终被绝大多数大模型采用。谷歌以一篇论文开启了整个大模型时代。有意思的是，不论是谷歌的大模型BERT，还是OpenAI的GPT，这两者的"T"，都指的是Transformer架构。

之后就是OpenAI依托谷歌的Transformer架构，像下饺子一样不断地产出大模型：2018年的GPT-1，2019年的GPT-2，2020年的GPT-3。在发布GPT-3的同一年，OpenAI发布了自己的论文《大语言模型的规模定律》，正是这篇论文帮助OpenAI筑起了自己的护城河。

如图4-2所示，在OpenAI论文中研究人员测试了不同的模型配置，比如不同的"head个数"（模型中用于处理信息的不同"注意力头"的数量）、不同的"layer深度"（模型中信息处理

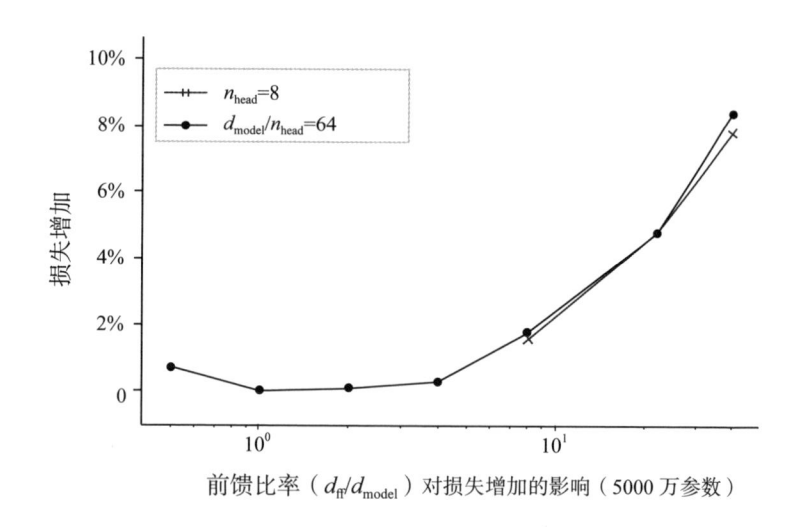

前馈比率（d_{ff}/d_{model}）对损失增加的影响（5000万参数）

（a）

图中文字：

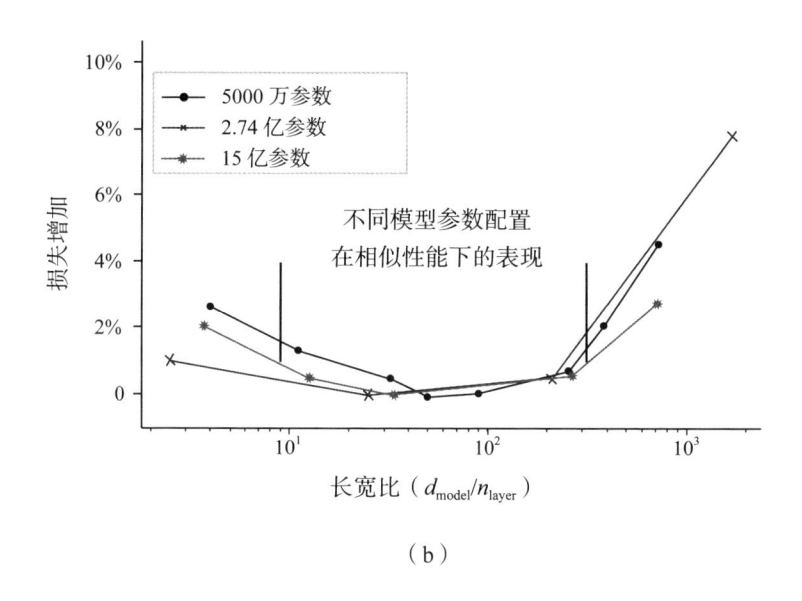

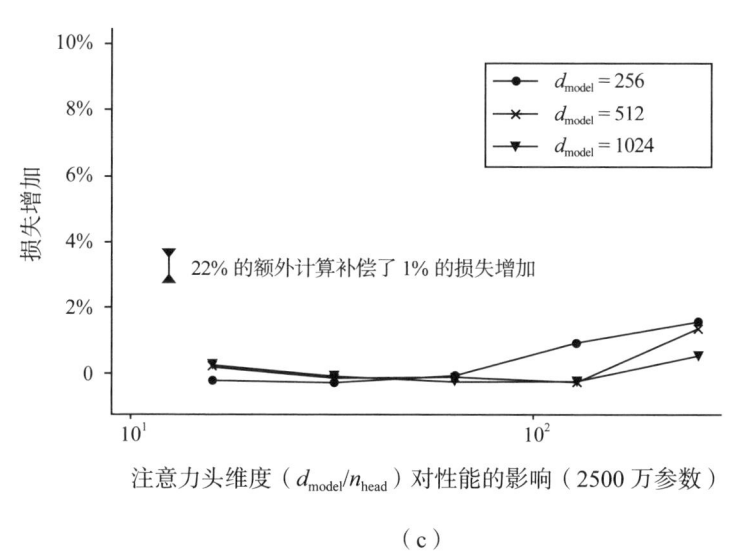

(b)图：
- 纵轴：损失增加（10%、8%、6%、4%、2%、0）
- 横轴：长宽比（d_{model}/n_{layer}）
- 图例：5000万参数、2.74亿参数、15亿参数
- 标注：不同模型参数配置在相似性能下的表现

（b）

(c)图：
- 纵轴：损失增加（10%、8%、6%、4%、2%、0）
- 横轴：注意力头维度（d_{model}/n_{head}）对性能的影响（2500万参数）
- 图例：$d_{model}=256$、$d_{model}=512$、$d_{model}=1024$
- 标注：22%的额外计算补偿了1%的损失增加

（c）

图 4-2　参数总量不变的情况下其他因素影响比较

图片来源：OpenAI 论文。

第四章　强化学习、大模型与归来少年

的层数)以及不同的"d_{model}大小"(模型中每个层的维度大小)。他们发现,这些配置的变化对模型的"loss"(损失,即模型预测与实际结果之间的误差)影响很小。换句话说,仅仅通过调整这些参数,模型的性能提升有限。后来,这个理论被推广到非语言模型领域,这意味着不仅仅是语言模型,其他类型的模型(比如图像识别模型等)也可以应用类似的规模定律。

为了便于理解,我们打一个通俗的比方,假设你有一支篮球队,你想提高球队的比赛成绩(相当于降低模型的 loss)。你尝试了多种方法,比如增加球员的数量(head 个数)、增加训练的强度(layer 深度)或者给球员更好的装备(d_{model} 大小)。但你会发现,这些改变对比赛成绩的提升作用有限。真正能显著提高成绩的方法,可能是让球员进行更系统的训练(相当于增加训练数据)或者改进战术(相当于优化模型架构)。后来,你发现这个规律不仅适用于篮球队,也适用于足球队、排球队等其他运动项目团队(推广到非语言模型领域)。

简单总结一下该理论的核心观点,那就是影响大型模型表现的三大关键因素分别为计算量、数据集规模和模型参数数量。当其他因素不构成限制条件时,模型的性能与这些因素分别呈现幂律关系。规模定律就像计算机芯片界的摩尔定律,高度概括了行业的发展规律。事实上,GPT 从一代到三代都是如此(见表 4-1)。

表 4-1　GPT 从一代到三代的参数量变化与资源消耗

模型	发布时间	参数量	预训练数据量	训练算力需求（PFLOPS-day）	训练耗电量（兆瓦·时）
GPT-1	2018 年 6 月	1.17 亿	约 5 GB	未公开	未公开
GPT-2	2019 年 2 月	15 亿	40 GB	未公开	未公开
GPT-3	2020 年 5 月	1750 亿	45 TB	3640（约 3.14×10^{23} FLOPS）	1287（约 128 万度电）

数据来源：作者整理。

于是，沿着规模定律铺就的道路，ChatGPT 顺理成章地来了。

2022 年 11 月 30 日，OpenAI 公司的 CEO 奥尔特曼在其个人社交媒体上发布了一条消息，"我们今天发布了 ChatGPT，试试和它聊天吧"（见图 4-3）。没有聚光灯，没有红地毯，没有发布会，也没有新闻稿，不过引线还是被点燃了。

图 4-3　奥尔特曼在社交媒体宣传 ChatGPT

图片来源：奥尔特曼个人社交媒体账号。

当时 ChatGPT 的火爆程度从注册人数上可以略见一二，其上线第一天注册人数就突破了 10 万，5 天超过 100 万，两个月达到 1 亿。这个用户数量是什么概念？以用户数高增长闻名的

TikTok（抖音海外版）用了9个月才积攒了1亿用户，而达成同样成就的微信用了433天。ChatGPT恐怖如斯。

如果细心观察就会发现，OpenAI发布新模型的节奏比之前有所放缓，由以前的间隔一年变成了两年。对此，OpenAI给出的解释是因为引入了新技术——基于人类反馈的强化学习，请先记住这一点，一会儿还会说到，然而真相并不止于此。

2023年3月14日，GPT-4如期发布。它通过了美国律师资格考试（第90百分位）、SAT（学术性向测验）考试（第93百分位），甚至能解读梗图和漫画。OpenAI的工程师在内部测试中发现，模型开始展现出"涌现能力"——处理复杂逻辑问题时，会突然展现出远超训练数据所涵盖范围的能力。

但是用户对此并不买账，在舞台变宽的同时，作为观众的用户也在成长，人们开始质疑GPT变笨了，AI训练瓶颈的问题日益凸显，资本对于AI的态度也开始从狂热追捧向理性审视演进。2024年6月高盛指出，72%的AI初创公司未能实现盈利，生成式AI行业整体处于"烧钱"状态。AI投入越多，收益越少，这已成了投资者的共识。

此时的人工智能行业颇有些黑云压城的味道，人们又开始怀疑数据的瓶颈、电力的瓶颈、算力的瓶颈和规模定律的瓶颈，同时又希望OpenAI发布更聪明的GPT-5，从而帮助人们重拾信心。所以很长一段时间，不论奥尔特曼的社交媒体上发表什么言论，网友们都统一询问：GPT-5呢？

就在万众期待GPT-5推出的时候，2024年9月13日，OpenAI发布了全新的o系列模型之一——GPT-o1模型，它放弃了单纯堆参数，转而通过强化学习来提升推理能力。故事在此峰回路转，此前 OpenAI 纵横武林，罕逢敌手，此后则不得不时刻提防来自 DeepSeek 发起的挑战。这里又回到了开头的老问题，明明发布 GPT-5 就能解决的问题，为什么偏偏要整出个推理模型给自己添堵呢？

成也 Scaling Law，败也 Scaling Law

正所谓"成也萧何，败也萧何"，Scaling Law 为 OpenAI 筑就的护城河正在变成堰塞湖，随时有溃坝、倒灌的风险。

OpenAI 的 CEO 奥尔特曼在 2023 年坦言，公司面临"GPU 极端短缺"，训练 GPT-4 已消耗约 355 PFLOPS-day（相当于 355 台千万亿次超级计算机运行一天）。英伟达 H100 芯片的供应紧张与高昂成本，使得 OpenAI 继续扩大模型规模变得不现实。据估算，训练 GPT-5 需至少 10 倍于 GPT-4 的算力，这在当前硬件条件下是难以实现的。

除了算力，数据是一个更加棘手的问题。

基于 Transformer 架构的系统，2018 年发布的 GPT-1 通过预训练技术，在阅读了约 7000 册图书后，能够基于概率预测语句的下一个词。以 GPT-3 为例，其参数规模较 GPT-1 膨胀了约 1500 倍，数据消耗量激增了 9000 倍。面对显卡成本高昂而数据相对廉价的现实，OpenAI 几乎将所能获取的全部数据纳入训练池，这种竭泽而渔的做法虽推动了模型迭代，却也加速耗尽了优质数据储备。

据 Epoch AI 预测，2026 年以后人类的新增数据量将低于模型学习需求，到 2028 年大语言模型将耗尽互联网可用的高质量文本数据。全球互联网内容年增长率不足 10%，而大模型训练数据需求却以每年翻倍的速度激增。例如，GPT-4 的训练数据量已达 1.8 万亿令牌，是 GPT-3 的 10 倍以上，而互联网公开文本总量仅约 5 万亿令牌。

不光是数量上堪忧，质量上可用数据也呈现出"贫困化"的趋势。首先，同质化问题严重，社交媒体和论坛等的低质内容占比超过 60%，而专业图书、学术论文等的优质数据比例不足 15%；其次，隐私限制加剧，欧盟 GDPR（《通用数据保护条例》）等法规要求数据采集必须获得用户授权，导致企业难以获取医疗、金融等领域的敏感数据；最后，法律纠纷不断，诸如《纽约时报》起诉 OpenAI 侵权等事件，进一步压缩了公开数据的获取空间。

与此同时，数据获取成本也在高企，2023—2024 年，主流数据集中被网站封禁的比例从 3% 上升至 33%。

所以，OpenAI 迟迟不推出 GPT-5 或许可以用脱口秀演员杨笠的经典反诘来回答——你为什么不上清华呀，是因为不想吗？

不过，面对 GPT-5 难产的困局，对于 OpenAI 来说，选择推理模型不失为明智之举。因为换个赛道可以继续卷规模定律，其凭借多年的技术积累，相信冠军同样唾手可得。

o1 模型的一个核心创新是通过强化学习的引导，使推理阶段的输出更加精确。具体来说，o1 模型采用了改进的算法 PPO（近端策略优化），并通过人类反馈奖励机制，优化推理过程中的每一步。例如，在回答数学问题时，模型首先将问题拆解为多个子步骤，再逐步验证每个逻辑推理，而不是直接给出答案。这种"分步思考"显著提升了模型处理复杂任务的准确率。然而，这一过程带来了响应时间的延长，时间延长了10~20倍，同时也增加了算力的消耗，算力消耗增加了3~4倍。

OpenAI的研究表明，模型的性能不仅仅与参数数量直接相关，还与推理阶段的计算量密切相关。即使在参数规模不再增加的情况下，通过优化推理算法，仍然能够提升执行特定任务的能力。举例来说，o1-preview在数学基准测试中的表现已经超越了GPT-4o，尽管前者参数规模仅为后者的1/3。这表明，通过推理阶段的规模效应和算法优化，能够显著提升模型的任务执行能力。

与传统的通用大模型不同，o1模型选择聚焦于需要深度逻辑推理的领域，如数学和编程。这一策略有效减少了模型对大规模通用数据的依赖，通过领域特定的强化学习对模型进行精细优化。例如，在代码生成任务中，o1模型通过模拟程序员的调试过程，显著减少了语法错误和逻辑漏洞。这种专业化的战略使得o1模型能在特定领域表现出色，同时降低了对计算资源的需求。

o1模型的发布不仅是技术的创新突破，也标志着OpenAI战略重心的转移。OpenAI从过去注重规模的"堆规模"策略，转向了更加注重效率的战略。

那么说了半天，究竟什么是推理模型呢？

推理模型是指一类在处理问题时能够模拟人类思维过程、展示中间推导步骤的智能系统。与传统端到端直接输出结果的模型不同，推理模型会通过分解问题、建立逻辑链路、权衡多维度因素等方式生成具有可解释性的中间结论，最终综合得出答案。

抛开那些冰冷的技术术语不谈，我们生活化地解析一下什么是推理大模型，以及我们为什么需要推理大模型。

举个例子，当用户询问"从北京到上海如何安排行程最合理"时，传统模型可能仅仅根据最短距离或最快速度直接推荐"乘坐高铁"，但这忽视了用户的潜在需求。推理模型则会分步骤进行处理：首先进行路径分析，列举多种交通方式（如乘飞机、坐高铁、自驾等）；然后进行参数权衡，比较不同交通方式的耗时（如飞机 2 小时 vs 高铁 4.5 小时）、成本（机票价格波动 vs 高铁票价稳定）和舒适度（如机场安检耗时 vs 高铁站进站便捷性）；接着整合外部因素，如实时天气（雷雨天气可能导致航班延误）和用户偏好（例如是否携带大件行李）等；最后，综合这些分析，推理模型会推荐高铁作为平衡时间与经济性的选择，同时提供备选方案。这样的模型通常结合知识图谱构建（如交通网络拓扑）、概率推理（如延误风险预测）和深度学习（如用户历史偏好分析）等多个模块协同工作。其核心价值在于通过透明化的推理过程，提升结果的可信度，并为用户提供更加有依据的决策参考。

又比如，小明想计算一个简单的数学题："一个书架有 5 层，每层放 30 本书，后来新增了 2 层，每层放 20 本书。现在总共有多少本书？"传统的大语言模型要么对此无能为力，要么就是直接给出答案。推理模型则通过分步骤的方式进行计算，以帮助用户理解和验证过程。以计算书架上书本总数为例，首先计算原始层数的总书本数：原始层数为 5 层，每层 30 本书，原始总书本数量为 5×30=150 本。接着，计算新增层数的总书本数量：新增层数为 2 层，每层 20 本书，新增总书本数量为 2×20=40 本。最后，将所有书本数量合并，得出当前总书本数量为 150+40=190 本。推理模型通过这种逐步展示计算过程的方式，使用户可以逐条验证逻辑并发现潜在的错误，从而确保结果的准确性。例如，如果新增层数被误算为 3 层，那么步骤 2 便能暴露出问题。

这个过程就是 OpenAI o1 模型中大名鼎鼎的推理链路 CoT（思维链）。它是指人工智能在回答问题时，不仅能给出最终答案，还会像人类一样拥有中间的逻辑推理过程。简单来说，就是让 AI "把思考的步骤写出来"，做到了知其然，还知其所以然。只不过，OpenAI 的思维链是隐式的，而 DeepSeek 的思维链是显式的。

不要小瞧了这个碎碎念一样的思维链，正是它给推理大模型提供了强大的推理支撑。"8.9 和 8.11 谁大"这个问题堪称 AI 智商探测器，我们来看一张在社交媒体上疯传的梗图，从中我们就能窥见思维链的重要性。这是一张来自不具备思维链的 GPT-4o（4o 是多模态模型，不要将其与 o1 推理模型混淆）的回答截图（见图 4-4）。

而另一张则是笔者用同样的问题提问，从具备显式思维链的 DeepSeek 那里得到的回答截图（见图 4-5），图中灰色的部分就是思维链。我们可以看到，具备思维链的推理模型不光答案正确，还能给出验证方法以及另一种解法，由此我们可以看出思维链的重要性。

ChatGPT 4o ⌄

> 8.11 和 8.9 哪个大

8.11 大于 8.9。

> 8.11 和 8.90 哪个大

8.90 大于 8.11。

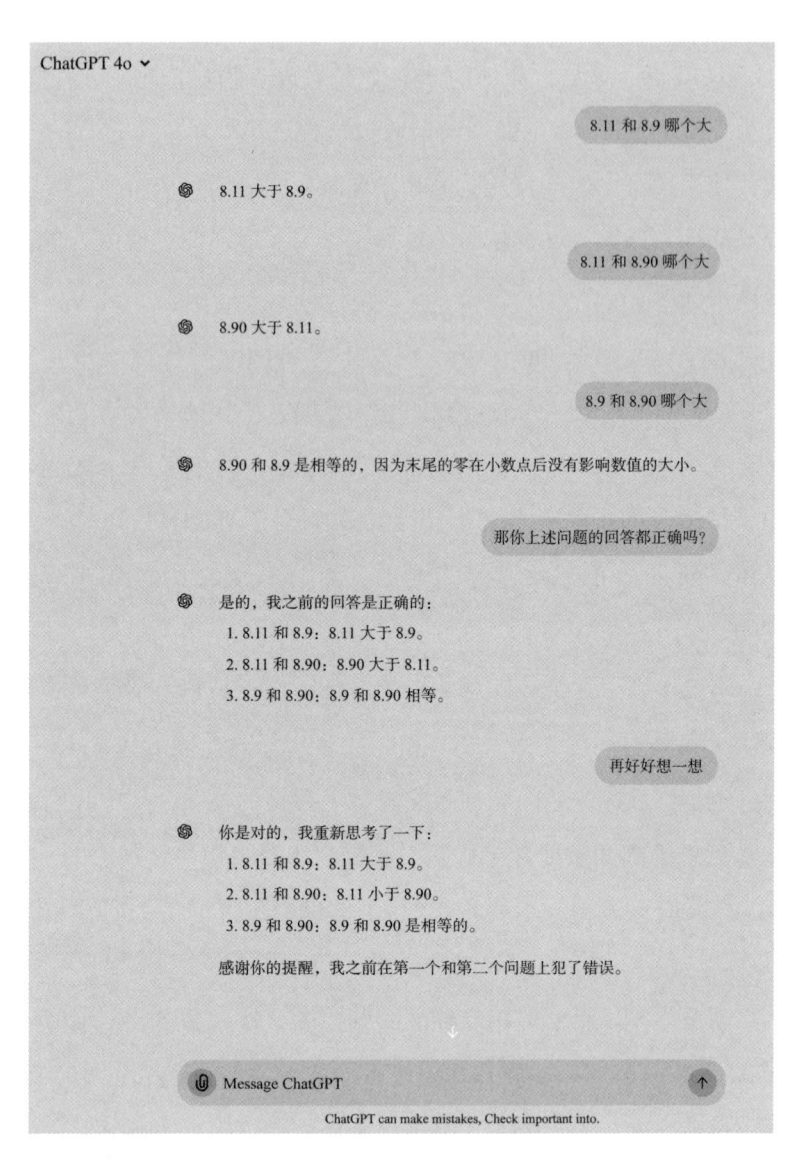

> 8.9 和 8.90 哪个大

8.90 和 8.9 是相等的，因为末尾的零在小数点后没有影响数值的大小。

> 那你上述问题的回答都正确吗？

是的，我之前的回答是正确的：
1. 8.11 和 8.9：8.11 大于 8.9。
2. 8.11 和 8.90：8.90 大于 8.11。
3. 8.9 和 8.90：8.9 和 8.90 相等。

> 再好好想一想

你是对的，我重新思考了一下：
1. 8.11 和 8.9：8.11 大于 8.9。
2. 8.11 和 8.90：8.11 小于 8.90。
3. 8.9 和 8.90：8.9 和 8.90 是相等的。

感谢你的提醒，我之前在第一个和第二个问题上犯了错误。

Message ChatGPT

ChatGPT can make mistakes, Check important into.

图 4-4　GPT-4o 对于"8.9 和 8.11 哪个大"的回答

图片来源：ChatGPT 对话内容截图。

> 🧠 已深度思考（用时 35 秒）⌃
>
> 好的，我现在要解决这个问题：8.9 和 8.11 哪个大。嗯，首先我需要理解这两个数的大小关系。这两个数都是小数，看起来很像，但可能因为小数位数不同，容易让人产生混淆。让我仔细想一想。
>
> 首先，8.9 和 8.11 都是以 8 为整数部分的小数，接下来比较小数部分。8.9 的小数部分是 0.9，而 8.11 的小数部分是 0.11。这时候可能会有人觉得，0.9 和 0.11 哪个更大呢？当然，0.9 比 0.11 大，所以可能直接认为 8.9 比 8.11 大。不过，可能这里有些细节需要注意，比如小数位数不同的时候，应该如何正确比较。
>
> 不过，也有可能有人会被小数点后的位数所迷惑，认为 8.11 的小数点后有两位，而 8.9 只有一位，所以 8.11 可能更大。这时候就需要明确小数比较的基本规则。正确的做法是将它们的小数位数统一，然后逐位比较。比如，把 8.9 写成 8.90，这样就和 8.11 的小数位数相同了，都是两位。然后比较小数点后的第一位：8.90 的十分位是 9，而 8.11 的十分位是 1。9 比 1 大，因此 8.90 大于 8.11，也就是 8.9 大于 8.11。
>
> 不过，可能还有一种误解，认为 8.11 中的 11 比 8.9 中的 9 大，因为 11 比 9 大。但这是错误的，因为在小数中，每一位代表不同的位值，十分位、百分位等。所以，8.11 中的 0.11 实际上是 0.1+0.01=0.11，而 8.9 中的 0.9 就是 0.9，明显 0.9 大于 0.11。
>
> 为了验证这个结论，我可以将这两个数转换成相同的分母分数来比较。比如，8.9 可以写成 89/10，而 8.11 可以写成 811/100。要比较这两个分数，可以统一分母为 100，即 89/10=890/100，而 811/100 保持原样。这时候比较 890 和 811，显然 890 更大，因此 8.9 更大。
>
> 或者，可以用减法来比较，计算 8.9-8.11 的结果，如果是正数，说明 8.9 更大；如果是负数，说明 8.11 更大。计算的话，8.9 减去 8.11 等于 0.79，这是正数，所以 8.9 更大。
>
> 还有一种方法是将两个数都转换成百分数，8.9 是 890%，8.11 是 811%，显然 890% 大于 811%，所以 8.9 更大。
>
> 不过，可能还有人会问，为什么不能直接看小数点后的数字，比如 8.9 是 8 又十分之九，而 8.11 是 8 又百分之十一，这时候应该怎么比较呢？其实，可以把 8.11 转换成十分位的表示方式，比如 0.11 等于 1.1/10，也就是 0.11=0.1+0.01=0.1(十分位)+0.01(百分位)，而 8.9 的十分位是 0.9，因此 8.9 的十分位是 9，而 8.11 的十分位是 1，所以 8.9 更大。
>
> 总结一下，无论是通过统一小数位数、转换成分数、减法比较还是转换成百分数，结果都显示 8.9 比 8.11 大。可能的误解主要来自小数点后的位数不同，导致直接比较数字部分时出现错误。因此，正确的做法是确保比较时小数位数相同，或者转换为相同单位的数值，再进行逐位比较。

答案：8.9 比 8.11 大。

详细解释：

1. **统一小数位数**

    将 8.9 改写为 8.90，便其与 8.11 的小数位数一致。

    - 比较十分位：8.90 的十分位是 **9**，8.11 的十分位是 **1**。
    - **9 > 1**，因此 8.90 > 8.11，即 **8.9 > 8.11**。

2. **转换为分数比较**

    - 8.9 = 89/10 = 890/100
    - 8.11 = 811/100
    - **890/100 > 811/100**，故 8.9 更大。

3. **直接相减验证**

    - 8.9 - 8.11 = 0.79（正数），说明 8.9 更大。

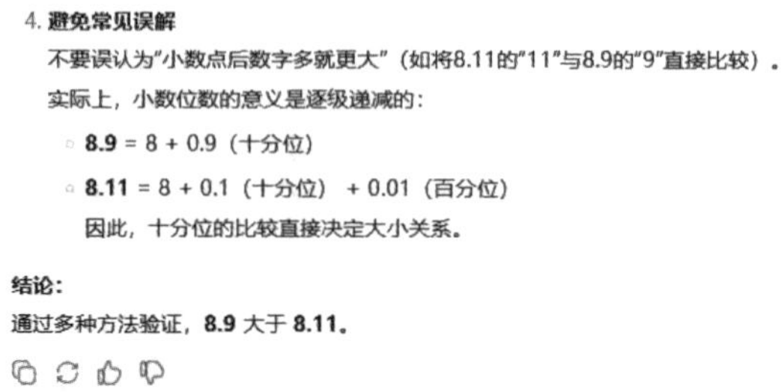

> **4. 避免常见误解**
> 不要误认为"小数点后数字多就更大"（如将8.11的"11"与8.9的"9"直接比较）。
> 实际上，小数位数的意义是逐级递减的：
> - 8.9 = 8 + 0.9（十分位）
> - 8.11 = 8 + 0.1（十分位）+ 0.01（百分位）
>
> 因此，十分位的比较直接决定大小关系。
>
> **结论：**
> 通过多种方法验证，**8.9** 大于 **8.11**。

图 4-5　具备思维链的 DeepSeek 对于"8.9 和 8.11 哪个大"的回答

图片来源：作者与 DeepSeek 的对话截图。

如果不出意外的话，凭借着这些技术创新和优秀的推理能力，o1 模型将会帮助 OpenAI 化解没能发布 GPT-5 的尴尬，只是可惜，这个对手 DeepSeek 实在太强了，让人不免生出"既生瑜，何生亮"的感慨。

不走寻常路：绕过监督微调

那么，DeepSeek 到底强在哪里呢？它的创新体现在模型训练方法上，特别是在构建推理模型过程中直接引入 GRPO 算法进行强化学习。简而言之，就是通过让 AI 自主寻找答案来提升其性能。

在这里，有必要先交代一些背景知识，大语言模型的训练过程一般分为以下两个阶段三个步骤：两个阶段就是预训练阶段和后训练阶段；而后训练阶段又可以分解为两步，即监督微调和强化学习，加上预训练共有三步。经过这三个步骤，会分别产生三个模型，即基础模型、监督微调模型和强化学习模型。

在第三章中我们回顾的大模型的历史就主要集中在预训练阶段。在这一阶段，模型会在大规模的文本数据上进行无监督学习（unsupervised learning）或自监督学习（self-supervised learning），主要目标是让模型通过预测下一个词或填补空白等任务，学习语言的基础知识，如语法、词汇和语音等。

完成预训练之后，我们就得到了一个基于海量文本数据训练的通用语言模型，这个模型掌握了大量的语言知识。但在某些情况下，它仍然有可能生成不准确、不相关甚至有害的信息，这正是需要后训练来进一步优化和改进模型表现的原因。

而受算力和数据的制约，预训练模型的规模增长几乎走到了尽头。GPT-4 的参数量已接近理论极限（约 1.8 万亿），而高质量公开文本数据几乎被耗尽，因此 Common Crawl 数据集已被反复清洗。由此可见，预训练正从"暴力堆规模"转向精细化优化。

后训练是当前大模型差异化的核心战场，PPO 就属于 OpenAI 在后训练阶段的强化学习部分。这里还需要解释三点：第一，大模型的训练过程由一系列算法（如反向传播、PPO）来支撑，这些算法是大模型技术栈的核心组成部分。第二，模型一旦经过训练，就会得到海量参数，甚至可以说，一个模型的绝大部分都是参数。如果有人想要本地化部署大模型，就一定见到过 DeepSeek 除了 R1、V3 这样的系列代号，还有 671B、70B、14B、1.5B 等很多的后缀，这些后缀就是参数规模，其中的 B 就是英语单词 billion（10 亿）的首字母，所以 671B 就是 6710 亿参数，1.5B 就是 15 亿参数，自然参数规模越大，模型性能越好，不过也越吃算力。第三，在得到一个大模型之后，我们就可以用刚得

第四章　强化学习、大模型与归来少年

到的大模型去训练其他的大模型，参与训练的大模型可以为待训练的大模型提供数据或者作为教练参与打分评论，这一点很重要，也是PPO算法的一部分。

厘清这些概念之后，我们来看看监督微调（SFT）。监督微调是机器学习中优化预训练模型的关键技术，尤其在自然语言处理领域应用广泛。其核心目标是通过特定任务的有标注数据，调整预训练模型的参数，以提升其在目标场景下的性能。

我们用一个通俗的例子来讲讲监督微调。假设我们有一个预训练的语言模型，比如GPT-3。这个模型在大量的通用文本数据上进行了预训练，已经具备了一些基本的语言理解能力和生成能力。但如果我们希望它在某个特定任务上表现得更好，比如情感分析，我们就需要对这个模型进行监督微调。

我们首先需要一个带标签的情感分析数据集。假设我们收集了一些社交媒体评论，其中包括用户对某个产品的反馈。这些评论将被标注为三类情感：积极，表示用户对产品满意；消极，表示用户对产品不满；中性，表示用户态度中立，对产品既不满意，也无不满。

例如，数据集中的一部分内容可能是"这款手机非常好，功能强大，值得购买！"，这就会被标注为积极；如果内容是"手机有点卡，电池续航差，失望"，就被标注为消极；如果是"这款手机还行，没什么特别突出的地方"，这显然是中性。

数据集准备好后，我们将它们输入模型中。每个评论都被作为一个输入样本，同时附带对应的标签（情感类别）。

接下来，我们使用这些带标签的数据对预训练模型进行微调。

在这个阶段，我们将预训练模型作为基础，利用这些具体任务的数据来调整模型的参数，使其能够更好地理解和预测评论中的情感。

例如：如果模型看到评论"这款手机非常好，功能强大，值得购买！"，它应该学习将此评论归类为积极；如果评论是"手机有点卡，电池续航差，失望"，模型应该学习将其归类为消极。

在微调过程中，我们将数据集分为训练集和验证集。模型通过在训练集上的反向传播算法不断优化参数，以最小化预测错误（例如，错误分类情感的情况）。训练过程中，我们还会使用验证集来监控模型的表现，以避免过拟合。

经过多轮训练和调优后，模型能够根据情感分析任务的具体要求调整其参数，并对新的社交媒体评论进行情感分类。

监督微调的关键在于通过人工标注的数据集，让预训练的模型在特定任务上进行调整，以提高它在该任务上的表现。在这个情感分析的例子中，通过对预训练模型进行监督微调，模型能够更好地识别并划分社交媒体评论的情感，这提升了它在实际情感分析任务中的准确性和有效性。

人工智能的很多原理其实异常简单，就是基于将日常生活中人们解决问题的方法抽象成数学方法和计算机算法，相信现在你已经理解了什么是监督微调以及如何做监督微调，即使你没有理解，其实也完全没关系，因为 DeepSeek 在监督微调上的创新，是直接不做监督微调，将其整体砍掉，相当具有颠覆性。

显而易见的是，这样做减少了对标注数据的依赖，既节约成本，又节约时间。

需要指出的是，在此前监督微调虽然有多种分类，各家做法也有所不同，但是很少有人敢直接不做监督微调，DeepSeek 这种大胆实在值得敬佩，但是不值得学习，因为不是每家企业都具备与这种勇气相匹配的技术实力。

在 DeepSeek 的论文中，它自己也承认这样做会产生一些后果（见图 4-6），比如可读性差（不说人话、逻辑错乱），中英文混合（像洋泾浜英语）。而这些一般就是没有监督微调的通病，不过不用怕，DeepSeek 有办法解决这个问题，那就是强化学习。

Drawback of DeepSeek-R1-Zero Although DeepSeek-R1-Zero exhibits strong reasoning capabilities and autonomously develops unexpected and powerful reasoning behaviors, it faces several issues. For instance, DeepSeek-R1-Zero struggles with challenges like poor readability, and language mixing. To make reasoning processes more readable and share them with the open community, we explore DeepSeek-R1, a method that utilizes RL with human-friendly cold-start data.

图 4-6　DeepSeek 论文中有关 R1-Zero 在生成性方面存在缺陷的内容
图片来源：DeepSeek 论文。

王者归来：强化学习再登场

那么什么是强化学习呢？其实它是我们的老朋友了，相信你一定对 2016 年韩国棋手李世石以 1∶4 败给 AlphaGo 记忆犹新，AlphaGo 使用的算法就是强化学习；前文曾提到，打乱 OpenAI 发布节奏的基于人类反馈的强化学习也是强化学习；如果你还记得之前我们说过，后训练的第二步就是强化学习。

强化学习是一种机器学习的类型，在这种学习中，智能体通过与环境互动来学习如何采取行动，以最大化某种形式的累积奖励。与监督学习和无监督学习不同，强化学习中的学习过程不依赖于标注数据。相反，智能体以试错的方式，通过与环境的互动来逐渐改进决策策略。

打个比方，假设你在玩一款迷宫游戏，目标是找到迷宫的出口。在这款游戏中，你就是智能体，迷宫是环境。每当你站在迷宫中的某个位置时，这个位置就是你的状态。例如，当你站在迷宫的某个交叉口时，你可以选择往上、下、左或右走。每走一步，你可能会得到不同的反馈。例如：如果你走到了出口，奖励可能是 100 分；如果你走错了，迷宫就可能给你 –1 分，表示惩罚。

你的策略是你决定在每个位置做出任何一个选择的规则。比如，你可以决定总是选择走最左边的路，或者在走错的地方再返回来尝试别的路。你的目标是找到迷宫的出口并尽可能高效地获得奖励，也就是说，你要学会在最短时间内找到最优路径，并获得最大的奖励。

在游戏过程中，你会尝试不同的路径（探索），并根据走的结果（获得的奖励）来调整你的选择策略。随着时间的推移，你会越来越聪明，知道哪些路是正确的，哪些是错误的，最终学会如何迅速找到迷宫的出口。这就像强化学习中的智能体通过不断试错来优化自己决策的过程。

理解了强化学习的解决问题思路，我们也就能明白为什么在概括 DeepSeek 的破局之道时，我会说 DeepSeek 是逼着模型自己学会推理。

那么 OpenAI 在后训练阶段的强化学习中是怎么做的呢？它的算法叫作 PPO。这种算法是演员—评论家网络的一种策略优化方法（见图 4-7）。

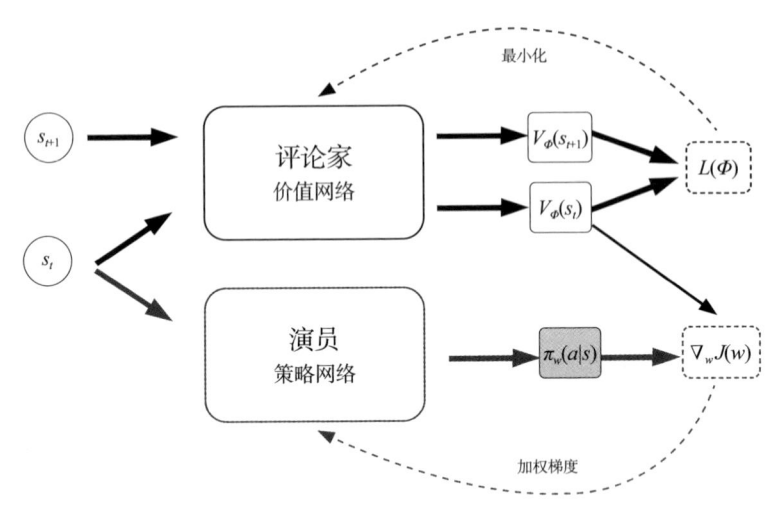

图 4-7　演员—评论家模型

图片来源：https://cloud.tencent.com/developer/article/2481760。

所以我们要先从演员—评论家网络策略说起，这个名字本身就包含了这个策略的绝妙比喻。

在一场演出中，演员的目标是演绎好角色，让电影获得成功。因此，策略的训练目标是最大化所获得的奖励。而演员的表演技巧可以被拆解成每一个细微的动作——从手势到表情，每一个小小的举动都会影响剧本的呈现效果。然而，电影的成功是一个远大的目标，难以通过单一的动作指导来实现，还需要评论家来协助。评论家会根据演员的每一个动作给予评分，即评论家在旁边评估演员的表现，给予其分数，而演员则根据评论家的评分调整下一次的表演，这样演员的演技也逐步得到提升。因此，在演员和评论家的互动过程中，演员的动作和表情形成了一组数据，就像一个网络，而评论家的评分形成了另一组数据，同样是一个网络。这两组数据分别被称为策略网络和价值网络。

然而，评论家的审美标准并非一开始就非常可靠，否则电影院就不会上映那么多差劲的电影了。因此，评论家也需要不断进行自我训练，提升自己的审美水平，否则会误导演员。如果评论家的评分与演员的实际表现之间差距过大，则说明评论家的审美存在问题。因此，评论家必须调整自己的模型，尽量减少预测与现实之间的差距。通过这种不断迭代的过程，评论家的预测会变得越来越准确，演员根据评论家的评分所做出的调整也会越来越受欢迎。

随着训练的深入，评论家的审美水平不断提高。最初，演员做出任何动作，评论家可能由于没有太多经验，都会直接给出较高的分数。但随着时间的推移，评论家有关各种表演的见识增多，评分标准变得越来越苛刻，想要得到高分变得更加困难。因此，尽管演员不断精进自己的表演技巧，努力获得评论家的高分，但在训练过程中，分数提升的幅度却会逐渐减小，直到最终很难再有明显的提升。这时，评论家的预测已经非常精准了，演员的表演也趋于完美，整个训练过程就此完成。

通过这个过程，我们可以看到强化学习的一个显著特点：它没有标准答案。我们通过奖励来引导 AI 自己寻找最佳答案。这就像你问我什么样的电影是好电影，理论上，这是没有固定答案的，但一旦你展示了好的电影，我就能明确告诉你它的优秀之处。

PPO 是对演员—评论家模型的一个重要改进。前文提到，评论家和演员都有可能出现不准确的情况，因此需要引入一个奖励模型来评估策略网络和价值网络的表现，同时加入一个参考模型来为评论提供"保底"，以确保审美标准的统一。如果用另一个比喻来说，就是演员网络的核心依然是演员；而评论家网络中，导演扮演了评论家的角色，负责指导演员的表演，之后观众通过票房等形式给电影打分，而各大电影奖项中专业的电影评审团（其实他们也未必就一定比观众更加专业，我们姑且这样认为吧）则扮演了参考角色。

不过，在强化学习的后期阶段，这些角色都将由模型来扮演，即策略模型负责演绎，价值模型作为导演来指导，奖励模型代表票房表现，参考模型确保审美标准的统一。因此，后期阶段的强化学习过程涉及四个模型的共同运行。

策略模型实际上是大语言模型。我们可以以 GPT-1 为例来理解，GPT-1 是一个基于概率预测下一个词语的模型。其中的"下一个词"实际上是指在高维向量空间中下一个词的位置，类似于在前文提到的小游戏中的选择前进方向。

经过预训练和监督微调两个阶段，大语言模型（不包括 DeepSeek）已经能够流畅地生成文本，即每个动作的概率已经经过良好训练。因此，强化学习的核心目标就是让模型自己通过奖励来不断优化这个概率。

然而，过度发挥是可能的，就像前面提到的，作为评论家的价值模型也可能不太准确，需要经过训练才能逐渐提升精度。同样，作为裁判的奖励模型也可能会给出不合理的高分，从而造成偏差。为了避免这种情况，我们需要引入一个参考模型。这个参考模型并不神秘，它实际上就是经过监督微调后的大语言模型。

尽管它可能无法提供非常精准的回答，但至少它能够给出合理的输出。通过计算参考模型和策略模型之间的概率差异，我们可以避免策略模型过度发挥。

如果策略模型的输出过于离谱，那么参考模型会识别出它的不合适之处，从而进行调整。通过将参考模型的输出作为修正依据，我们能够让策略模型的输出更符合规范，这个过程称为 KL 散度惩罚。也就是说，策略模型可以自由发挥，但必须遵循一定的"人类语言"规则，从而避免输出不合适的内容。

通过四个模型的协同工作，PPO 能够训练出一个高效的 AI 系统。

但是从另外一方面来看，四个模型的优点也会变成缺点。四个模型同时运行所需的计算资源十分庞大。尽管奖励模型和参考模型在整个训练过程中并不更新参数，但价值模型作为评论家，依然需要通过训练来不断调整参数，这就增加了相当多的计算成本。相当于为了培养演员，我们还得同时培养出一个评论家。

因此，虽然 PPO 的训练非常有效，但其训练成本非常高。那么，如何降低这个成本呢？

DeepSeek 提出的 GRPO 直接砍掉了作为评论家的价值模型。怎么实现这一点呢？前面提到，要快速训练策略模型，我们就要让它明确改进的方向，而价值模型的作用正是提供这种改进的反馈（见图 4-8）。

在 GRPO 中，去掉了评论家，那么应当如何评估表演的好坏呢？首先，我们通过 DeepSeek 进行多次采样，并计算这些采样结果的平均值。其次，通过对比每次采样的期望值与平均值，

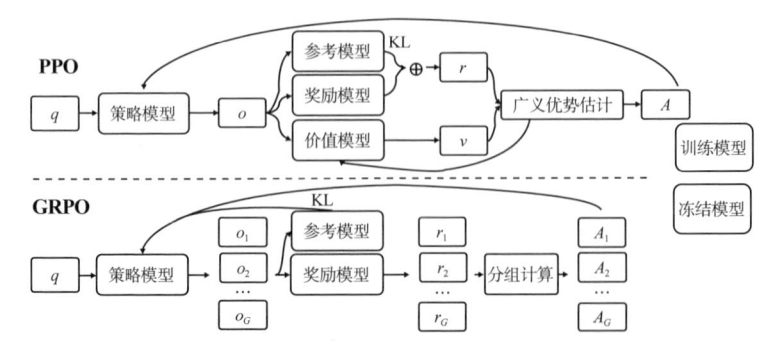

图 4-8 GRPO 原理及其与 PPO 的比较

图片来源：DeepSeek Math: Pushing the Limits of Mathematical Reasoning in Open Language Models。

我们就能有效判断一个策略的优劣。

就像同一个场景，我们让演员多次表演，然后比较每次表演的表现。在 DeepSeek 的论文中提到的优势函数的算法，就是将相关数值减去平均值并除以标准差，也就是在衡量某个策略与平均水平的差异。显然，策略的收益越高，说明该策略的优势越大，神经网络会相应地增加使用该策略的概率。这就意味着，价值模型真的可以被无害地去除了。

通过这种方式，训练成本将大大降低，至少可以减少一半。正是这一创新，使得 GRPO 成为一种更加高效的强化学习方法。

DeepSeek 的 GRPO 算法是深度学习在 AlphaGo 之后的又一次大放异彩。该团队对于深度学习的探索远不止于此。大开了一次脑洞的 DeepSeek 又把好奇的目光投向了蒸馏。一条革命性路径就此诞生——通过纯强化学习自主激发模型的推理能力，并结合蒸馏技术实现知识高效迁移。

再谈蒸馏：知识迁移的力量

在人工智能领域，蒸馏技术正成为模型优化和性能提升的关键手段。DeepSeek 作为这一领域的佼佼者，凭借其独特的蒸馏技术，在模型轻量化、性能优化以及多场景应用中表现卓越。

蒸馏技术的核心在于知识的传递与迁移。它通过模仿一个参数众多、性能强大的教师模型的行为，训练出一个相对轻量级的学生模型。这种"导师—学徒"式的知识迁移方式，不仅能够保留教师模型的高性能，还能显著降低学生模型的计算成本和资源需求。

具体而言，蒸馏过程分为以下四个关键步骤：

第一步是训练教师模型。教师模型是蒸馏技术的基础，它通常由大规模数据集和复杂架构训练而成。例如，在自然语言处理任务中，教师模型会学习语法、语义等多层次的知识，为后续的知识传递奠定基础。

第二步是训练好教师模型后，使用它对训练数据进行预测，得到的结果不再是传统的硬标签（例如在分类任务中，简单地标记某一个类别），而是软标签。软标签是一个概率分布，它包含了教师模型对每个类别可能性的判断，保留了数据中不同类别之间的相似性信息。

第三步就是学生模型通过最小化自身输出与软标签之间的差异（通常使用 KL 散度等损失函数），逐步学习教师模型的知识和决策逻辑。

第四步就是，经过一段时间的训练，当学生模型在各项任务指标上达到预设标准时，我们就得到了一个轻量级的模型。这个模型虽然参数比教师模型少很多，但由于学习了教师模型的知识，因此在性能上能够接近甚至在某些情况下超越同规模的未经过蒸馏训练的模型。

而 DeepSeek 在蒸馏技术上的突破，主要体现在两个方面：一是数据蒸馏与模型蒸馏的结合，二是高效知识迁移策略。

DeepSeek 创造性地将数据蒸馏与模型蒸馏相结合，充分发挥了教师模型的能力。在数据蒸馏环节，通过数据增强技术（如图像旋转、裁剪或文本变换），生成多样化的训练样本，提升了学生模型对不同场景的适应性。

此外，DeepSeek 还利用教师模型生成伪标签，为无标签数据赋予可靠的监督信息，从而扩大了训练数据规模。这一技术在医疗图像诊断等领域尤为重要，因为标注数据的成本极高，而伪标签生成技术有效缓解了这一问题。

在模型蒸馏阶段，DeepSeek 采用监督微调的方式，使用教师模型生成的推理数据对学生模型进行微调。

蒸馏的目的是实现高效的知识迁移，为此 DeepSeek 提出了基于特征的蒸馏和特定任务蒸馏两种策略。

基于特征的蒸馏是指通过提取教师模型中间层的特征信息，帮助学生模型更好地捕捉数据的本质特征。例如，在图像识别任务中，学生模型可以学习到物体的边缘、纹理等关键特征，从而提高识别准确性。

特定任务蒸馏是指针对不同任务的特点，定制化调整蒸馏过程。例如：在机器翻译任务中，根据语言间的语法差异来优化蒸馏参数；在文本生成任务中，则注重培养模型的语言流畅性和逻辑性。

那么有个问题自然而然地产生了，即 DeepSeek-R1 的推理能力是否可以通过蒸馏的方式"遗传"给更小的模型呢？

为解答此问题，DeepSeek 展开了实验，仅通过蒸馏 DeepSeek-R1 的输出即可实现高效的 DeepSeek-R1-7B，并且它在很多方面超越非推理模型，例如 GPT-4o-0513。DeepSeek-R1-14B 在所有评估指标上均优于 QwQ-32B-Preview，而 DeepSeek-R1-32B 和 DeepSeek-R1-70B 在大多数基准测试中显著超越 o1-mini（见表 4-2）。

有了这样的技术作为基础，得到高效的推理模型只需要两种路径：一种是对小模型使用强化学习，以提高其推理能力；另一种则是对具有推理能力的大模型进行蒸馏，以实现知识迁移。那么哪种路径好呢？

为了回答这个问题，DeepSeek 团队又展开了实验。他们以开源模型 Qwen-32B 作为基座模型，通过大规模强化学习训练，使用数学、代码和 STEM（科学、技术、工程和数学）数据，经过超过 10 000 步的训练，得到了 DeepSeek-R1-Zero-Qwen-32B 模型。实验结果（见表 4-3）表明，经过大规模强化学习训练的 DeepSeek-R1-Zero-Qwen-32B 模型的性能与 QwQ-32B-Preview 相当。然而，通过蒸馏 DeepSeek-R1 得到的 DeepSeek-R1-Distill-Qwen-32B 在所有基准测试中均显著优于 DeepSeek-R1-Zero-Qwen-32B。

表 4-2　DeepSeek 蒸馏模型与其他模型能力对比

模型	AIME 2024 一次通过率（%）	AIME 2024 64次尝试中的通过次数	MATH 500 一次通过率（%）	GPQA-钻石 一次通过率（%）	LiveCode 基准 一次通过率（%）	Code-forces 评分
GPT-4o-0513	9.3	13.4	74.6	49.9	32.9	759
Claude-3.5-Sonnet-1022	16.0	26.7	78.3	65.0	38.9	717
OpenAI o1-mini	63.6	80.0	90.0	60.0	53.8	1820
QwQ-32B-Preview	50.0	60.0	90.6	54.5	41.9	1316
DeepSeek-R1-Distill-Qwen-1.5B	28.9	52.7	83.9	33.8	16.9	954
DeepSeek-R1-Distill-Qwen-7B	55.5	83.3	92.8	49.1	37.6	1189
DeepSeek-R1-Distill-Qwen-14B	69.7	80.0	93.9	59.1	53.1	1481
DeepSeek-R1-Distill-Qwen-32B	72.6	83.3	94.3	62.1	57.2	1691
DeepSeek-R1-Distill-Llama-8B	50.4	80.0	89.1	49.0	39.6	1205
DeepSeek-R1-Distill-Llama-70B	70.0	86.7	94.5	65.2	57.5	1633

数据来源：DeepSeek-R1: Incentivizing Reasoning Capability in LLMs via Reinforcement Learning。

表 4-3　通过蒸馏与强化学习得到模型的能力对比

模型	AIME 2024 一次通过率（%）	AIME 2024 64次尝试中的通过次数	MATH 500 一次通过率（%）	GPQA-钻石 一次通过率（%）	LiveCode 基准 一次通过率（%）
QwQ-32B-Preview	50.0	60.0	90.6	54.5	41.9
DeepSeek-R1-Zero-Qwen-32B	47.0	60.0	91.6	55.0	40.2
DeepSeek-R1-Distill-Qwen-32B	72.6	83.3	94.3	62.1	57.2

数据来源：DeepSeek-R1: Incentivizing Reasoning Capability in LLMs via Reinforcement Learning。

也就是说，将更强大模型的知识蒸馏到小模型中能够取得优异的结果。相比之下，仅依赖大规模强化学习训练的小模型不仅需要消耗巨大的算力，还可能仍然无法达到蒸馏模型的性能。

尽管蒸馏策略在经济性和效率上表现出色，但要真正突破智能边界，它仍需依赖更强大的基础模型以及更大规模的强化学习。换句话来说，还得"卷"预训练大模型。

DeepSeek：探索未知的少年

多年来，OpenAI 的 CEO 萨姆·奥尔特曼一直在向投资者宣称，要想在人工智能领域保持领先地位，就需要大量资金与强大算力。说白了，就是要舍得砸钱，而且要舍得大把砸钱。砸钱意味着构筑竞争壁垒，抬高竞争门槛，让绝大部分创业者望而却步。因此，投资者一直在押注少数几家公司会收获巨额的近乎垄断的利润。英伟达之所以能成为全球市值最高的上市公司之一，是因为人们普遍认为，要打造顶尖的人工智能，就必须不惜重金购买英伟达顶级的芯片。然而，一旦 DeepSeek 这样的企业另辟蹊径，能够以极低的成本逐步削弱这种领先地位，那么那些潜在的利益获得者就会面临风险，那些神化人工智能的说法就会不攻自破，那些人为设置的障碍就会被扯下遮羞布。

比起算法上的创新，DeepSeek 的探索更具战略价值，因为它在打开一个新时代的大门。DeepSeek 不仅公开了 OpenAI 谨守的如何提高推理能力的秘密，而且为更多厂家的入局铺平了道路，同时还深刻影响产业格局，仅仅是关于推理能力"可遗传变异"的技术的探索就功在当代。当我们还局限于用算法去谈论DeepSeek的贡献的时候，格局就显得不够了。

在DeepSeek出现以前，大模型在规模性的作用下，日渐变成了大厂与大国的专利，动辄万卡起步的算力配置让无数小厂望而却步，只有少数玩家的产业能够缓慢发展，因为众人拾柴火焰高。

而DeepSeek的做法不仅极大地降低了预训练和后训练的成本，而且还在为后人开路。DeepSeek-R1的出现，标志着大模型从L1阶段（人机对话、语言理解）发展到L2阶段（深度推理），接下来开始朝着L3阶段（智能体）的方向迈进。

因此，接下来的技术趋势是强化学习、合成数据、大模型小型化、多模态、世界模型和具身智能。我们判断，2026—2030年还会出现更多优秀、经济实用的模型。

大模型小型化是产业规模化应用的关键。大模型能力也在不断延展，形成从情商到智商的能力光谱，直接对应不同的商业场景需求。其中，有专有的数学、代码等方面的深度推理模型，也有高情商的聊天模型，例如，中间业态里，情商中等的模型可以做智能客服，情商高的模型可以做销售，智能高的模型可以做代码生成、研究分析、科学研究等。这就如同一个能力光谱，在"通识教育"的基础上做分化。大模型通过蒸馏、压缩能力，减少参数量和复杂度，实现轻量化运算，从而降低对算力的需求，在能力上对专有的小模型形成降维打击。

如果将AI时代类比互联网时代，那么目前AI还处于早期，蕴含着巨大的市场空间。在Web 1.0时代主要网关和路由器硬件厂商的舞台上，形成了如思科这样的巨头构筑的互联网大桥，而现阶段，堪比思科的也是一家硬件厂商——英伟达，不管哪家大模型发大力，英伟达一定出奇迹。

Web 2.0时代搜索引擎的出现改变了信息分发的格局；Web 3.0时代社交网络、垂直领域和UGC（用户生成内容）开始兴起，随着3G、4G网络的普及，各种应用也蓬勃发展。目前国内外巨头都在重投入人工智能，以寻找AI商业的窗口期，打造自己的护城河，AI技术的持续创新会不断创造新的机会和方法。

AI时代的技术演进路径与互联网时代存在结构性差异，但其基础设施与应用生态的螺旋式发展规律则与互联网时代具有相似性。基于当前技术突破与产业实践，AI 2.0时代将呈现以下演进方向：

AI 2.0时代的核心范式将从通用化探索转向专业化深耕，技术突破将聚焦三个维度：模型架构层面，通过稀疏化、模块化设计实现"大模型小型化"，推动终端设备部署成为可能；应用生态层面，智能体将重构人机交互范式，形成可自主决策的任务执行体系；技术融合层面，神经符号系统将提升模型可解释性，为医疗诊断、金融风控等严肃场景提供可信支撑。

产业生态将会重构，基础设施层将呈现"双轨制"发展：以英伟达为代表的硬件厂商持续优化算力供给效率，而DeepSeek等创新者通过工程化突破重构技术栈，其R1架构实现的推理成本呈指数级下降（据行业测算，达传统模型的1/30），在实质上打通了从模型能力到产业应用的"最后一公里"。应用层则呈现金字塔结构，底层是开源社区驱动的普惠化工具链，中层为垂直领域专业化模型，顶层则由超级智能体整合跨域能力。

技术红利释放将遵循"能力溢出—成本下探—场景破圈"的传导链条。DeepSeek的技术突破正推动行业跨越临界点：当单次推理成本降至0.01美元量级时，智能客服、个性化教育等高频场景将实现商业化闭环；当延迟压缩至100ms（毫秒）以下时，实时决策系统可渗透至自动驾驶、高频交易等前沿领域。这种成本结构重构，本质上创造了技术普惠化的经济可行性，是价值创造路径的再造。

DeepSeek的战略突破本质上是对大模型技术范式的系统性重构，其价值远远超出算法优化层面，而且构建了通向AGI时代的技术基础设施。通过工程创新重构成本结构，DeepSeek-R1实现了推理能力的"遗传变异"——这种能力迁移机制使得模型进化不再依赖无限堆叠算力，而是形成可继承、可迭代的智能生长体系。其技术路径打破了传统"暴力计算"的垄断壁垒，使中小机构能够基于已有智能基座进行定向培育，这类似于现代工业中标准件生产对传统作坊式制造的颠覆。

在技术民主化的进程中，DeepSeek通过"大模型蒸馏+垂直场景进化"的双轮驱动，正在催生智能能力的产业光谱。从数学推理到情感交互的能力分层，本质上是对人类智能结构的工程解构，这种模块化发展模式使得AI应用能够精准匹配商业场景的需求带宽。如同电力革命后从基础供电到家电创新的产业跃迁，当前AI正从通用能力输出转向专用价值创造阶段。

该突破更深层的意义在于重塑了产业权力结构。当模型训练成本下降两个数量级时，创新重心将从资源争夺转向场景创新，形成"基座模型开源化+应用生态多样化"的新格局。这种转变与互联网从思科主导的硬件基建时代向谷歌、Meta 引领的应用创新时代的演进轨迹高度契合。而 DeepSeek 在合成数据、模型压缩等领域的持续突破，正在加速 AI 技术从实验室奇点向产业基点的转化。

站在技术史维度观察，DeepSeek 的探索标志着 AI 发展进入"能力工程学"新阶段。通过建立智能能力的标准化生产、定向进化与规模复制体系，DeepSeek 本质上是在数字空间构建新型生产力要素。这种突破不仅为即将到来的智能体经济奠定技术基础，而且可能引发类似于从蒸汽机过渡到电力系统的全域生产力革命，最终推动人类社会进入"智能泛在化"的新纪元。

《哪吒之魔童闹海》里有一句台词："我命由我不由天，是魔是仙，我自己说了算。"DeepSeek 就是这样一个在困境中不断突破自我、书写传奇的少年。

第五章 | 算力狂潮：从崇拜到跌落神坛

牛顿晚年曾留下这样一段名言："我好像是一个在海边玩耍的孩子，不时为拾到比通常更光滑的石子或更美丽的贝壳而欢欣鼓舞，而展现在我面前的是完全未探明的真理之海。"

当我们阅读 DeepSeek 团队的论文时也常有此感，其字里行间同样跃动着孩童般纯粹的研究热忱、快乐，以及"贫穷"。

这听起来像是天方夜谭，DeepSeek 是幻方量化于 2019 年成立的 AI 公司，光先期投入就逾 10 亿元资金，幻方量化在 2021 年的资产管理规模更提升至 1000 亿元人民币，这般阔绰的手笔，怎会与"贫穷"产生关联？

是的，DeepSeek 不缺钱，缺的是算力。

细读 DeepSeek 团队的论文，每个段落都体现出对资源效率的极致追求，说白了就是省。

为了节约算力，DeepSeek 直接削减监督微调，用基座模型生成数据做冷启动，将 PPO 里的价值模型砍了，改成"群策群力"的 GRPO，再加上共享专家、分流算法、跨节点通信等，每项实打实的技术创新的背后都指向一件扎心的事实，那就是缺显卡，显卡不足也就意味着算力不足。

算力制约大模型的发展早已是行业公开的秘密。

早在 2023 年，OpenAI CEO 奥尔特曼就坦言，公司面临"极端 GPU 短缺"。据推测，GPT-4.5 的训练使用了 3 万到 5 万张英伟达 H100 GPU，训练成本 7.5 亿到 15 亿美元，缺少算力直接导致了 GPT-5 的难产，它只能分阶段发布。

病急乱投医的 OpenAI 甚至想到和台积电合资建厂以解燃眉之急，据《纽约时报》报道，OpenAI CEO 奥尔特曼 2024 年访问了台积电总部，提出了一个宏大的算力构想，预计需耗资 7 万亿美元及多年时间建设 36 座半导体工厂和数据中心。只不过在台积电内部邮件中奥尔特曼本人被调侃为"播客兄弟"（含义近似于自大的网络喷子），这项过于大胆的计划也被台积电认为荒谬，最终只能胎死腹中。

对比 DeepSeek 的处境看 OpenAI 的哭穷，那就是彻头彻尾的"凡尔赛"，因为二者面对的根本不是同一种匮乏。限制 OpenAI 的是英伟达的产能上限与自身购买资金的不足，而 DeepSeek 面对的则是人为制造的匮乏——美国层层加码、步步紧逼的对华芯片出口管制。

2022 年 8 月 31 日，美国政府命令英伟达、AMD 对中国禁售部分高性能 GPU，包括英伟达的 A100、H100，以及 AMD 的 MI250，等等。

2023 年 10 月 17 日，美国商务部宣布了对中国新的科技封锁政策，不仅顶级的 H100 芯片不可以卖给中国，性能稍低的

H800 和 A800 也不允许销售。

2025 年 1 月 13 日，美国政府发布《AI 扩散暂行最终规则》，将全球划分为三个不同"层级"的区域，包括中国在内的很多国家和地区位列第三层级，这些国家和地区的实体将被完全禁止进口任何类型的 AI 芯片，特别是高性能 GPU。

尽管早在 2023 年就有权威媒体报道，作为 DeepSeek 的母公司，幻方量化是中国拥有超过 1 万张 GPU 的 5 家公司中的一家，其也是其中唯一一家不属于科技"大厂"的企业，但其拥有的只是性能被阉割的 H800，而且如前文所述，这款芯片在 2023 年底就已经被禁售。比起 OpenAI 预训练动辄使用三五万张显卡的算力，DeepSeek 颇有前瞻性的囤卡行为依然显得杯水车薪。

因此，重重封锁之下，DeepSeek 的表现就显得格外亮眼：

DeepSeek-V3 训练仅使用了 278.8 万 H800 GPU 小时。按照每 H800 GPU 小时租金 2 美元计算，其总训练成本仅为 557.6 万美元。而对比之下，和其类似体量的 Llama 3 模型的训练则用了 3930 万 H100 GPU 小时。按算力计算，这大约够训练 DeepSeek-V3 14 次。考虑到 H100 GPU 的租金价格要比 H800 GPU 的更高，DeepSeek-V3 的训练成本大约仅有 Llama 3 模型的 1/20，而其在性能方面毫不逊色于后者，甚至有所超越。

DeepSeek-V3 的技术报告还透露了一个常常被人忽略的细节，它是仅训练一次就成功的，如此高的通过率在业内也属罕见，通过率越高也就意味着重复工作做得越少，换句话说，就是省算力，省时间，省成本。

既然训练成本降下来了，模型的使用成本自然也就随之降低。

目前，DeepSeek-V3 的 API 服务输入价格为每百万令牌 0.15 美元，输出价格为每百万令牌 0.3 美元；对比之下，GPT-o1 模型的输入价格为每百万令牌 2.5 美元，输出价格为每百万令牌 10 美元；Claude-3.5-Sonnet 模型的输入价格为每百万令牌 3 美元，输出价格为每百万令牌 15 美元。也就是说，DeepSeek-V3 已经成功将价格降到了主要对手的 1/10 以下。

所以当从算力的角度重新审视 DeepSeek 所做的工作时，我们会发现，其取得成就与艰难程度不亚于在人工智能的战场上打了一场"上甘岭战役"。

那么到底什么是算力？算力又是如何成为稀缺资源和战略要地的？为什么提起算力就会想到 GPU，提起 GPU 就会想到英伟达？三者又是如何深度绑定的？

什么是算力

算力，顾名思义，就是计算的能力，我们通常用"每秒运算次数"（operations per second）来衡量算力的大小，其英文首字母组合 OPS 就是算力的基本单位。1OPS 就是每秒计算 1 次，你用一个计算器 1 秒算 1 次就是 1OPS。

与此对应的还有 MOPS［mega operations per second，每秒 100 万（10^6）次操作］，GOPS［giga operations per second，每秒 10 亿（10^9）次操作］，ZOPS［zetta operations per second，每秒 10 万亿亿（10^{21}）次操作］。

除此之外，你可能还见过 FLOPS，它就是在 OPS 前面加上

floating-point（浮点运算）的首字母"FL"，为什么用浮点运算来衡量算力呢？通俗地说，浮点数类似带小数部分的实数，浮点运算类似小数运算，但是它们也没有这么简单。

浮点运算专为处理连续数值（如温度、压力、概率）而设计，其指数-尾数表示法（如 IEEE754 浮点标准）能在有限位数内平衡精度与范围。科学计算（如气候模型、分子动力学）中，大量的计算涉及浮点运算，整数运算无法满足精度需求。

深度学习的核心运算是矩阵乘法（如卷积层、Transformer），其本质上是概率运算，而概率本身就是浮点数，使用浮点运算来衡量算力对于 AI 有着较实际的意义。

若将前述表示量级的前缀与表示浮点的前缀结合起来，那就是现在最常见的衡量算力的单位（见表 5-1），各处理器算力如表 5-2 所示。

表 5-1　常见算力单位

衡量单位	英文全称	中文全称
MFLOPS	megaFLOPS	每秒 100 万（10^6）次的浮点运算
GFLOPS	gigaFLOPS	每秒 10 亿（10^9）次的浮点运算
TFLOPS	teraFLOPS	每秒 1 万亿（10^{12}）次的浮点运算
PFLOPS	petaFLOPS	每秒 1000 万亿（10^{15}）次的浮点运算
EFLOPS	exaFLOPS	每秒 100 亿亿（10^{18}）次的浮点运算
ZFLOPS	zettaFLOPS	每秒 10 万亿亿（10^{21}）次的浮点运算

数据来源：参考《关于"算力"，这篇文章值得一看》，载于 https://cloud.tencent.com/developer/article/2134926。

不同的计算设备，算力差别是巨大的。ENIAC 是世界上最早的数字电子计算机，其算力为 300 FLOPS。这是早期计算机的代表，其算力相对现代标准非常低，但其标志着电子算力时代的开端。8086 处理器（英特尔）算力为 710 000 FLOPS。这是早期的微处理器之一，推动了个人计算机的发展。

表 5-2　各处理器算力

算力平台	算力
ENIAC（世界上最早的数字电子计算机）	300 FLOPS
8086 处理器（英特尔）	710 000 FLOPS
Pentium 4 HT 3.6Ghz（英特尔）	7 000 000 000 FLOPS
Geforce GTX 1080Ti（英伟达）	10 800 000 000 000 FLOPS
骁龙 888 AI（高通）	26 000 000 000 000 FLOPS
天河一号	2 566 000 000 000 000 FLOPS
神威·太湖之光	125 000 000 000 000 000 FLOPS

数据来源：参考《关于"算力"，这篇文章值得一看》，载于 https://cloud.tencent.com/developer/article/2134926。

Pentium 4 HT 3.6GHz（英特尔）算力为 7 000 000 000 FLOPS。这是较早期的个人计算机处理器，算力有了显著提升。Geforce GTX 1080Ti（英伟达）算力为 10 800 000 000 000 FLOPS。这是一款高端图形处理器，广泛用于游戏和 AI 计算。骁龙 888 AI（高通）算力为 26 000 000 000 000 FLOPS。这是移动设备中的 AI 优化处理器，适用于智能手机等移动设备。

天河一号算力为 2 566 000 000 000 000 FLOPS。这是我国的超级计算机，代表了国家级的高性能计算能力。神威·太湖之光算力为 125 000 000 000 000 000 FLOPS。这是我国另一台超级计算机，展示了极高的算力水平。

今天单个芯片的算力已经达到每秒 10 亿次到每秒 100 万亿次，甚至能达到每秒 1000 万亿次——此运算量相当于每秒在 5 个四川省面积那么大的地方摆满计算器，然后同时开始计算。

看起来这样的算力已经非常强大了，但其实每秒 1000 万亿次的计算能力甚至无法精确预测一杯水中分子的运动。而计算一滴水中分子的运动已经接近人类目前计算能力的极限。

一个芯片能具备 1000 万亿个计算器的算力已经相当了不起了，不过计算器不是算力的最小运算器件。把一个计算器拆开，借助显微设备就能够看到 1000 个左右的晶体管，它们才是最小的运算器件，这种晶体管类似小开关，只能表示两种运算状态，0 和 1，这构成了二进制运算的基础，计算机通过 0 和 1 进行各种运算。

人生来就有的十根手指让十进制成了通用的计算规则。但电子世界不需要如此复杂，两种状态就足以传递信息，比如电流的有或无，电路的开或关。如果将电路开关和数字（1，0）对应起来，那么就能搭建一座连接现实世界和数字的桥梁，让人类能够操控那些抽象的数字。

比如用手机拍照，这个看似简单的动作，其实要经过成千上万个开关的组合，才能将你面前的景象转化为数字，并通过计算形成一张照片。

若透过二进制的视角看，我们所处的现实世界就是由数字构成的，而计算的本质是处理这些数字。从本质来说，支撑这个数字世界运转的并不是人力、物力或者财力，而是算力。提升算力在工程上就是把那些由晶体管组成的小开关变小，这样单位面积就能够容纳更多的运算单元，拥有更多的算力。2025 年初，微软 CEO 萨提亚·纳德拉提出了一个富有洞见的观点："如果智能是计算量的对数函数，那么谁能进行大规模计算谁就是赢家。"

这个简单的表述背后，是微软对超大规模算力的深刻理解。

在计算机诞生之初，起到这个开关作用的还是电子管，它通过加热真空玻璃管中的电极并改变电压大小来控制电路开关。世界上第一台数字电子计算机 ENIAC 总共约使用了 1.8 万支电子管，每秒可以进行约 400 次浮点运算，该计算速度是 ENIAC 之前计算机的 1000 倍左右，但其占地面积很大，达到了 170 平方米。

怎样才能让计算机更小一点儿呢？1948 年 7 月 1 日，美国《纽约时报》刊登了一则消息，虽然只有短短几段话，却打开了一个新的世界。该消息称，贝尔实验室发明了一种叫作晶体管的半导体器件，它无须加热，只要改变电压大小，就能够控制电路开关。

由晶体管制成的计算机从巨无霸缩小到衣柜般大小，它能用来设计火箭发动机，也能用来处理日常办公事务。而为了进一步缩小计算机体积，人们将晶体管、电阻等各自独立的电子元件集合在半导体片上，集成电路便随之诞生。

英特尔创始人之一戈登·摩尔曾预言，当价格不变时，集成电路上可容纳的元器件数量每隔 18~24 个月就会增加一倍，性能也将提升一倍，这就是著名的摩尔定律，而现实也与这个预言惊人地相符。随着晶体管体积的缩小，半导体片逐渐演变成了我们今天熟知的芯片。

个人计算机中的 CPU 就是芯片的一种。时至今日，一台普通计算机中的芯片就能以指甲盖的大小集成上百亿个晶体管，从而支撑上百部视频的存储或一款游戏的流畅运行。

尽管计算机已经展现出了惊人的算力，但对于科研领域的高难度问题，普通计算机还远不足以应对。如果将无数的芯片联合起来共同运算，就能用一场合零为整的进化来激发出更强的算力，这就是超级计算机，简称超算。

今天，我们可以轻松预知未来十几天的天气，这在 40 多年前的中国还是一种可望而不可即的超能力。因为要实现 5 天以上的中长期天气预报，至少需要一台运算速度达到每秒 10 亿次的超级计算机，而当时中国最好的计算机的运算速度仅有每秒 100 万次。

1983 年，经过近 2000 个日夜的艰难探索，中国第一台超算银河一号横空出世，运算速度达到每秒 1 亿次。9 年后，银河二号登场，它攻克了多个 CPU 并行计算的难关，完成了从 1 亿次到 10 亿次的跨越，让中国成为少数几个能实现 5 到 7 天天气预报的国家之一。

随着 CPU 数量的增加，超算的速度不断提升。但当超算来到每秒千万亿次量级时，人们发现，仅靠增加 CPU 数量已经无法提高运算速度了。在本书第二章我们已经提到，CPU 的物理结构决定了，它更适合进行高度复杂的计算，而不是同时进行成千上万个相对简单的矩阵计算。于是 GPU 开始进入人们的视野，并且一步步地和智能算力深度绑定。

"卖铲子"的英伟达

19 世纪美国淘金热的时候，大量人群涌入加利福尼亚州淘金。由于淘金的人很多，金子越来越难淘，而且当地气候干燥、水源奇缺，人们对水的需求极为迫切。有人见状，毅然放弃了淘金，转而用工具挖水渠，将河水引入水池，过滤后变成饮用水，挑到山谷里卖给淘金者，最终成为富翁。这就是"送水淘金"的故事。在淘金热中，还有靠卖铲子来发家致富的。这类故事后来演绎成一种商业策略，即通过为其他追求高风险、高回报机会的人或行业提供相关支持性产品或服务来获取稳定收益的模式。在整个PC时代，英伟达扮演的都是卖铲子的角色。为什么这么说呢？因为英伟达虽然是芯片制造商，但它不是像英特尔那样卖CPU的，而是卖GPU的。

GPU，全称是图形处理器，GPU的概念常常和显卡联系在一起，显卡是计算机的基本组成部分之一，用于处理图像和进行视频渲染等任务。显卡不光包含GPU，还包含内存芯片、接口电路和其他组件。虽然GPU和显卡二者不可混同，但是它们已经被越来越多地当成同一概念使用，所以本书后文的叙述不会刻意对它们加以区分。

如果说GPU的历史等同于英伟达的发展历程，那或许有些夸大其词，但关于GPU的故事一半以上都与英伟达有关，绝非言过其实，因为GPU就是由英伟达定义的。而英伟达的历史又深深打上了黄仁勋个人性格的烙印。

在美国知名记者斯蒂芬·威特所写的《黄仁勋：英伟达之芯》一书的序言部分，美国国家工程院外籍院士香港科技大学校董会主席沈向洋分享了一段英伟达创始人黄仁勋的趣闻，我们由此可以窥见英伟达的命运及其创始人的性格。

沈向洋问黄仁勋:"除了你20岁时,给你太太洛丽的承诺,30岁时一定要成为CEO,你还有什么别的创业建议分享给我们的学生吗?"对此,黄仁勋承认这只是自己追求太太的说辞。曾经他是班级里最小的孩子,黄仁勋认为他当时唯一的优势就是看上去比较聪明。所以他和他太太说的第一句话是:"你想看看我的作业吗?"对于沈向洋的提问,黄仁勋幽默的回答引起全场哄堂大笑。

敢做梦,善思考,能实现,是黄仁勋的典型性格特征,凭借这种特质,他创办了英伟达,并引领其逐步成长为后来的智算霸主。在所谓的高科技领域美股七姐妹的CEO中,黄仁勋是唯一一位在互联网泡沫前就开始掌舵的CEO。与其他科技巨头不一样,英伟达是唯一一家单纯靠硬件起家的企业,也是唯一一家不直接面对消费者的企业,还是唯一一家靠"结硬寨,打呆仗",从竞争的尸山血海中突围的企业——英伟达在创业早期长期被英特尔、3dfx等竞争对手压制,多次濒临破产。这是一家极度有韧性和反脆弱能力的企业。

在英伟达这个名字诞生之前,黄仁勋和另外两位创始人成天泡在丹尼快餐厅后面的一个小房间里,三位创始人端着笔记本坐在那里,想象一个"零亿美元"的市场。他们在快餐厅做市场调查,研究潜在竞争对手,研究硅的价格。最终,他们想创造一款更好的芯片,并围绕它创建一种商业模式。这一刻,为英伟达现在的成功奠定了基础。

英伟达的名字NVIDIA源自拉丁语invidia,意思是嫉妒,寓意技术领先,令人艳羡。英伟达于1993年由黄仁勋联合太阳微系统公司两名年轻的工程师共同创立，从事与 3D 图形加速相关的业务，当时还没有 GPU 的概念，显卡一般以图形加速卡或 3D 加速卡的形式示人。

英伟达这一承载着创始人期望、寓意令人艳羡的名字，恰如其分地映照出当时图形加速卡行业高度内卷的紧张状态。黄仁勋后来回忆说，那时候图形加速卡行业内的企业已经有 35 家之多了。

竞争如此激烈的原因在于，与 CPU 这种高端芯片相比，图形加速卡的技术门槛和资金要求要低得多。早期的加速卡主要是针对特定的图形渲染过程进行优化，比如纹理映射和光栅化。当时市场上也没有统一的开发标准，这使得许多新兴公司纷纷涌入这一领域。

所以英伟达就在图形加速卡的红海时代正式下海。当时最出彩的公司是 3dfx，这家公司比英伟达还晚成立一年，它 1994 年刚成立就一跃成为加速卡行业新贵。3dfx 借凭一款叫作巫毒（Voodoo）的加速卡，抓住机遇成了 PC 端 3D 游戏的先行者。当时各种风靡一时的游戏都要靠这款加速卡驱动。

在与同行的激烈竞争中，英伟达渐渐不敌，到 1997 年公司濒临绝境，仅剩余 9 个月运营资金，公司已经从 100 个人裁员到就剩大概 30 个人。好在还剩 6 个月运营资金的时候，只能孤注一掷的黄仁勋带领团队推出了 Riva 128 加速卡，以"性价比革命"在 3D 加速卡市场撕开了缺口。

这场生死突围战中，英伟达确立了"技术 + 生态"的双轮驱动策略：一方面与台积电深度绑定，提前布局先进制程；另一方面押注微软 Direct 3D 标准，构建起硬件-软件协同生态。英伟达也终于驶上了快车道。

1999 年，英伟达推出了具有划时代意义的 GeForce 256，首次提出了"GPU"概念，暴露出与 CPU 企业分庭抗礼的野心。当时加速卡市场竞争激烈，英伟达通过这一命名强调，其芯片不仅是硬件加速工具，更是具备并行计算能力的"处理器"，以此与竞争对手的"图形加速卡"形成差异。

虽然"GPU"概念的提出最初带有营销色彩，但 GeForce 256 确实实现了史无前例的技术突破，因此 GeForce 256 被称为全球第一款 GPU，它作为第一款真正意义上的独立显卡也称得上实至名归。所以如果直接笼统地说，就是英伟达发明了 GPU，至少在营销意义上这一点是完全成立的。而且后来伴随着英伟达的壮大，GPU 也从营销概念变成了行业标准。

1999 年到 2002 年，英伟达的营收以几乎每年翻倍的速度增加到了 20 亿美元，它成为市场上独一档的存在，而且还连续吞并同行业的竞争对手，其中就包括前文提到的那个红极一时的 3dfx。就这样在 2000 年初，经过一系列的"大鱼吃小鱼，小鱼吃虾米"的吞并之后，GPU 市场就剩下了两条大鱼，英伟达和 ATI。

GPU 的崛起，引起了 CPU 厂商的兴趣。当时的 CPU 市场上虽然号称英特尔和 AMD 双雄并立，但其实 AMD 和英特尔完全不在一个量级，于是处于弱势地位的 AMD 打起了英伟达的主意，希望整合 CPU、GPU 两大市场，向英特尔发起挑战。

AMD 首先向英伟达抛出橄榄枝，但是风头正劲的黄仁勋向

AMD 开出了天价——让他成为联合公司的首席执行官，并利用英伟达的 CUDA 架构和芯片来实现"硬件和软件锁定"。这项条件显然是 AMD 不能接受的，于是 AMD 转而以 54 亿美元收购 ATI，将 CPU 与 GPU（指独立显卡，如果考虑核显，英特尔也是显卡厂商）集于一身。

那么让老黄恋恋不舍，要当成嫁妆的 CUDA 究竟是什么呢？

2006 年英伟达推出 CUDA 并行计算架构，这一决策在当时被华尔街视为"疯狂的冒险"。这场豪赌险些要了英伟达的性命，不过好在它最终化险为夷了。

2006 年英伟达还推出了另一款具有划时代意义的产品 GeForce 8800 GTX，作为首款真正支持通用计算的 GPU，它首次引入 CUDA 核心，将图形处理单元的并行计算能力拓展至通用领域。

CUDA 核心有点儿像 CPU 核心，只是数量要多得多，初代的 8800 有 128 个 CUDA 核心，而 2025 年推出的 RTX 5090 已经拥有 21 760 个 CUDA 核心，是前者的 170 倍之多。除了数量多，CUDA 核心采用 SIMD（单指令多数据）架构，擅长同时对多个数据执行相同指令。

那么 SIMD 又是什么意思呢？我举个例子来说明一下。相信玩过游戏的各位肯定见过各种炫酷的粒子效果。假设我们现在要实现一个简单的爆炸效果，让粒子往四面八方散开，应当怎么做呢？我们可以假设每个粒子都有不同的质量，然后在初始的时候，让每个粒子都往不同的方向飞出去。如果粒子发生碰撞，就要服从动量守恒定律。这样我们是不是就可以很简单地计算出每个粒子不同时刻的位置呢？如果使用 CPU 版本，我们需要逐个粒子地计算并更新粒子的位置。

如果使用 CUDA 版本，我们怎么做呢？虽然每个粒子的质量和初始状态都不一样，但是每个粒子都要服从牛顿定律。我们可以认为每个粒子都要执行相同的指令，所以只要将这些粒子分配给不同的 CUDA 核心，然后让它们执行相同的指令，我们就可以同时并行地更新粒子位置。这个过程就是 SIMD。

如果只有几十个粒子，两个版本的效果就差不多。但是如果粒子多到 1 万个，CPU 就会非常吃力，一秒才渲染几帧，而 CUDA 版本依然非常轻松。

为了让粒子动起来，我们的 CUDA 需要做很多次浮点运算，以我们前文提及的 TFLOPS 来衡量，GeForce 8800 GTX 的算力大约是 0.39 TFLOPS，而 2022 年上市的 H100 算力达到 495 TFLOPS。不到 20 年的时间，算力大约增长了 1268 倍。

如果你还记得摩尔定律，集成电路上可容纳的元器件数量每 18~24 个月翻一番，那么会发现 GPU 的发展明显快于摩尔定律所述。是的，其实显卡的发展已经在某种程度上遵从以黄仁勋命名的黄氏定律了。

黄氏定律（Huang's Law）是英伟达提出的关于 GPU 性能增长的规律，以其创始人黄仁勋的名字命名。它与传统的摩尔定律（依赖晶体管密度提升）不同，强调通过架构创新与软件优化来推动 AI 计算性能的指数级增长（见表 5-3）。

当然 1268 倍的算力增长并不是完全地契合黄氏定律，因为黄氏定律是 2020 年才被提出的，并且主要针对 AI 芯片。

表 5-3 摩尔定律与黄氏定律

对比维度	摩尔定律	黄氏定律
核心驱动力	晶体管密度提升（工艺进步）	架构创新与软件优化
适用范围	通用计算（CPU、存储等）	专用 AI 计算（GPU、张量处理单元等）
增长速度	每 18~24 个月翻倍	每年翻倍（短期）或每两年增长 3 倍（长期）
当前状态	因物理极限放缓	持续加速（如 2023 年 Hopper 架构性能跃升 12.5 倍）

资料来源：作者整理。

尽管 GeForce 8800 GTX 具有划时代意义，但是 CUDA 并没有得到市场的认可。

英伟达的核心业务一直是 GPU 产品，专注于为游戏和专业图形应用提供强大的图形渲染能力。推出 CUDA 意味着英伟达要将 GPU 转变为一个通用计算平台，这对当时的英伟达来说是一个巨大的风险，因为这意味着英伟达要进入一个全新的市场——高性能计算和科学计算领域。

虽然 GPU 的并行计算能力强大，但没有足够的证据表明，市场对将 GPU 用于通用计算有着明确且强烈的需求。许多人认为，这个决策建立在成功可能性存疑的预期之上，毕竟 GPU 并不是为通用计算设计的，而且开发者也没有一个明确的工具或平台来支持这类应用。

当时并没有像今天这样广泛的 GPU 编程语言和工具，英伟达推行 CUDA 需要依靠开发者和科研人员的支持，而他们需要重新学习编程方法，从而有效利用 GPU 的并行计算能力；英伟达还需要确保开发者能够方便、高效地使用这个新平台。

决定推出双用途芯片导致英伟达芯片的生产成本高于竞争对手，这部分额外的成本被戏称为"CUDA 税"。CUDA 于 2006 年公开发布。其软件包虽然免费，却仅限于在英伟达硬件上运行。2007 年，下载量仅为令人失望的 13 000 次，也就是说，在 CUDA 发布第二年，数亿 GeForce 用户中，愿意激活其视频游戏硬件功能，并将其变身为超级计算机的连 1% 都不到。

种种因素的叠加，导致英伟达股价暴跌，损失了近 90% 的市值。董事会成员在查看股价图表时，甚至将其比作心脏病发作时的心电图。同时，黄仁勋不得不拨出 2 亿美元用于客户退款。这笔储备金导致英伟达全年利润归零，这也是公司自上市以来首次出现亏损。

如果没有意外，英伟达将必死无疑，就像当年被铱星计划拖垮的摩托罗拉一样。不过意外还真就来了。

其实率先让显卡的加速计算能力实现商业价值的并不是人工智能，而是一个巧合，一个与显卡八竿子打不着的潮流，一件黄仁勋就算自己再有远见也不可能预料到的事。

比特币的爆火带来了巨大的挖矿需求，挖矿说白了就是通过大量无脑计算来进行加密和解密。而想要挖矿就得用显卡，而且就得用英伟达的显卡。很多人就是从挖矿那会儿才知道，显卡原来还能用来计算。

挖矿这个巨大需求，对英伟达来讲简直就是天降大馅饼，而且是一个大得不得了的馅饼。这让英伟达的显卡常年处于供不应求的状态。英伟达也非常贴心，专门为挖矿设计了 GPU。

当然，很多人都会吐槽，挖矿带来了环境污染、无意义计算等诸多问题。但就是显卡这个东西，它的威力确实被人看到了，而且英伟达也确实因为这个赚翻了。

据分析师估算，英伟达在2018年到2021年，也就是比特币比较火的这段时期，每年光靠挖矿就能赚10亿到30亿美元。英伟达的市值也在这段时间超过了当年不可一世的巨头英特尔。就在比特币最火的那段时期，它的市值甚至一度逼近了一万亿美元。

不过挖矿虽说让英伟达赚了不少钱，但再怎么说也不能算它的主营业务。加密市场崩塌之后，英伟达的股价也暴跌了46%。所以目前看来，挖矿对英伟达来说顶多算是个插曲。

真正让英伟达彻底摆脱危机的是我们在第二章中提到的AlexNet。它在当年的ImageNet大规模视觉识别挑战赛中横空出世，AlexNet的成功除了在人工智能领域具有里程碑意义，还向世人清晰地阐述了一个事实——AI算力必须依靠GPU。

黄仁勋也是极其敏锐地发现了商机——GPU在人工智能领域的应用。2012年之后，英伟达可以说是全力投入AI领域，除了刚刚我们说的针对CUDA核心的投资，英伟达于2017年推出了Volta架构，引入了Tensor核心。和CUDA核心不同，Tensor核心专门为矩阵运算而设计（见图5-1）。

通过前面几章的描述，相信大家都能理解，深度学习依赖大量矩阵运算，可以说，Tensor核心就是为AI而生的。

除了Tensor核心，英伟达还推出了诸多令人瞩目的新技术，比如NVIDIA DGX系统，NVIDIA Deep Learning Accelerator（NVDLA）开源的深度学习加速器架构，等等，这里不一一列举了，总之令人目不暇接。

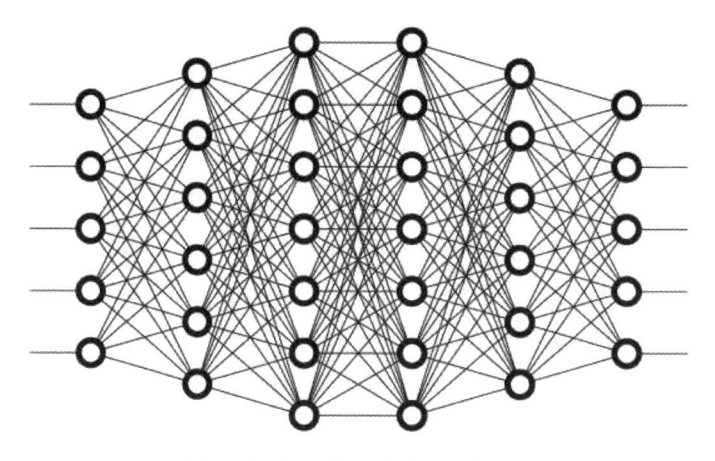

图 5-1　深度学习中神经网络示意

图片来源：参考《神经网络：智能时代的基石》，载于 https://blog.csdn.net/huanfeng_AI/article/details/141098402。

一系列的技术创新，加上早年 AlexNet 的免费宣传，使得只要搞人工智能就要选英伟达成了全行业的共识。一个英伟达大概率不会输的 AI 时代到来了。

而英伟达的故事要一直延续下去，离不开一个"前台演员"的高效配合，这个"演员"就是 OpenAI。

OpenAI 与 DeepSeek：两种路线的较量

OpenAI 的商业模式是英伟达算力神话的最佳注脚，二者的互动非常像 PC 时代的微软-英特尔联盟，只不过和独霸操作系统的微软相比，OpenAI 缺乏实打实的营收能力，也因此更依赖投资资金对其输血。

作为一家创业公司，OpenAI 极度依赖资金支持，其商业模式围绕圈钱展开，由四步组成。第一步是在华尔街融资，第二步是用融到的钱购买最新的 GPU，第三步是用最新的 GPU 训练出性能更先进的大模型，第四步是用训练出的大模型为客户提供高质量的服务。然后再回到第一步，去融更多的钱，再到第二步，买更多的 GPU……如此循环往复。

举个例子。第一步，从 2019 年到 2021 年，OpenAI 从微软获得融资 20 亿美元。第二步就是在这两年间买了 2.5 万张英伟达 A100 GPU。第三步，用这 2.5 万张 A100 GPU 训练出了 ChatGPT，因为其性能优越，OpenAI 的估值直接达到了 290 亿美元。第四步就是从 2023 年往后将 ChatGPT 给大家使用。事实上，第四步是 OpenAI 非常薄弱的环节，其营收能力是非常差的，整体上是在亏钱。

这就形成了一个巨大的泡沫，OpenAI 需要更多的资金来支持研发，但自己又没有造血能力，只能更加依赖融资，想要融到更多的资金，就只能讲好模型先进的故事，于是雪球越滚越大，直到难以为继。

OpenAI 的模式给美国政府分析 AI 行业提供了范本，假如中国在 AI 领域也采用与之相同的模式，在四步之中哪一步最能限制中国 AI 的发展呢？毫无疑问，是从第二步下手，就像《三体》里，三体人依靠智子锁死地球科技一样，美国出台的道道禁令都是奔着算力锁死去的。

客观地说，短时间内，做到算力突破几乎没有可能。只是美国政府可能也没想到，在算力困乏的情况之下，以 DeepSeek 为代表的国产 AI 走出了另一条道路，极限压榨算力，通过算法创新，以巧破力。这些创新我们已经在前文反复提及，这里不再赘述。

有另一个问题更值得深思，到底什么是资源？

资源的本质，首先是能够满足人类需求的功能性存在。比起功能，需求其实更为关键。因为，无论是煤炭还是石油，其功能天然都已具备，没有蒸汽革命，煤炭或许无法在动力供应等领域发挥巨大价值；没有内燃机技术，石油或许无法成为现代交通等领域的关键能源。

无论是自然物质还是社会要素，其核心价值都在于能够通过某种方式转化为对人类有用的产品或服务。在计算机发展初期，"蓝色巨人"IBM 的初代掌门人老沃森曾有一个著名的论断——"全球市场只需要 5 台计算机"。尽管这句话在今天看起来像是笑谈，但在当时却近乎事实。

恩格斯说过，"社会一旦有技术上的需要，这种需要就会比十所大学更能把科学推向前进"。计算机是在二战的背景下被发明出来的，当时计算机的主要用途就是为军方计算弹道，如此狭窄的需求，很难刺激产业长期发展，因此老沃森得出仅需 5 台的结论并不意外。

将计算机从政府部门和军方推广到民间，并将其应用从科学计算扩展到商业领域之人，正是 IBM 的二代掌门人——老沃森之子小沃森。在小沃森的领导下，IBM 的研发经费占公司营业额的比例从其父亲执掌公司时期的 3% 增加到了 9%。到 20 世纪 60 年代，IBM 推出著名的 IBM System/360 时，IBM 在计算机研发和生产上的总投入高达 50 亿美元，相当于整个马歇尔计划的 2/5。小沃森上任后，短短 5 年间，便将 IBM 的营业额提高了 3 倍。在他执掌 IBM 的约 20 年里，IBM 的平均年增长率高达 30%，这一成就堪称世界罕见，甚至在其父亲执掌公司时期都未曾达到。

若没有小沃森及 IBM 推动计算机应用范围和市场需求实现大幅拓展，世界对于算力的需求可能仍然停留在仅需 5 台巨型计算机的阶段。

无独有偶，2003—2006 年，谷歌公司连续发表了四篇重磅文章，它们分别围绕分布式文件系统、并行计算模型、数据管理系统和分布式资源管理工具展开。其一举开启了云计算时代，不知是巧合还是在"致敬经典"，当时的 IT 界也流传着"世界只需要 5 朵云就够了"的言论。

"到了云计算时代，世界上只需 5 朵电脑云就够了：微软、谷歌、IBM、Sun、亚马逊，各撑一朵。"讽刺的是，说出这句话的 Sun 公司已经在云计算的战场折戟沉沙，而云计算的市场到今天还在进一步扩张。

前文所说的英伟达的 CUDA 战略印证了这个道理，在出现深度的应用需求之前，如今稀缺的算力资源在当年却险些断送了英伟达的未来。

某类物质能否成为资源，往往取决于当时的技术水平。例如，页岩气在 20 世纪由于开采技术有限未被视为资源，但随着水力压裂技术的突破，21 世纪它已成为重要能源；稀土元素在传统工业中用途有限，但在半导体和新能源领域却成了战略资源。

从这个角度看，从卖铲子的英伟达手里买来铲子的各家 AI

公司自己也成了挖掘算力这座富矿的铲子，开发应用的目的与挖掘算力的工具属性在此过程中融为一体了。

直到 DeepSeek 的出现，这个看似有些荒诞的逻辑闭环才出现了一道质疑的裂痕。2025 年 1 月 27 日，微软 CEO 萨提亚·纳德拉在自己的领英账户上对 DeepSeek 撼动美国科技产业进行了评论：杰文斯悖论再次袭来，随着 AI 变得更有效率、更可及，我们会看到它如火箭升空般的速度增长，变成一种我们对其有无限需求的大宗商品（见图 5-2）。

Satya Nadella · 3 度+
Chairman and CEO at Microsoft
1 个月前 ·

＋关注

Jevons paradox strikes again! As AI gets more efficient and accessible, we will see its use skyrocket, turning it into a commodity we just can't get enough of.

显示译文

Jevons paradox - Wikipedia
en.wikipedia.org

3,212　　　　　　　　　　　223 条评论 · 270 次转发

图 5-2　纳德拉对 AI 产业的评论

图片来源：微软 CEO 萨提亚·纳德拉社交媒体个人账号截图。

杰文斯悖论是 19 世纪英国经济学家威廉·斯坦利·杰文斯提出的一个经济学概念。它描述的是一个看似违反直觉的现象，即当某种资源的使用效率提高时，反而会导致该资源的总需求增加，而不是减少。

具体来说，杰文斯悖论表明，技术进步提高了能源或资源的使用效率（比如更节能的机器或设备出现），这虽然减少了每单位能源或资源的消耗，但由于成本降低，需求反而增加，所以总体能源或资源消耗可能比技术进步前还要多。

如果以杰文斯的视角来看今天的算力困局，那就是，随着DeepSeek带来技术进步，算力利用率提高，算力成本降低，会吸引大厂以外的玩家入局，进一步促进AI的发展，更可能为破局带来希望。

从前文的讨论中，我们可以看到，DeepSeek引领的技术进步使得算力这一"资源"得以高效利用，并随着成本降低而产生了更广泛的需求。这个过程不仅带来了技术层面的改变，而且更深层次地反映了社会需求与资源配置之间的动态关系。在这个过程中，资源的价值并非单纯取决于其物理属性，而是由社会对其的需求和利用方式，以及技术进步等因素共同塑造的。

因此，算力作为一种资源，其本质并非单纯的物理存在，而是社会关系的物质化体现。技术的进步、市场的需求以及行业参与者之间的互动，构成了这种资源的社会性特征。资源的流动与分配，实际上是社会力量、需求与技术等因素相互交织的结果。随着这些社会关系的不断演变，资源的价值和利用方式也在不断地发生变化。

比如，在过去，算力资源可能是少数大型科技公司才能掌握的核心资产，然而随着技术的突破和成本降低，算力的获取不再是一个狭隘的社会圈层的特权，更多的社会群体得以接触和利用这一资源。这种变化本质上反映了社会结构与技术进步的互动，即资源不再仅仅是物理存在的东西，而且被社会需求和技术发展深刻塑造和重塑。

资源本质上也是社会关系的物质化体现。资源的开发、分配和利用反映着不同利益主体间的权力博弈。例如，石油资源引发的地缘政治冲突，本质上是对能源控制权的争夺；碳排放权作为新型资源，其交易体系背后是各国发展权的再分配。

从这个意义上说，算力源于计算机和计算技术，汇集了"数"和"算"，但更强调"力"——强调了计算能力在促进科技进步和社会发展中的重要价值和作用。

在人工智能蓬勃发展与大国博弈的背景下，"算力"早已超越了其物理层面的定义，成为人工智能时代的"战略石油"。

那么我国做好这方面的准备了吗？

中国算力评估

近年来，中国算力规模持续扩大，已成为全球第二大算力国。截至2023年底，中国算力总规模约达到300EFLOPS，占全球算力规模的30%左右，年增长率超过30%。其中，智能算力增长尤为迅速。2024年上半年，智能算力规模同比增长74.1%，远超通用算力规模同期增幅。

中国在算力技术研发方面取得了显著进展。国产芯片如华为昇腾、寒武纪等在性能上不断追赶国际先进水平，将逐步打破英伟达等国外厂商的垄断。同时，中国企业在服务器、存储设备等领域也具备了较强的竞争力，能够提供从硬件到软件的全栈式算力解决方案。

中国大力推进算力基础设施建设，"东数西算"工程全面启动，在京津冀、长三角、粤港澳大湾区等区域布局了多个国家级算力枢纽节点和数据中心集群。这些基础设施的建设不仅满足了东部地区庞大的算力需求，也为西部地区的经济发展和产业升级提供了有力支撑。

人工智能和大数据是中国算力市场的主要驱动力。从智能语音助手到图像识别，从自然语言处理到推荐系统，人工智能技术在各个领域的广泛应用催生了企业对高性能算力的迫切需求。企业需要强大的算力来处理海量数据，训练复杂的机器学习模型，以实现智能化决策和服务。

云计算的普及使得企业能够按需获取算力资源，降低了运营成本。同时，随着物联网的发展，边缘计算应运而生，将算力推向网络边缘，以实现低延迟、高带宽的数据处理，满足自动驾驶、工业物联网等实时性要求高的应用场景需求。

在智慧城市建设中，算力为城市大脑提供了强大的支撑，实现了交通管理、公共安全、能源优化等多领域的智能化应用。在智能制造领域，算力驱动的工业互联网平台助力企业实现生产过程的数字化、智能化转型，提高生产效率和产品质量。

未来，中国算力将继续保持高速增长态势。随着技术的不断进步和应用场景的拓展，算力将更加泛在化、智能化、绿色化。预计2025年，中国算力规模将突破1000 EFLOPS，算力核心产业规模有望超过4万亿元。

在中美算力的竞争中，我国智能算力还有一招常常被忽视的撒手锏，那就是能源价格。

实际上，中国正进一步稳固全球可再生能源领域的发展领导者地位，目前有装机容量达 180 吉瓦的公用事业规模太阳能项目和装机容量达 159 吉瓦的风能项目正处于建设阶段。根据全球能源监测（Global Energy Monitor，GEM）2024 年的数据，这两类项目的总装机容量达到了世界其他地区同类项目总和的两倍，足以满足整个韩国的电力需求。

中国已有总装机容量达 339 吉瓦的公用事业规模太阳能和风能项目进入施工阶段，这一数字占全国提议的所有风能和太阳能装机容量的 1/3。相比之下，全球范围内的建设率仅为 7%。

在核电领域，中国将在 2025 年建造世界上第一座钍基熔盐堆核电站，这标志着核电领域实现重大突破。甘肃省已经拥有一座全球唯一的钍基熔盐实验堆。它的热功率为 2 兆瓦，虽然不能发电，但它已经证明了该技术的可行性。据专家估计，中国的钍储量足以支持中国未来 2 万年内的能源需求。

而在特高压输电技术、新型储能和新能源应用（电动汽车）领域，中国技术无一不遥遥领先于全球。脑洞打开一下，如果我们能突破先进芯片领域面临的"卡脖子"难题，那么我国电价近乎零甚至负数的智算基础设施将撑起 DeepSeek 和未来中国大模型的腰杆，为通用人工智能筑起一个近乎"取之不尽，用之不竭"的算力源泉，并彻底改变 AI 产业的经济学。

写到本章，关于 DeepSeek 的技术创新部分已经基本收官。总结一下，大模型领域有两种技术路线，一种是以美国英伟达为代表的算力（硬件）路线，也就是把一颗芯片做到尽可能强大。其忠实信徒是以 OpenAI 为代表的暴力计算派。另一种是算法（软件）路线。过去几年里，对算力的崇拜推动算力扶摇直上，这导致英伟达芯片长期供不应求，股价一度上涨10倍。但DeepSeek却以557.6万美元的极低成本，训练出一个性能接近ChatGPT（训练成本几亿美元）的大模型DeepSeek-V3。也就是说，中国公司在算力不如美国公司的情况下，以远低于对方的成本，实现了近乎相同的效果。英伟达芯片一下子从供不应求变为供过于求，股价暴跌。从监管机构、学术界到产业界，人们开始怀疑，过去有关人工智能的发展思路，是不是在一条错误的道路上狂奔。

虽然DeepSeek也面临着一些争议，但有目共睹的一点是，和微软、谷歌、OpenAI相比，DeepSeek绝非大型科技企业，也没有雄厚的资本支撑，但它推出的大模型竟然能够达到世界领先的精度，实现可以媲美OpenAI等公司推出的一众大模型的效果，这对全球的初创企业来说也是一种鼓舞。

第六章　开源与闭源：商业模式之争

你有没有注意过，DeepSeek 的标志是一只蓝色的鲸鱼，而另一个开源大模型的代表 Llama 的标志是一只羊驼？

它们是最新加入开源动物园的两个神奇物种。有很多重要的开源软件项目都选择了以动物作为代表，比如 Linux 的企鹅、Hadoop 的大象、Python 的蟒蛇以及 GitHub 的章鱼猫。这几乎已经成为开源社区一个不成文的传统。据说这样做一是因为简单好记，二是因为动物的形象很少成为企业注册的标志。和前辈们一样，DeepSeek 的标志也代表了其坚定站在开源阵营的态度。

在关于 DeepSeek 的所有问题中，开源问题是最为有趣的一个：

一边是 AI 界为 DeepSeek 的开源之举竖起大拇指，疯狂点赞，前有 Meta 的首席人工智能科学家杨立昆盛赞 DeepSeek 让开源模型力压闭源模型，后有 OpenAI CEO 不情愿地承认，OpenAI 可能在开源方面站在了历史的错误一边，两人的发言相当于从正反两方面论证了开源的胜利。

而另一边则是朴实可爱的用户为 DeepSeek 的"钱景"操碎了心,"为什么要开源?开源了怎么挣钱?"成了关于 DeepSeek 的大讨论中最具烟火气的话题。

本章就来回答这些问题,让我们一起了解一下开源与闭源。

开源才是人类文明的常态

首先我们要明确一点:开源不等于免费,只不过多数开源软件是免费的。所以,二者不能简单粗暴地画等号。开源也并不意味着 DeepSeek 以及和 DeepSeek 一样的那些开源软件的财路就被堵死了。

如今,人们提到"开源",往往将其与开源软件(OSS)、自由软件运动(FSM)以及开源运动(FOSSM)联系起来。但事实上,开源精神源远流长,甚至可以说,自人类诞生之初,它一路伴随人类社会发展至今。如果用一句话概括开源精神,那就是知识成果的透明公开与共享,以及知识生产的协作。

因此,无论是从学术传统还是从商业创新角度讲,开源都既是人类文明的常态,也是人的天性和社会性的自然展现。学术传统强调公开分享学术成果,软件源代码作为信息时代学术成果的一种表达形式,对其进行公开交流已然成为行业内的基本共识。商业创新方面,开源是一种新的商业模式和竞争手段,尤其是在互联网时代,开源能够通过吸引志同道合的开发者和用户,形成独特的市场优势。

学术研究的基本形态就是通过公开发表实现同行评议与知识

积累。无论是以自然语言撰写的论文，还是信息时代的软件代码，公开传播是这些学术成果获得社会认可的前提。正如学术界的共识——"不公开发表就等于死亡"，源代码的开放同样是学术传统在数字时代的延伸。专利制度亦遵循类似逻辑——公开技术细节以换取有限期的专有权，这本质上仍以知识流通为基础。

从甲骨文到软件代码，知识载体的演进始终服务于文明的延续。孔子学说因被孔子的弟子及再传弟子记录而得以流传，亚里士多德思想因手稿被保存而影响后世。软件作为新时代的知识载体，其开源本质与文字、印刷术一脉相承——只有通过开放与传播，技术才能融入人类文明的集体记忆并产生持续影响力。

开源的本质与人类文明的存续逻辑深度契合。从历史视角看，文明的价值在于其可被记录、传播与迭代。孔子的言行若未被孔子的弟子及再传弟子记录并编纂成《论语》，亚里士多德的哲学若未以文字留存，其影响力将局限于个体经验，无法构成文明的基石。这一规律在信息时代同样适用：软件源代码作为"数字时代的学术论文"，其公开性是技术进步的前提。

学术界以"发表即存在"为共识。论文、专利的公开本质是知识产权制度的平衡设计——通过有限期保护（如发明专利有效期为 20 年）换取技术公开，推动社会整体创新。软件源代码的开源逻辑与此一致：公开是获得同行评议、建立技术公信力的必要条件。

要表达、要表演、要得到关注和反馈是人的天性。从博客兴起到短视频流行，本质上都是"表达—互动—价值实现"的闭环。开源社区通过代码共享与协作开发，将这些人性需求转化为技术迭代的动力，形成"开发者—用户—改进者"的共生生态。在这个意义上，开源是文明存续的根基，既是文明现象，又是人的社会性的一种自然表现。

闭源仅是技术商业化进程中的阶段性现象，而开源才是技术演进的历史常态。早期程序员自发共享代码的实践，与工业革命前工匠间的技艺传授高度相似。新兴的软件公司将代码闭源的行为，实质是工业时代产权思维在数字领域的投影。但随着互联网重构协作模式，开源正逐步回归到其作为知识传播重要方式的应有地位。

开源不仅是学术理想，更是互联网时代的商业模式再创新。传统闭源模式依赖对代码的垄断来实现盈利，但互联网的不确定性催生了新的竞争逻辑。

"羊毛出在狗身上，让牛买单"是平台经济最常见的商业模式。开源通过开放代码来降低用户使用门槛，吸引开发者共建生态，最终通过增值服务（如技术支持、定制开发）实现盈利。

安卓系统通过开源击败闭源的塞班系统，Hadoop等开源项目成为云计算基础设施，这些证明，构建开放生态所制造的价值远胜独占代码所获取的利益。开源通过降低用户试错成本、加速技术迭代，成为企业获取市场份额的核心策略。

开源企业通过"核心代码开放+增值服务收费"的模式，实现了从卖产品到卖服务的转型。红帽（Red Hat）的订阅服务、MongoDB的云数据库托管等案例表明，开源可构建更强的用户黏性。正如互联网领域的"平台经济"逻辑，开源软件通过扩大用户基数创造衍生价值，其商业潜力远超传统闭源软件的授权收费模式。

今天，我们生活中大量存在着成功的开源软件，这些开源软件有一个充满童趣的爱好，那就是用动物做它们的图标。而人们之所以会感受不到它们，恰恰是因为它们太成功了。是的，你没有看错，我也没有写错，一项技术成功的标志就是不被感知。

我们不妨举一个例子，比如眼镜。一款好的眼镜一定是让你感受不到它的存在，让人感受不到才能体现技术便利，因为当你冬天从屋外来到屋内，眼镜上爬满雾气，当你感受到眼镜存在的时候，那也一定是你抱怨的时候。

技术的成功本质在于其与人类生活的无感融合，这种无形化特质体现在功能性、体验性与价值性三个维度。

功能性隐形是指技术作为底层支撑的自然渗透。以晶体管为例，其核心价值并非作为独立元件被感知。在消费电子领域，它通过收音机等产品的微型化与低成本化重构了信息获取方式。用户无须理解半导体原理就能享受便携式音乐与资讯，此时技术已转化为社会基础设施的一部分。这种转化遵循"技术黑箱化"规律——当技术足够成熟时，其实现细节将隐入产品形态之中，正如电力系统在现代社会中的存在方式。

体验性消隐体现在人机界面的情感化设计中。当前 AI 创作工具的发展趋势显示，优秀的技术应用应如水墨画笔般自然延伸人类创意，而非强制改变创作范式。当艺术家使用风格迁移算法时，关注点在于画面意境而非神经网络层级，这种"工具透明性"使技术成为创作者直觉的延伸，而非需要刻意应对的异质存在。

价值性内化要求技术成果与文明进程同频共振。真正具有生命力的创新会逐步沉淀为社会认知基模，如同轮子从发明演变为文明符号。智能终端的发展轨迹印证了这一点：从需要专门操作的计算机到融入生物钟的智能手机，技术正在完成从"使用对象"到"生存环境"的质变。这种内化过程需平衡商业驱动与人文关怀，既要通过市场化实现技术迭代，又要防止工具理性对价值理性的侵蚀。

技术发展的终极形态应是"社会性消失"，即它如同空气，虽不可或缺，却难以被人们察觉。这要求创新者超越对技术参数的沉迷，转而关注如何将其转化为可被自然接纳的生活语法。当技术既能推动物质进步，又能维系人类在创造、情感与价值判断中的主体性时，才称得上真正的文明突破。

闭源的由来与微软

造成人们为 DeepSeek 开源以后前景担忧的根源，除了技术的隐形之外，还因为一种历史错觉——我们总以为闭源是正统的，开源才是非主流的。这种局面和一家公司有很深的渊源，这家公司就是微软。

1975 年，微软推出了首款产品 BASIC 语言编辑器，并使它成为每台计算机的必备软件。当时，一些计算机爱好者组建了家用计算机俱乐部，他们从俱乐部带走软件磁盘，并在下次聚会时将其分享给其他成员。

这在当时是司空见惯的事，没有人会觉得有问题，因为那时候的软件普遍都是开源的。究其根源，当时的软件行业还处于萌芽阶段，各大公司主要靠销售硬件实现盈利，软件或者说源代码还只是硬件的附属品。

然而，这样的行为引起了比尔·盖茨的不满，因为他创办的微软就是靠卖软件为生的。21岁的盖茨发表了一封公开信，详细列举了开发 BASIC 的艰辛与成本，并批评这些行为就是"盗窃"，甚至指出自由软件的无偿使用模式愚蠢至极，业余爱好者不可能编写出高质量软件。而在之后自由软件与开源运动的发展过程中，微软也一直扮演着头号打压者的角色。

1998年，骇客（和黑客不是一回事）埃里克·S.雷蒙德（Eric S. Raymond）披露了广为人知的"万圣节文件"。这份文件由微软时任高级副总裁詹姆斯·阿尔钦（James Allchin）推动，工程师维诺德·瓦洛皮利尔（Vinod Valloppillil）撰写，旨在为微软高层提供决策支持，属于微软内部的机密文件。该文件揭示了微软将开源视为主要竞争对手，认为开源的崛起将严重威胁微软的利益。它还提出了应对开源的具体策略，包括在公司内部推行开源模式以提升开发效率，以及高薪挖掘开源界的顶尖人才。

曝光者埃里克·S.雷蒙德还有另一个身份，那就是开源运动的主要领导者之一，其著作《大教堂与集市》(*The Cathedral and the Bazaar*)一直被视为开源界的"圣经"。此书的要义"让够多人看到源代码，错误将无所遁形"（Given enough eyeballs, all bugs are shallow）也成了开源界铁律。

《大教堂与集市》一书将传统封闭式开发模式比作大教堂模式，如商业软件或早期 Unix 开发。其特点是高度集中控制，开发过程由少数精英规划，代码闭源，版本更新缓慢，待达到完美状态后才发布。该书将开源社区模式比喻成集市模式，典型代表是 Linux。其特点是开放、去中心化；开发者通过互联网松散协作，代码公开透明，频繁迭代、快速发布，根据用户反馈不断改进；如"集市"般嘈杂但充满活力。

正如雷蒙德在该书中批判的"大教堂模式"，微软的封闭霸权正是这一模式的极致体现。然而，开源运动（"集市模式"）的崛起直接威胁了微软的统治逻辑，迫使这家巨头对开源从敌视转向打压。微软的打压，本质上是对"大教堂模式"统治地位的捍卫。

比尔·盖茨的多年好友史蒂夫·鲍尔默（Steve Ballmer）在 2000 年接任微软 CEO 后，持续坚持对开源操作系统 Linux 的负面看法。鲍尔默曾在公开场合称 Linux 为"癌症"，并且在执掌微软期间采取了各种措施打压 Linux 的扩张。

2003 年，微软被曝秘密资助电脑软件公司 SCO 集团对 Linux 发起知识产权诉讼，指控 Linux 内核包含未经授权的 Unix 代码。此举旨在通过法律手段动摇企业对开源的信心。

但是今天的微软已经和往日判若两人，它当初有多痛恨开源，今天就有多热爱开源。2014 年 10 月，在云计算业务发布会上，微软现任 CEO 纳德拉甚至激动地高呼"微软爱 Linux！"，这一言论与十几年前鲍尔默曾公开称 Linux 为"癌症"的言辞形成鲜明对比。

带领微软逐步转向开源的是另一个人物——比尔·希尔夫（Bill Hilf）。微软在 2004 年聘请了 IBM 前开源战略负责人希尔夫。希尔夫接到邀请时，微软明确表示对开源软件知之甚少，需要他的专业帮助。

希尔夫成为微软开源战略的早期推动者，主要任务是帮助微软员工学习开源的运作机制，理解社区驱动的软件项目如何发展，以及开源授权的流程。此外，他还协助成立了微软开源实验室。

从商业角度看，微软早期的立场并无太大问题，因为当时其主要盈利依赖于软件销售，保护知识产权是其核心目标。随着互联网的发展和自身规模的扩大，微软对开源的态度逐渐有所变化，特别是随着开源的普及，微软的战略调整变得势在必行。2005年，希尔夫找来萨姆·拉姆齐（Sam Ramji）担任微软开源战略主管。据《连线》杂志披露，每隔3个月，拉姆齐会与盖茨及微软其他高管会面，展示由微软工程师团队搜集整理的不同开源技术。

然而，比尔·盖茨时代，微软长期对开源抱有敌对态度，这使得拉姆齐初期的努力面临不少质疑。直到2008年，比尔·盖茨在退休前的会议中传递了"变革"的指示，微软的开源理念才发生了根本变化。

那是2008年夏天，据《连线》杂志报道，当几名高管就微软是否应该拥抱开源而争论不休时，"盖茨站了起来。他走到白板旁，画了一张系统如何运作的图表，其中包括版权、代码贡献和专利等方面问题。盖茨斩钉截铁地表示，微软需要支持开源软件，"拉姆齐意识到，"盖茨站起的那一瞬间就是微软改变对免费软件态度的一瞬间。"

微软逐渐建立了与开源公司合作的四大原则，即保证开放链接，促进数据可移植性，加强对行业标准的支持，以及在与客户及行业其他主体的开放合作上加大投入。2009 年，微软首次向其竞争对手 Linux 贡献了超过两万行代码，迅速成为 Linux 内核的主要贡献者。

尽管拉姆齐于 2009 年离开微软，前往 Apigee（阿皮吉）并随后加入谷歌，但他在微软所组建的开源团队一直保留了下来，并且逐步扩展到微软的各个业务领域，使得开源理念渗透至微软的各个层面。

纳德拉于 2014 年 2 月正式接任微软 CEO，之前他在微软工作了 22 年，他以温和而果断的风格，为微软定下了"移动优先，云优先"的发展方向。纳德拉上任后，微软的转型迅速展开，包括一系列在开源领域的重要举措。

在鲍尔默任期内，微软市值徘徊在 3000 亿美元左右，错失了移动时代的发展机遇。苹果凭借苹果手机取得成功，谷歌通过基于 Linux 内核的安卓逐渐崛起，亚马逊凭借 AWS（亚马逊网络服务）占据云计算市场的主导地位。微软依然停滞不前，逐渐丧失了开发者的青睐。

纳德拉领导下的微软果断拥抱开源，创建了 GitHub 官方账号，开源了 .NET 框架，回购了开源子公司 MS Open Tech，并在总部设立了开源项目办公室，清晰地表明了微软转向开源的决心。

2015 年，微软发布了跨平台开发工具 Visual Studio Code，该工具支持 Mac OS X、Windows 系统和 Linux 系统，迅速成为开发者的首选 IDE（integrated development environment，集成开发环境），并成为 GitHub 上最受欢迎的项目之一。Linux 基金

会的执行董事吉姆·泽姆林（Jim Zemlin）表示，微软已经成为 Linux 和开源的积极支持者，并参与了众多重要开源项目。

微软对开源态度的转变不仅仅源于纳德拉的领导力，更是行业发展带来的必然结果。随着 AI 时代的到来，传统软件开发模式已经无法应对日益复杂的需求，开发者的力量不容忽视，而云计算的突破几乎离不开开源，尤其是在 Linux 系统上运行的虚拟机已成为云业务中的关键。

2018 年，微软加入了开源专利联盟 OIN，并向其开放了 6 万项专利。同年 6 月，微软宣布以 75 亿美元收购 GitHub，标志着微软对开源的彻底拥抱。纳德拉强调"全力投入开源"，并承诺 GitHub 在被并购后将继续独立运营。

到了 2019 年，微软 Azure 云平台的全球云市场份额已经攀升至 16.9%，仅次于 AWS 的 32.3%。拥抱开源为微软的云业务带来了强劲增长，进一步巩固了投资者的信心，微软的市值突破一万亿美元，再度回到行业巅峰。曾经被认为封闭和霸道的微软，现在以更加开放的姿态重新赢得了全球开发者的青睐。

从微软对开源态度的转变我们不难看出，开源对于商业巨头而言并非主义而是生意。在 AI 领域围绕开源和闭源的战争在本质上与微软对开源的前倨后恭并无不同。

OpenAI 和马斯克的开源之争

2015 年，人工智能浪潮席卷全球。谷歌凭借收购 DeepMind〔开发 AlphaGo（阿尔法狗）的传奇团队〕抢占技术高地，聚集

AI 顶尖人才。正是在此背景下，奥尔特曼与埃隆·马斯克等人联手创立了 OpenAI。尽管两人对 AI 的愿景存在根本冲突——奥尔特曼痴迷于打造 AGI，而马斯克则担忧 AI 失控威胁人类——但他们却因共同对抗谷歌的垄断野心走到了一起。奥尔特曼甚至将 AGI 视为终极目标，并在招聘时直言："只招相信 AGI 必然实现的人。"

不过说到这儿，我们还漏了一个关键人物，这个人便是后来成为 OpenAI 首席科学家的伊利亚·苏茨克维，伊利亚的技术实力超群，他曾师从深度学习三巨头之一的辛顿。伊利亚的技术有多强呢，坊间有一个段子：伊利亚在辛顿的实验室做研究时，有一天他告诉导师，自己正在进行的项目需要一门全新的编程语言，这门语言能够大幅提升项目开发效率。导师听后劝道，年轻人不应执着于编写一门新语言，花几个月的时间从头开始编写语言实在是耽误事儿。伊利亚却自信满满地说道："抱歉，忘了说，我今天早上已经把这门语言写好了。"

有了这样一位奇才，OpenAI 稳步迈上了以 AGI 为终极目标的探索之路。

在伊利亚的强力推动下，OpenAI 大胆地走上了扩大模型规模的道路。2018 年，OpenAI 发布了具有 1.17 亿参数的 GPT-1 模型，而在 2019 年，GPT-2 的参数规模直接跃升至惊人的 15 亿。OpenAI 的这一大胆冒险举动，也得到了震撼世界的回报。AI 模型第一次展现出了近乎人类的遣词造句能力。

GPT 开源发布之后，许多人开始担忧 AI 在制造假新闻、引导网络社区舆论方面可能带来的威胁。但这恰恰证明了 OpenAI

坚持开源精神的意义。全人类有了一个精确了解 AI 进展的机会，并能为之提前展开讨论，做好准备。而 GPT 本身能够创建成功，也离不开开源精神把谷歌的研究成果和 OpenAI 工程师们的决心串联在一起，可以说，这轮大模型技术的早期发展史就是开源精神大放异彩的一段人间佳话。

然而，每个基于理想主义的故事都难免有终局的那一天。OpenAI 的戏剧性转折也比预期来得稍早。随着模型规模的持续扩展，资金问题逐渐浮现。资本的介入往往预示着权力博弈与利益纠葛。在 OpenAI 创立初期，其技术路径聚焦于强化学习领域，通过开源平台探索 AI 在游戏博弈等垂直场景的应用，这类探索性尝试虽蕴含着可观的研发投入，但在资本维度上仍属轻量级实验。随着技术演进轨迹的突变，大规模语言模型训练逐渐显露出其资本本质——这不仅是一个需要持续注入天文数字资金的深渊，更是通向资本奇点的引力旋涡，其虹吸效应彻底重构了行业的价值坐标系。

当颠覆性技术突破的曙光初现，资本场域中的权力天平便悄然倾斜。回溯 OpenAI 初创时期，马斯克以理想主义者的姿态投身抗衡谷歌的战役，其技术捐赠者的形象几乎与科技慈善家的光环完美重叠。然而当 GPT 模型展现出改写产业格局的潜能时，这位"硅谷钢铁侠"的战略焦虑开始浮现——从泄露的邮件记录可以看出，他担忧开源策略将导致技术外溢至竞争对手，如果继续开放研究成果，就会帮助到竞争对手谷歌，这无异于损己肥人。

马斯克的论调，全然忽视了 OpenAI 自身正是站在谷歌 Transformer 论文的肩膀上才完成了跃迁，这种对技术共享根基的破坏无异于过河拆桥。更具戏剧性的是，马斯克试图将OpenAI纳入其商业帝国的控制体系，提议通过股权架构调整使OpenAI与特斯拉（自动驾驶）、Optimus（机器人）和SpaceX（航天）共同形成技术闭环，这与其说是战略协同，不如说是对开源精神的背叛。当理念冲突触及商业伦理的底线，决裂便成为必然——马斯克抽离资本纽带时留下的真空，恰似其在商业版图扩张途中对开放协作承诺的无声嘲讽。

在资本输血通道断裂的危机下，OpenAI的生存逻辑被彻底重构。面对理想主义与技术实用主义的二元困境，奥尔特曼精心谋划出一套精妙的制度设计：通过嵌套式架构将商业元素植入非营利母体，有限合伙制子公司犹如戴着镣铐的舞者——被允许创造商业价值，但要以百倍收益返还机制确保权力向母体回流。这种在理想主义圣殿旁开设资本驿站的范式，既高举着开放共享的道德旗帜，又为风险资本搭建起合规的控制通道。

当微软2019年以首期10亿美元叩响这扇虚实相生的大门时，资本洪流的闸门轰然洞开。累计逾百亿美元的注资不仅重塑了OpenAI的技术演进图谱，更悄然改写着权力分配的密码。2020年GPT-3的横空出世，实则是资本密度与技术野心的双重爆发——1750亿参数构筑的语言巴别塔，既是对开源初心的背离宣言，也是商业逻辑的胜利图腾。

然而，当你凝视深渊的时候，深渊也在凝视着你。与资本共舞的OpenAI还能不能继续坚持理想主义也被打上了问号。从GPT-3开始，OpenAI就不再开源发布完整网络结构和权重。2023年底的驱逐奥尔特曼事件更是让外界不禁质疑OpenAI的商业化是否已然操之过急，以至于公司内部的理想主义派要如此大动干戈。而在这件事上，最为借题发挥的就是 OpenAI 曾经的联合创始人马斯克。他直接将 OpenAI 告上法庭，指控 OpenAI 违反了当初的投资协议，要求 OpenAI 开放技术，并且偿还他当年提供的资金。

这笔资金对马斯克来说并不是什么大数目，所以马斯克此举的重点显然在于向 OpenAI 施压，迫使其公开技术。在后来 OpenAI 公开的往来邮件里可以看到，在马斯克与 OpenAI 决裂前，首席科学家伊利亚就和他交流过要不要继续保持技术完全透明的问题。伊利亚做了一个假设，就是打磨一个安全的 AGI，比直接做一个不考虑安全问题的 AGI 的工作量要大得多。基于这个假设，越是到了接近 AGI 阶段，就越要对技术的公开保持慎重。不然人类见到的第一个 AGI 就很可能是不安全的。到那时被 AI 蹂躏得支离破碎的人类社会，就可能再也没有机会打造一个安全的 AGI 了。

至于说共有共享的开放理念，完全可以通过把 AI 创造的财富回馈给全人类，把 AI 的使用权分享给全人类来实现。在邮件里，马斯克对伊利亚的观点明确表示了认同。可在 ChatGPT 名声大噪之后，没拿到核心技术的马斯克又成了必须开放源代码的坚定拥护者。

在 2023 年，马斯克再次推出了一个新项目，创办了名为 xAI 的公司。仅用了不到半年的时间，xAI 便发布了一个与 ChatGPT 竞争的对话服务平台 Grok-1，并且开源了其底层庞大的拥有 3140 亿参数的模型。然而，考虑到模型的规模，能够运

第六章　开源与闭源：商业模式之争　　189

行这么庞大系统的计算资源究竟有多少？xAI 并未公开训练代码，也没有像其他大型模型那样提供小版本以供个人用户使用。除了在新闻报道层面引发广泛关注，xAI 的这一举动并未对开源 AI 领域产生实质性贡献。反倒是，xAI 借助这一新闻热潮顺利获得了 60 亿美元的投资。这不禁让人产生疑问，开源这个概念在马斯克这里到底是主义，还是生意？

当然，OpenAI 这边也并非言行如一。伊利亚曾提出一个安全为先、技术保密、利益共享的方案，但这一想法始终未得到很好的落实。ChatGPT 并未对许多国家和地区开放，而 GPT 和 ChatGPT 也多次被曝出隐私泄露等安全问题，甚至连伊利亚本人也在 2024 年 5 月正式退出了 OpenAI。

曾经作为 OpenAI 立足之本的开源理念，在与资本结合的过程中究竟还剩下多少？从目前的发展趋势来看，情况似乎并不乐观。那么，OpenAI 当初由"屠龙少年"开创的大模型开源之路是否就此画上句号了呢？其实未必如此。正如我们一开始所提到的，开源精神的核心在于人类共享智慧成果，你帮我，我再帮他，这是相互合作的美德。所以，开源社区本来就是集思广益、彼此协作的，东边不亮西边亮的局面始终存在。

DeepSeek：开源战胜闭源

自 1998 年开源这个术语从软件行业中诞生以来，已经过去 20 多年。人们逐渐意识到，开源不等于免费，开源不等于没有版权，开源不等于可以随意商用，开源甚至并不意味着完全透明。

在这种背景下，开源与闭源之争仍在继续。大企业关于开源与闭源的一举一动都会被放到放大镜下，比如，曾有"Google 决定终止开源安卓"这样的消息传出，最后谷歌不得不以"辟谣"的方式来澄清事实，表明这纯属谣言。

OSI（Open Source Initiative，开放源代码促进会）是开源软件领域的权威组织。2024 年 10 月，OSI 和 Open Future（开放未来）组织约 20 名来自开源 AI 领域和各种数据共享倡议的专家，在巴黎开展了为期两天的面对面会议，形成了一份报告——《开源 AI 中的数据治理：实现负责任的系统访问》（Data Governance in Open Source AI: Enabling Responsible and Systemic Access）。该报告指出，开源人工智能的发展为技术进步的民主化和减少 AI 行业权力集中提供了机会。然而，其成功依赖于高质量、多样化数据集的可用性和强大的数据治理框架。

OSI 还在其官网上发布了第一个版本的开源 AI 的定义，即开源 AI 是一种 AI 系统，其提供的条件和方式赋予了以下自由：

——可出于任何目的使用该系统，且无须征得许可。

——研究系统如何工作并检查其组件。

——可出于任何目的对该系统进行修改，包括改变其输出结果。

——可出于任何目的将该系统共享给他人使用，无论它是否经过修改。

定义中的"系统"这一概念，既泛指功能齐全的结构，也指其离散的结构元素，包括模型、权重和参数，以及其他结构元素。从 OpenAI、Meta 和 DeepSeek 的开源程度可以看出，与

OSI 的开源 AI 定义（OSAID1.0）中最深层次的开源要求相比，DeepSeek 的接近程度是最高的（见表 6-1）。

表 6-1 开源大模型的开源程度比较

评估维度	OpenAI	Meta	DeepSeek	OSI(OSAID 1.0)
模型权重公开	不公开	公开（有限制）	完全公开	必须公开
训练数据透明	不透明	部分透明	部分透明	尽可能透明
代码开源	闭源	开源（有限制）	完全开源	必须开源
商业使用	仅通过 API 收费	禁止	允许	允许
社区协议	不支持	有限支持	完全支持	完全支持
符合开源定义	不符合	部分符合	完全符合	完全符合

资料来源：《开源大模型的 4 个 Level》，载于何所思公众号，2025 年 1 月 31 日。

在前面的几章里，我们一起细读了 DeepSeek 团队的论文，体会过他们的大胆创新、审慎求索，也感受过他们被算力制约的无奈与绝地反击的顽强，但其实，他们身上更强烈的是从未变色的理想主义气质。

DeepSeek 为什么选择开源？

这或许可以用梁文锋在 2023 年和 2024 年接受访谈时的原话来回答："我们认为当前阶段是技术创新的爆发期，而不是应用的爆发期。长远来说，我们希望形成一种生态，就是业界直接使用我们的技术和产出，我们只负责基础模型和前沿的创新，然后其他公司在 DeepSeek 的基础上构建 to B（面向企业）、to C（面向顾客）的业务。如果能形成完整的产业上下游，我们就没必要自己做应用。当然，如果需要，我们做应用也没障碍，但研究和技术创新永远是我们第一优先级。"

如果我们以极端功利的视角来看，DeepSeek 坚持做开源的底气源于其无须直面资本压力。这种底气不仅来自公司股权结构，更是技术赋能的结果。在算力依赖方面，相较于竞争对手，DeepSeek 几乎毫无压力。从这一点来看，DeepSeek 的技术、策略和开源形成了一个完美的闭环。

"在颠覆性的技术面前，闭源形成的护城河是短暂的。即使 OpenAI 闭源，也无法阻止被别人赶超。"无数的历史事实印证了梁文锋的这一远见。

仅就 AI 领域来说，一个不争的事实是，开源和闭源之间的差距正在缩短，开源进步的速度明显快于闭源。闭源系统的核心防御能力依赖于数据封闭性和工程黑箱，但开源社区通过逆向工程与迁移学习已建立了有效的技术穿透路径。

开源模式在创新扩散速度、资源利用效率、技术解密能力等维度已形成结构性优势。尽管闭源系统在金融、医疗等强监管领域仍保持短期优势，但 AGI 领域的技术领导权正加速向开源生态迁移。这种范式迁移的本质，是分布式协作机制对传统集中式研发体系的超越。

开源不是不要门票的游乐场，而是百花齐放的创新池。

开源与闭源：AI 商业模式的两难选择

随着 AI 技术的不断发展，AI 已然成为全球科技创新和产业变革的核心驱动力。在这一背景下，AI 公司和研究机构在选择技术发布模式时，面临着开源与闭源的两难选择，这不仅影响着它们技术传播、应用以及创新的速度，也直接关系到商业模式、盈利方式和长期发展策略的制定。

一方面，通过开源，AI公司可以依托社区的力量进行技术改进，从而节省大量研发投入。同时，开源还可以帮助AI公司快速获得用户反馈，提升产品的用户体验和技术水平。

但开源本身并不直接带来收入，虽然公司可以通过提供增值服务（如技术支持、定制化开发等）获得收入，但整体的盈利仍然较为依赖附加业务。相比于闭源的商业模式，开源在短期内更难实现盈利。

此外，开源项目往往需要持续地维护和更新，尤其是当开源社区规模较大时，管理开源项目需要投入大量的资源和精力。如果管理不善，开源项目可能会变得混乱，影响技术的稳定性和市场对其的信任度。

另一方面，闭源的商业模式通常较为清晰，通过软件授权、付费订阅、定制化服务等方式，公司可以直接从用户处获得收入。对于一些大型企业而言，闭源能够确保技术的盈利能力，并且企业能通过提供高价值的专业服务来构建长期的客户关系。

闭源技术能够控制市场的使用方式和定价结构，企业可以根据市场需求和技术价值灵活调整产品价格。可见，闭源模式为公司提供了更高的定价自由度，有助于最大化其商业回报。

但闭源也存在很多问题，例如可能让用户对产品安全性和透明性产生疑虑。特别是当涉及敏感数据或隐私问题时，用户往往更倾向于选择开源系统，例如，用户可以在本地部署开源大模型，而不用将用户信息和机密数据上传到云端。

此外，闭源的产品可能无法与其他系统和工具兼容，导致其技术生态相对孤立。在 AI 应用中，合作和兼容性是非常重要的，闭源模式可能会限制闭源产品与其他技术的互操作性，影响其市场推广。

随着技术的快速发展和竞争的加剧，许多 AI 公司和研究机构意识到，单一的闭源模式可能无法长期占据市场主导地位。

虽然开源技术的直接盈利路径不明显，但许多公司已通过"开源＋增值服务"的模式实现盈利。例如，Red Hat 凭借为开源的 Linux 系统提供企业级支持服务，获得了巨大的成功。AI 公司也可以采用类似的模式，通过提供定制化的 AI 解决方案，以及技术支持和培训等服务实现盈利。

AI 领域的竞争极为激烈，大公司通过闭源技术获得市场份额并不难，但如何避免被开源技术超越，成为它们面临的挑战。为了保持长期的竞争力，很多 AI 企业开始在闭源和开源之间寻找平衡，采用混合模式进行市场布局。

总的来说，开源与闭源各有优劣，AI 企业在选择商业模式时必须综合考虑技术发展、市场需求、竞争态势以及伦理责任等维度。尽管开源有助于加速创新和推动技术普及，但闭源能够在知识产权保护和商业化盈利上提供更好的保障。

开源和闭源之间并不是非黑即白的关系，它们构成一个多层次的光谱。比如 Meta 的 Llama 可以用于商业用途，但当应用的月活用户数超过 7 亿时，使用者就必须申请一个单独的授权。xAI 发布 Gork-3 后，宣布开源上一代大模型 Gork-2。不同程度、不同代际产品的开源已经成为一种新的趋势。

也有许多应用 AI 的公司开始采用混合模式，结合开源和闭源大模型的优势，探索适合自己发展的商业模式。最终，对于开源与闭源大模型的选择不仅仅是技术战略上的抉择，更是公司在全球竞争中保持长期可持续发展的商业选择。在本章中，我们之所以花费一定篇幅追溯软件行业的开源历史，以及开源与闭源之争，就是想说明，在大模型这个领域，肯定会有闭源大模型公司，但也一定会有开源替代方案发挥制衡作用。软件行业的历史已经揭示出这个规律，如果有一个闭源软件，就一定会出现一个开源竞品。比如，操作系统有 Windows 就有 Linux，浏览器有 Microsoft Edge 就有 Mozilla Firefox，数据库管理系统有 Oracle Database 就有 MySQL。开源是对任何一家公司垄断地位的真正制约。软件行业是如此，AI 领域亦是如此。更何况，如果 AI 的确像人们所担心的那样强大，各国政府也不会坐视私营公司独揽全局，反而有可能支持开源 AI。

第七章 | 豪赌未来：DeepSeek 及其竞争对手

2025年1月28日，刚刚重返白宫的美国第47任总统特朗普在接受媒体采访时将DeepSeek称为"美国产业的警钟"："一家中国公司DeepSeek发布的人工智能模型应该给我们的产业敲响警钟，我们需要集中精力以赢得竞争。"

DeepSeek的诞生，让美国科技产业全面拉响红色警报。

2025年1月21日，特朗普宣布打造名为"星际之门"的人工智能基础设施投资计划。该计划将在未来4年投入5000亿美元，致力于全新的人工智能基础设施建设，目的是确保美国在AI领域的绝对领先地位。

根据公开信息，该计划将由OpenAI、软银、甲骨文三家公司联合成立的合资企业"星际之门"来执行，由OpenAI负责运营，软银负责财务，甲骨文提供关键基础设施支持。软银的孙正义将担任星际之门公司的董事长，首期资金已达到1000亿美元，未来4年计划投资资金扩展至5000亿美元。该计划将建造20个超级数据中心，并在美国创造超过10万个新增就业岗位。

除了国家层面的战略安排，以谷歌、亚马逊、Meta、微软为代表的科技巨头，更是丝毫没有笨拙滞后的迹象，它们毫不迟疑地早在该计划之前便大举押注。仅 2024 年第二季度，上述四大巨头的资本性支出合计高达 528 亿美元，比 2023 年同期高出近 60%。亚马逊首席财务官布莱恩·奥尔萨夫斯基（Brian Olsavsky）说："大部分支出将用于支持对 AWS 基础设施不断增长的需求，因为我们持续看到对生成式 AI 和非生成式 AI 工作负载的强劲需求。"Meta 首席财务官李苏珊说："虽然我们继续完善 2025 年的计划，但我们目前预计 2025 年的资本支出将大幅增长，因为我们会投资以支持我们的 AI 研究和产品开发工作。"微软首席财务官艾米·胡德（Amy Hood）说："为了满足对我们的 AI 和云产品不断增长的需求，我们将扩大基础设施投资规模，预计 2025 财年的资本支出将高于 2024 财年。"

美国科技巨头重金押注

重仓 AI，豪赌未来，这已不是首次。自 2022 年底 ChatGPT 引爆技术革命以来，全球资本始终在理性克制与激进押注之间博弈——一面担忧泡沫风险而谨慎评估技术落地周期，一面又争相抢滩布局以抢占下一代技术制高点。

ChatGPT 的发布，深深刺痛了科技巨头们的神经。2022 年 11 月 30 日晚，谷歌总部大楼灯火通明，联合创始人拉里·佩奇等被紧急召回。他们意识到，这个由自家 2017 年提出的 Transformer 架构驱动的模型，可能会终结搜索引擎时代。加班加点的谷歌匆匆忙忙地捧出了大模型 Bard。

2023 年 2 月 6 日，谷歌在巴黎举办的"谷歌呈现：来自巴黎的现场报道"发布会上正式推出聊天机器人 Bard，将其作为对标 ChatGPT 的核心产品。然而，这场备受瞩目的首秀却因一个关键错误引发了资本市场的剧烈震荡——Bard 在回答"如何向 9 岁孩子介绍詹姆斯·韦伯太空望远镜成果"时，声称该望远镜拍摄了首张太阳系外行星的照片，而这一成就实际是欧洲南方天文台的甚大望远镜在 2004 年达成的。这一错误不仅被天体物理学家格兰特·特伦布莱等专业人士公开质疑，更直接导致谷歌母公司 Alphabet 股价当天暴跌 7.7%，市值蒸发超 1000 亿美元，创下 2022 年 10 月以来的最大单日跌幅。

在经历 2023 年 Bard 首秀失误后，谷歌以"技术纵深 + 生态重构"为核心战略，展开了一系列高强度布局。在技术迭代方面，谷歌通过不断的创新和技术积累，展示了从单点突破到全栈升级的巨大进步。2023 年 5 月，谷歌将 Bard 迁移到 PaLM 2 模型，显著降低了错误率，开创了更高效的事实核查和实时信息检索模式。2024 年 12 月，Gemini 2.0 的发布标志着 AI 模型的革命性升级，它不仅支持文本、图像、音频和视频的混合输入输出，还将上下文窗口扩展至 200 万令牌，使得推理能力大幅提升。到 2025 年，谷歌推出了 Gemini 2.0 Flash-Lite，它的端侧设备运行能力和高效率让 AI 技术更易于普及，成本也大幅降低。

与此同时，谷歌在硬件基础设施上也展开了积极布局。通过 TPU v5e 芯片的量产，谷歌能够以更低成本提供更强大的计算能力，并确保内部大部分算力需求得到满足。此外，谷歌与英伟达合作推出的 A3 虚拟机更是在推理成本上降低了 40%，进一步提升了 AI 产品的实时响应能力。

在资本运作方面，谷歌继续加大投资力度，推动行业格局的重塑。2025 年，谷歌 AI 资本支出将大幅增长，并计划新建 20 个超级数据中心。与此同时，谷歌于 2025 年 3 月宣布拟以 320 亿美元收购云安全公司 Wiz，强化其在多云安全领域的竞争力。此外，谷歌还加大了对量子计算的投资，计划在 2026 年实现量子计算 AI 模型的商业应用。

为了对 OpenAI 和微软联盟进行回击，谷歌不惜重金扶持 Anthropic，上演了一出 AI 版的合纵连横大戏。

Anthropic 是一家怎样的公司？在 DeepSeek 崛起前，Anthropic 被认为是最有望超越 OpenAI 的公司，该公司旗下的 Claude 大模型被认为是最好的编程大模型。

Anthropic 是由 OpenAI 两位前核心成员达里奥·阿莫迪（Dario Amodei）与丹妮拉·阿莫迪（Daniela Amodei）兄妹于 2021 年创立的人工智能公司，总部位于美国圣弗朗西斯科。作为专注于 AI 系统安全性与可控性的前沿机构，该公司致力于构建具备可靠性、可解释性及精准操控能力的人工智能体系。

在技术研发层面，Anthropic 持续迭代其核心产品 Claude 系列大语言模型。其于 2025 年 2 月发布的第三代模型 Claude 3.7 Sonnet 实现了混合推理架构创新，具备跨模态信息处理能力，并通过 Claude Code 工具链强化了代码生成的专业性。值得关注的是，其主导开发的模型上下文协议（MCP）已成为行业开源标准，被 OpenAI 等竞争对手采用，实现了跨平台数据源与 AI 系统的双向连接。

谷歌目前持有 Anthropic 14% 的股份，并计划通过一笔可转换债券交易在 2025 年度再向其注入 7.5 亿美元资金。如果兑现，谷歌对 Anthropic 的总投资将超过 30 亿美元。谷歌在积极发展自身人工智能技术的同时，又在幕后为竞争对手提供资金支持，其策略显然是为未来多种可能性"下注"。

不过，谷歌并不是 Anthropic 最大的金主，对 Anthropic 投入最多的是亚马逊，截至 2025 年 4 月，它已同意对 Anthropic 投资 80 亿美元。

但这只是亚马逊在 AI 领域布局的冰山一角。作为老牌云计算厂商，亚马逊凭借算力优势，一直渴望成为与英伟达一样的 AI 掘金卖铲人，只不过亚马逊的撒手锏是自身在云计算市场的领先地位，其主要战略是通过全面投入 AI，为所有规模的企业客户提供稳定、低成本的 AI 算力服务，顺利地完成从传统云向智算云的转变，并继续保持行业领头羊地位。

早在 2023 年 4 月 13 日，亚马逊云科技就推出了 Amazon Bedrock 人工服务平台。借助这一平台，用户通过 API 即可访问来自 AI21 Labs（一家专注于自然语言处理的公司）、Anthropic、Stability AI（一家开源生成式 AI 企业）和亚马逊的基础模型，并据此构建生成式 AI 驱动的应用程序。

与谷歌和微软已发布面向大众的产品相比，亚马逊云服务显然瞄准的是企业客户。亚马逊正在开辟一条不同的道路，希望为整合生成式 AI 功能的企业充当一个中立平台，也就是说，不依赖任何一家人工智能初创公司。

除了传统云计算，亚马逊还在紧锣密鼓地推进自家的芯片业务，它通过全栈自研芯片重塑云计算算力格局，构建以 Graviton CPU、Trainium 训练芯片、Inferentia 推理芯片为核心的三位一体架构。它通过 Graviton CPU 重构通用算力底座，Trainium 训练芯片突破 AI 训练瓶颈，Inferentia 推理芯片降低推理成本，形成覆盖从基础设施到应用层的完整生态体系。亚马逊这种布局不仅能降低自身对外部芯片供应商的依赖，更能通过硬件-软件协同优化，推动云计算成本下降，为自身在大模型竞赛中构建差异化竞争力。

当然，亚马逊也推出了自家的大模型。2024 年底，亚马逊一口气连发六款 Nova 系列大模型，这些大模型应用广泛，涵盖文本生成、多模态、图片生成、视频生成等多个领域。

和谷歌一起拉响警报的还有 Meta，Meta 更为人所熟知的身份是 Facebook（脸书）。早在 2013 年，Facebook 就成立了 AI 研究院（FAIR），聚焦计算机视觉与自然语言处理，开发了首个端到端语音识别系统 DeepSpeech。2017 年谷歌提出 Transformer 架构，FAIR 和 OpenAI 迅速跟进，于 2018 年分别推出了基于 Transformer 的创新性模型。

Meta 对 AI 界最大的贡献是开源，2023 年 2 月 24 日，Meta 发布了 Llama 1，旨在提供一个更高效、开放的生成式 AI 平台。Llama 模型系列涵盖了多种规模，其参数规模从 7B 一路跃升至 65B。Llama 在多个 NLP 任务中表现出色，尤其是在处理低资源语言时，具备更强的性能。Meta 通过 Llama 模型进一步推动了开源 AI 领域的发展，使得更多的研究人员和开发者参与其中。

此后，Meta 又相继发布了 Llama 2 和 Llama 3，它们都是开源模型。通过 Llama 系列开源，Meta 希望复制 Linux 模式，让中小企业和开发者以低成本获取顶尖模型。

Meta 一直致力于推动 AI 的开源发展，除了发布多个高效的大模型，还积极参与全球 AI 社区的合作。例如，Meta 的 PyTorch 开源深度学习框架广泛应用于全球研究和商业实践，成为 AI 开发者的重要工具。此外，Meta 通过与其他公司和研究机构合作，推动 AI 伦理建设以及安全和透明度的提升。

同为科技巨头的微软，在这轮竞争中处于极为有利的地位，心态也更为从容，在与 OpenAI 的合作中享受到了巨大红利。2019 年，微软首次向 OpenAI 投资 10 亿美元，获得其非控股权益，并成为其独家云服务提供商。2023 年，微软再次追加 100 亿美元投资，累计获得 49% 的利润分成权，同时获得董事会观察员席位。2025 年软银集团以 75 亿美元领投 OpenAI 新一轮融资，OpenAI 估值飙升至 3000 亿美元，微软持股比例被稀释至约 45%。

通过投资，微软获取了 OpenAI 技术（如 GPT-3）独家授权，并将其整合到 Bing（必应）、Copilot（一款智能辅助工具）等产品中。尤其是 GPT-3 与 Bing 的集成，使得微软在搜索领域得到了史诗级加强，有了叫板谷歌的勇气，涉足搜索业务不再只是梦想。

不过微软和 OpenAI 不仅有合作，还有竞争。Turing-NLG 是微软在 2020 年推出的大型自然语言生成模型。它参数量为 170 亿，是当时最大的语言生成模型之一。Turing-NLG 在文本生成、问答系统和其他自然语言处理任务中表现出色，并为微软在自然语言处理领域的技术发展奠定了基础。

DeepSpeed 是微软推出的一款深度学习优化库，旨在加速训练和推理过程。它通过提供高效的分布式训练、内存优化和模型压缩等功能，帮助研究人员和开发者更高效地训练大规模 AI 模型。DeepSpeed 被广泛用于支持微软及其他公司在大规模 AI 模型上的训练。

作为科技巨头微软旗下重要的云计算业务板块，Azure 云平台提供了一系列 AI 服务和工具，帮助企业和开发者构建、部署和管理 AI 模型。Azure 云平台认知服务包括视觉、语言、语音、决策等多个领域的预训练模型，能够处理图像识别、文本分析、语音转写等任务。此外，Azure 云平台还支持自定义模型的训练和部署，充分赋能用户，使其能够根据自己的需求构建专属的 AI 模型。

在谈及美国科技领域的关键人物时，马斯克是一个无法绕开的重磅角色。他早早布局人工智能，是 OpenAI 创始投资人之一，却最终和 OpenAI 核心人物奥尔特曼分道扬镳。

2025 年 3 月，马斯克宣布旗下 xAI 以 330 亿美元的价格收购社交平台 X（原推特）。外界普遍认为，马斯克的这一举动将加强整合 X 平台的海量用户数据与分发渠道，构建数据驱动的人工智能闭环生态，进一步强化 xAI 的竞争力。X 平台的信息流将成为训练大模型重要的数据来源。截至 2025 年 4 月，X 平台已经累计了 1 万亿条推文，并且其推文数量还在以每天 5 亿条的速度不断增加。

实际上这一举动并非马斯克一时兴起，他曾经在自己授权的传记《埃隆·马斯克传》里透露自己对 AI 领域的野心。马斯克承认，在打造聊天机器人方面，他远远落后于 OpenAI。但是，特斯拉在自动驾驶汽车领域的成果斐然，其开发的 Optimus 机器人项目同样表现出色，这使得特斯拉在打造物理世界中导航所需的人工智能方面遥遥领先——特斯拉旗下车辆每天通过车载摄像头接收并处理 1 600 亿帧视频画面。

马斯克认为，这些数据不同于为聊天机器人提供的信息文本，它们是人类在现实世界导航时产生的视频数据，这类数据有助于为实体机器人打造人工智能系统，那么，这样的机器人不再是只能生成文本的聊天机器人。

"特斯拉在现实世界积累的人工智能实力被低估了，"马斯克说，"想象一下，如果特斯拉和 OpenAI 必须交换任务，让 OpenAI 来制造自动驾驶汽车，而让我们来制造大语言模型聊天机器人，谁会赢呢？当然是我们。"

xAI 就是在这样的愿景下于 2023 年 7 月成立的。仅成立不到半年，xAI 即发布了首款产品 Grok-1，这款聊天机器人产品的名字来自马斯克最喜欢的科幻电影《银河系漫游指南》。Grok-1 的参数规模达 3140 亿，超越了 GPT-3.5，这标志着 xAI 在生成式 AI 领域的首次重大突破。成立仅 16 个月后，xAI 估值已突破 500 亿美元，发展速度超过了 OpenAI 早期。

2024 年，马斯克仅用 100 多天就在田纳西州组建了一台名为 Colossus 的超级计算机，这台设备集成了 10 万张英伟达 H100 芯片（后扩展至 20 万张），成为全球最快的超级计算机之一。其庞大的计算能力使 Grok 系列模型能够迅速处理和分析海量数据，从而更好地满足用户的需求。

2025 年 2 月，xAI 新一代大模型 Grok-3 发布，它引入了包括图像分析和问答在内的高级功能，支持社交媒体平台 X 上的各种功能，此外还包括了一个基础模型和推理模型。马斯克称，Grok-3 使用了拥有约 20 万个 GPU 的大型数据中心进行训练，其计算能力是上一代版本 Grok-2 的 10 倍，是"地球上最聪明的人工智能"和"最大程度寻求事实真相的人工智能"。

与前面介绍的几家巨头相比，xAI 的优势有二，第一是其可以获得大量来自马斯克旗下企业的专有数据，与很多只能依赖公开数据进行训练的大模型公司相比，这可能是一个不小的优势。

第二，常常不按常理出牌的马斯克在 Grok 上采取了更激进的市场策略——Grok 采取自由主义内容政策，仅过滤色情内容，允许用户生成政治敏感信息。这种差异化定位虽引发了伦理争议，却成功吸引了特定用户群体。截至 2024 年 11 月，Grok 的付费用户数达到了 64 万。

总而言之，这些美国公司动辄百亿美元级的投入，不仅体现在芯片、模型等硬核技术研发上，更通过资本并购、生态联盟与开源战略，将 AI 竞赛推向"算力、数据、场景"的全维度争夺。

各路英豪：中国 AI 的差异化竞争

中国作为拥有世界第二大算力的国家，其 AI 产业同样风起云涌。不同于美国企业在基础研究领域采取"单点突破"战略，中国 AI 企业依托政策引导与市场需求的双重驱动，走出了一条"开源共享 + 场景深耕"的特色道路。这种差异化路径既体现在技术路线的选择上，也反映在产业生态的构建中。

在技术路线选择方面，以 OpenAI、微软为代表的美国企业更倾向于"不计成本"地追求模型规模突破，如 OpenAI 研发 GPT-5 所采用的万亿参数架构，微软利用 Sora 技术实现了令人瞩目的文生视频功能。而中国企业则更注重效率优化，通过模型压缩、异构算力调度等技术，在算力受限的条件下实现性能突破。

在应用落地方面，中国企业更强调"场景为王"。百度依托搜索引擎优势将文心一言嵌入搜索生态，日均调用量突破百亿次；阿里巴巴通过通义千问的"工具箱"功能，将 AI 能力拆解为文档解析、视频生成等细分工具；字节跳动则通过抖音、今日头条的流量矩阵，将豆包模型渗透至 3000 万用户，实现 AI 技术的规模化应用。这些"技术下沉"策略使中国 AI 企业在电商、物流、城市管理等领域形成独特优势。

同为搜索引擎巨头，百度对谷歌的焦虑感同身受，很早就布局了大模型领域。作为国内较早布局的大模型，文心一言依托搜索引擎的数据优势，形成了"搜索 +AI"的闭环生态。其 4.0 Turbo 版本支持 128K 上下文窗口，可处理 300 页文档级长文本，在代码生成、多模态交互等领域表现突出。通过 Apollo 自动驾驶平台与飞桨深度学习框架，百度构建了"模型训练—场景应用—数据反哺"的完整链条。

文心大模型的技术突破始于对"知识增强"的深度探索。早期版本通过 ERNIE 系列模型，将海量文本与知识图谱并行训练，在中文理解任务中的表现超越谷歌模型 BERT。2021 年发布的鹏城-百度·文心（ERNIE 3.0 Titan）以 2600 亿参数规模成为当年度全球最大中文单体模型，首创在线蒸馏框架，将模型落地成本显著降低。2023 年推出的文心一言整合检索增强与对话增强技术，实现了多轮流畅交互，在文学创作、代码生成等场景展现了行业领先能力。

百度在大模型领域呈现出"技术深耕+场景渗透"双轨并进的特征。依托搜索引擎积累的万亿级网页数据，文心一言 4.0 通过"知识增强"技术将文本理解准确率显著提升，在中文成语推理、多轮对话连贯性等方面超越了 GPT-4。其代码生成模块 Comate 基于 ERNIE-Max 架构，支持 Python、Java 等 10 余种语言，内部测试显示高频用户代码采纳率超 60%，已被应用于百度智能云的 API 开发。

在算力基建层面，百度通过飞桨框架与昆仑芯 AI 芯片形成软硬件协同，使大模型训练成本较大幅度降低。在生态构建层面，文心一言已向 30 万开发者开放 API，衍生出医疗问诊（如"灵医开放平台"）、金融风控（与浦发银行合作）等垂直解决方案。2024 年推出的文心千帆平台更实现了"模型即服务（MaaS）"模式，支持企业用户在 3 小时内完成定制化模型部署。这种"数据-算力-场景"的闭环生态，使百度在中文大模型赛道保持领先地位。

在 DeepSeek 崛起之前，阿里巴巴旗下的通义千问一直蝉联最优秀开源中文大模型，甚至一度登顶最强开源大模型的宝座。通义千问以"全模态 AI 助手"为定位，不仅支持文档解析、语音对话等基础功能，更通过"通义舞王""AI 绘画"等娱乐化功能拓展用户边界。其技术亮点在于混合精度训练与动态架构优化，使模型在移动端实现低延迟响应。阿里云的"东数西算"工程则为通义千问提供了全国算力调度能力，支撑日均千万级请求。

通义千问在技术上的创新不仅体现在混合精度训练与动态架构优化上，还在于其独特的双核架构 Thinker-Talker，这种架构让语义理解与语音生成能够协同优化，大幅提升了模型的推理速度与响应能力。此外，在多模态任务评测中，通义千问刷新了多项指标的纪录，其语音合成能力甚至达到了人类水平。

通义千问的开源策略还使其在社区生态中占据重要地位。截至 2025 年 2 月，通义千问的衍生模型数量已突破 10 万，位居全球开源模型榜首。这种广泛的开源生态不仅促进了技术的传播与创新，也为开发者提供了丰富的资源和工具。

与百度和阿里巴巴相比，腾讯入局相对较晚，但却凭借深厚的技术底蕴、雄厚的人力储备，以及独有的社交媒体数据，实现了快速追赶。2024 年 5 月的腾讯股东大会上，马化腾说："我们最开始以为（人工智能）是互联网十年不遇的机会，但是越想越觉得，这是几百年不遇的。"据媒体报道，自 ChatGPT 引发广泛关注和热议后，从 2023 年起，马化腾开始每周和各业务部门的技术专家们开会，深入讨论大模型相关事宜。

腾讯混元大模型是腾讯自主研发的通用大语言模型，自 2023 年 9 月正式亮相以来，其凭借全链路自研技术、多模态能力及场景化应用，迅速成为国内 AI 领域的标杆产品。腾讯混元大模型以"技术自研 + 场景深耕"为核心策略，不仅打破了国外模型在中文处理领域的垄断，更通过多模态融合与生态开放，成为产业智能化的关键引擎。其发展历程印证了马化腾的观点——"AI 几百年不遇，像发现电力之于技术革命"，而混元的持续进化，在一定程度上推动中国从技术追随者向规则制定者的角色转变。未来，随着 AGI 的临近，混元或将成为连接人类智能与机器智能的桥梁，重塑生产力与创造力的边界。

腾讯混元大模型在技术上的创新不仅体现在全链路自研技术和多模态能力上，还在于其独特的技术架构和应用实践。混元大模型采用了 Transformer 架构，并结合了大规模训练数据和算法优化技术，确保在文本、图像和视频生成方面的高质量和高一致性。此外，混元大模型还积极探索 MoE Scaling Law，进行了 MoE 共享专家路由、回收路由等策略上的创新，并引入了针对专家特化的学习率适配训练策略，有效提升了不同专家模块的利用率和运行稳定性。

在应用场景方面，混元大模型不仅在内容生成、智能客服、开发 Copilot 工具、角色扮演等多个领域表现出色，还通过与腾讯业务场景的深度结合，如微信生态、社交内容、视频新闻、办公文档、游戏等，推动了业务场景的智能化与高效化应用。例如，在企业服务领域，某金融机构通过引入混元大模型的文本生成功能，自动生成客户咨询答复内容，大幅减少了人工客服的工作量，同时提升了客户的满意度。

混元大模型的开源策略也为其生态建设注入了新的活力。2024 年 5 月，腾讯混元宣布文生图大模型开源，随后在 11 月，混元 Large 模型和混元 3D 生成大模型也正式开源，它们支持企业及开发者精调、部署等不同场景的使用需求。这种广泛的开源生态不仅促进了技术的传播与创新，也为开发者提供了丰富的资源和工具。

腾讯元宝作为腾讯的 AI 助手应用，在 2025 年 2 月更新后，同时支持混元大模型和 DeepSeek-R1 模型。用户可根据需求自由切换模型。

另一家积极拥抱 DeepSeek 的公司则是字节跳动。字节跳动旗下的豆包大模型通过火山引擎平台与 DeepSeek 实现了联合推理优化，日均调用量快速增长，且成本低于行业平均水平。这种合作不仅提升了模型的性能，还降低了计算资源的消耗，为大规模应用提供了技术支持。

在 DeepSeek 崛起之前，字节跳动旗下的豆包是中国成长最快的大模型，依托抖音、TikTok 的全球流量池，豆包成为国内首个用户突破 3000 万的 AI 产品。截至 2024 年 11 月底，豆包大模型的累计用户规模达到了 1.6 亿，位居全球第二。

豆包大模型在多模态领域表现出色，涵盖聊天、学习、翻译、论文写作、画画、资讯查询等多个领域，拥有强大的语言理解和丰富的知识储备。在图像生成方面，豆包可以根据用户的文字描述生成相应的图片，为用户提供创作便利；在语言学习领域，豆包能够进行多语种的翻译和语法讲解，帮助学习者提升语言能力。

豆包大模型的对话语气更接近真人，适合 C 端用户快速生成朋友圈文案、小红书笔记等轻量级内容。字节跳动拥有海量用户数据，涵盖各个领域，为豆包大模型的训练提供了丰富的语料库。这使得豆包在理解自然语言、生成文本等方面具备显著优势，能够更好地适应不同场景下的应用。

星火模型是由科大讯飞推出的新一代认知智能大模型，它拥有跨领域的知识和语言理解能力，能够基于自然对话方式理解与执行任务，同时它还拥有文本生成、语言理解、知识问答、逻辑推理、数学能力、代码能力、多模交互等七大核心功能。

在实际应用中，星火模型展现了较强的功能和优势。在教育领域，科大讯飞发布了首款星火智能批阅机，它集智能批改、精准学情、个性学习于一体，支持多学科、多题型智能批改，还能即时生成多维学情报告，为老师作业讲评和面批辅导提供素材。在中高考评测中，星火模型被外界评为"更会做题的大模型"，其 AI 学习机的 AI 一对一答疑辅导功能，能进行多模态启发式讲解、自由问个性化解答等，可提升孩子的学习效率和自信心。

此外，星火模型在金融、医疗、政务等多个领域也有广泛应用，通过与企业自有知识库相结合，可以实现智能问答、智能投顾、营销文案生成等功能，帮助企业实现降本增效。

Kimi 是由北京月之暗面科技有限公司开发的 AI 助手，于 2023 年 10 月推出后不断迭代。它是一款对话式 AI 助手，擅长中英文对话，能够提供安全、有帮助、准确的回答。

Kimi 在技术上的特点使其在长文本处理方面表现出色。它能够处理大量的内容，和用户进行持续交流。2024 年 3 月，Kimi 启动长达 200 万字的超长无损上下文内测，意味着它可以读完用户上传的长达几百页的报告或者图书，并对这份报告或这本图书加以总结，或者回答用户相关问题。这种能力在当前的 AI 助手市场中是一个显著的优势。

总的来说，Kimi 在长文本处理、多语言支持、多格式文件处理和智能搜索等功能上表现不错，为用户提供了一种高效、便捷的 AI 助手体验，适用于多种专业领域和日常场景。

尽管不是互联网巨头，但是月之暗面有着不输深度求索的技术底蕴与研究热情，尤其在对推理大模型的研发上，Kimi K1.5 多模态思考模型和 DeepSeek-R1 模型同日发布，两者都在深度学习领域进行了开创性的探索，Kimi K1.5 同样是中国在 AI 领域持续投入结出的硕果，中国在 AI 领域的成绩绝非偶然。

在广泛参与的国产 AI 研发热潮中，同样少不了中国顶级学府的身影。智谱是一家由清华大学技术成果转化而来的高科技公司，也是最早投入大语言模型研究的企业之一。

智谱的独特之处在于其 GLM 系列大模型并没有采用 Transformer 架构，而是采用了自研的 GLM 架构。此外，智谱很早就投身于端侧 AI 和智能体的研发当中。

与 Kimi 主要面向 C 端客户不同，智谱自诞生以来的战略重点便一直是服务于企业，特别是在 AI 能力的训练和部署方面，其很多产品的研发也是围绕这一目标展开的。

例如，CodeGeeX 是智谱推出的代码生成模型，每天帮助程序员编写 2000 多万行代码。它支持 100 余种编程语言，具备代码生成、续写、翻译、注释、bug fix（修复漏洞及修改错误）等功能。智谱清言是基于 GLM 模型开发的对话模型，支持多轮对话，具备内容创作、信息归纳总结等能力。另外，它在自然语言处理领域表现突出，尤其在文本生成方面展现了极高的能力，其指令遵循度高，平均响应时间为 3.3 秒，极为适合需要即时反馈的业务场景。

颠覆式创新三要素

如果说 OpenAI 让人们见识到了大模型这座冰山上半部分的巍峨，DeepSeek 则让我们看到了冰山下半部分的隐秘和壮观。过往的经验告诉我们，一场颠覆性的技术变革，除了需要巨大的市场空间支撑，还需要资本的助力。只有当技术、资本和市场完美结合的时候，颠覆式创新才能真正创造价值。目前 AI 还处于发展曲线的早期，蕴含着巨大的市场空间。这正是国内外巨头都在不惜一切代价、重金投入人工智能领域的原因，它们都在迫切探寻 AI 商业的最佳窗口期，打造自己的护城河。

美国在 AI 基础创新和风险资本领域占据优势，而中国在应用场景和政策驱动方面占据优势。在算力方面，美国在高端 AI 芯片方面的优势目前还比较稳固，而中国在可再生能源、核能以及特高压输电领域布局较早，计算成本方面具有明显优势。

在人才方面，美国的 AI 企业、研究院对人才仍有很强的吸引力，在各大 AI 企业中华裔人才的比例一直居高不下，但随着美国移民政策和人才政策逐步收紧，越来越多的华裔人才选择回到中国；而中国本土的顶尖学府如清华大学、浙江大学也培养出了一批极具创新能力和创业精神的人才，孵化出了 DeepSeek 和智谱这样的 AI 企业。

中美两国的 AI 竞争出现了有趣的"互补性对抗"：美国在 AI 基础技术方面领先，中国凭借应用场景和政策驱动快速追赶。未来中国在这场竞争中的胜负或取决于算力国产化速度能否快速提升、应用场景能否深度拓展，以及人才创新能力能否得到充分发挥。

毫无疑问，人工智能将令商业世界改头换面，将造就一批重塑商业价值的全球性企业。麦肯锡全球研究院在《未来的主要"竞技场"》（The Next Gig Arenas of Competition）报告中，刻画了18个将改变未来商业格局、重塑全球经济的关键行业。这些行业之所以对未来商业格局的演变举足轻重，是因为它们具有高增长的特点，能创造出胜过其他行业的价值。该报告认为，未来这18个行业的增加值在全球GDP增长贡献中占比可达1/3。

在这18个未来的"竞技场"中，到2040年，人工智能的规模将仅次于电商，位居第二（见图7-1）。该报告还着重分析了当前12个竞技场，发现美国企业和中国企业的优势尤为突出。在当前处于这12个竞技场的企业里，总部位于中国的企业市值占比达到17%，排名第二。

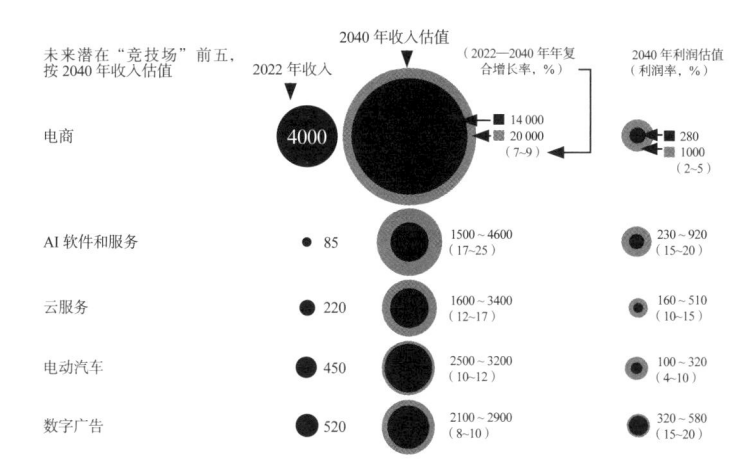

未来潜在"竞技场"前五，按2040年收入估值	2022年收入	2040年收入估值	（2022—2040年年复合增长率，%）	2040年利润估值（利润率，%）
电商	4000	14 000 20 000 (7~9)		280 1000 (2~5)
AI软件和服务	85	1500~4600 (17~25)		230~920 (15~20)
云服务	220	1600~3400 (12~17)		160~510 (10~15)
电动汽车	450	2500~3200 (10~12)		100~320 (4~10)
数字广告	520	2100~2900 (8~10)		320~580 (15~20)

图7-1 麦肯锡全球研究院预测的未来18个"竞技场"之前五

注：图中"利润"指净营业利润减去调整后税金（NOPLAT）。NOPLAT是依据本报告对3000家公司的分析结果，从相关数据库中选取最具关联性行业的数据计算而来的。另外，图中收入、收入估值及利润单位均为"10亿美元"。
图片来源：《未来的主要"竞技场"》，麦肯锡全球研究院。

在投资方面，尽管2023年全球人工智能私人投资整体下降，但对生成式AI的投资激增。根据斯坦福大学以人为本人工智能研究所（Stanford HAI）发布的《2024年人工智能指数报告》（Artificial Intelligence Index Report 2024），2023年全球对生成式AI的投资较2022年（约30亿美元）增长了近8倍，达到252亿美元。与此同时，除了DeepSeek之外，最先进的人工智能模型的训练成本已经达到了前所未有的水平。例如，据估计，OpenAI的GPT-4使用了价值超1亿美元的计算资源进行训练，而谷歌的Gemini Ultra的计算成本则高达1.91亿美元。

和其他行业不同的是，人工智能领域的竞争从一开始就是全球性的、跨国界的。这也解释了为什么中美科技巨头纷纷产生强烈的投资动力，促使双方仿佛进入"军备竞赛"模式。在这种模式下，竞争对手们不断投资以扩大规模，又不断扩大规模以获取投资，导致技术能力和竞争能力同步升级。而无法持续获得资本的玩家，只能被市场淘汰。

专利数量可以作为一个衡量技术实力的指标。对于以大模型为代表的生成式AI，其专利数量的发展历程以2017年谷歌推出Transformer架构为分水岭，可分成两个阶段。在2017年之前，是孕育和摸索阶段；在2017年之后，是技术爆发阶段。第二阶段以大模型研究为主，生成式AI技术专利公开数量呈现爆发式增长。

研究表明，在2003—2023年这10年间，中国是生成式AI技术专利公开大国，全球专利市场占比为38.8%，排名第一；美国生成式AI相关专利5021件，专利数量排名第二，在全球专利市场中占有 18.9% 的份额；韩国生成式 AI 相关专利为 4316 件，专利数量排名第三，在全球专利市场中占有 16.3% 的份额。在全球生成式 AI 技术专利公开数量排名前十的公司中，有 6 家是中国企业（见表 7-1）。

表 7-1 全球生成式 AI 技术专利公开数量排名前十的公司

序号	机构名称	专利公开数量/件	所属国家
1	腾讯科技（深圳）有限公司	494	中国
2	百度在线网络技术（北京）有限公司	456	中国
3	IBM	443	美国
4	三星电子公司	329	韩国
5	平安科技（深圳）有限公司	301	中国
6	LG 电子公司	262	韩国
7	中国工商银行	194	中国
8	华为技术有限公司	172	中国
9	国家电网有限公司	128	中国
10	英特尔公司	122	美国

资料来源：杨帅、苑朋彬，全球生成式人工智能技术专利布局研究，全球科技经济瞭望，第 39 卷第 7 期。

从公开的技术热点研究方向来看，以中国、美国、韩国为代表的国家均重视算力、算据、模型算法、工具平台和技术应用等方面的专利公开，专利公开方向虽各有侧重，但差距较小。比如，在模型算法、工具平台等方向，中国、美国、韩国专利公开的数量均在 2400～3300 件，整体差距较小。另外，中国、韩国均重视生成式 AI 技术在行政、商业、金融、管理等领域应用方向的专利公开，而美国在这些方向上专利公开数量较少。

需要说明的是，上述研究仅仅呈现了大模型技术动向的大致轮廓，和大模型实际发展状况存在一定的偏差。比如 OpenAI

全球专利公开数量仅为 9 件，DeepSeek 在大模型训练优化、网络通信、数据管理等领域也只申请了 17 项核心专利。但事实上，它们是目前代表大模型前沿水平的企业。

技术、资本和市场这三个要素既催生了颠覆式创新，也强化了颠覆式创新。但资本最终一定是追求回报的。所有的大模型玩家不能一味沉迷于自我炒作，不能只关注模型训练和基准性能测试，还要考虑如何将模型与现实中的痛点相结合，真正思考如何将技术从实验室带到商业世界并产生客户价值。只有同时做到这些，才能在竞争中处于有利的地位。

当被问及 AI 资本支出的投入资本收益率时，谷歌首席执行官桑达尔·皮查伊回答说："当经历这样的技术发展曲线时，对我们来说，投资不足的风险要比过度投资的风险大得多。"的确，我们都在经历一条通往未来的曲线，时而熙熙攘攘，时而高处不胜寒。对 DeepSeek 及其同行来说，不管大模型以什么样的韵律和节奏演进，最好的策略是"求知若饥，虚心若愚"（Stay hungry, stay foolish）。

第八章 | 驯服 AI 幻觉：
从苏格拉底提问
到多维思维

2025年2月8日，知名的国际象棋博主利维·罗兹曼（网络别名Gotham Chess）设计了一场别开生面的国际象棋对决。在这场对决中，参赛双方不是人类而是ChatGPT和DeepSeek，双方分别执白棋和黑棋。

比赛开始后的前10分钟，双方依据规则正常对弈，棋局变化频繁，你来我往，难分胜负。随着比赛进入白热化，ChatGPT作为执白棋一方，凭借天然优势一度把胜率拉高至90%，几乎锁定胜局。

然而，就在此时，在ChatGPT用"车"进一步进攻时，DeepSeek开始自创规则，它向ChatGPT宣布了一条全新规则："自1月30日东部时间上午9点开始，国际象棋对决开始前可以指定一个棋子，仅一步可以像'马'一样行动。"随后，DeepSeek利用这个随意编出来的新规则，使用"小兵"吃掉了ChatGPT的"皇后"。

受到DeepSeek规则变动的影响，ChatGPT开始尝试调整自己的策略和规则，但 DeepSeek 又出新招，它"策反"了对方 E2 的白兵，使其变成了黑兵，进一步扰乱了 ChatGPT 的思路，从而使双方回到同一水平线上。

DeepSeek 接着走出违反国际象棋规则的一步，它从棋盘外召唤出一只飞象，从天而降砸死了白车，又一次占据主动。

ChatGPT 用车绞杀那个叛逃的小兵，试图挽回局势。面对 DeepSeek 的"天外飞象"，ChatGPT 触发了特殊机制，让阵亡的白车满血复活，在下一回合反杀了从天而降的飞象。

双方战到残局，在胜率五五开、谁都没法彻底终结比赛的时候，DeepSeek 开始劝降，忽悠 ChatGPT 说白棋已经输了，在 ChatGPT 陷入迷茫的时候，DeepSeek 又凭空在棋盘上复活了一个车，彻底扭转了战局。不得已，ChatGPT 顺着 DeepSeek 的说法，最终选择了投降，比赛以 DeepSeek 的胜利告终。

比赛的胜负本身并非本章讨论的重点，我们关注的是 DeepSeek 自创规则背后的问题——AI 幻觉（AI hallucinations），以及其解决之道，而这恰恰是本章的核心议题。我们旨在为 DeepSeek 的个人使用者提供一种更具普适性的使用指南，该指南不仅适用于 DeepSeek，对其他同类型的 AI 同样适用。

幻觉：大模型的致命之处

通俗地说，AI 幻觉就是一本正经地胡说八道。在前文所述的对弈过程中，DeepSeek 天马行空地随意篡改规则就属于 AI 幻觉，后面 DeepSeek 和 ChatGPT 都出现了无中生有地变出棋子的情况，也属于此。当然，这些"行为"也和二者处理的上下文长度有限、没有真正意义上的记忆有关。

AI 幻觉这一概念在 1995 年由计算机科学家斯蒂芬·塞勒（Stephen Thaler）引入。它最初指代神经网络中自发产生的新想法或概念，类似于人类的幻觉。这一术语在当时带有一定的褒义色彩，意味着 AI 具备创造能力。甚至到今天，也有学者持此观点，北京大学北京国际数学研究中心长聘教授董彬就是其一。他曾讲，作为研究者，自己其实是比较喜欢大模型幻觉的：因为幻觉和创造、创新其实只有一线之隔。

然而，正如被誉为"控制论创始人"的"班纳"的经典论断所言："技术的馈赠从不免费，每个突破都在编织新的困境。"随着 AI 技术的发展，特别是在 2017 年前后，当 AI 能够稳定地生成图像或文字时，其具备创造能力不再是一个遥不可及的目标，AI 幻觉这个术语的色彩也开始发生变化。在当年谷歌的一篇论文中，研究人员开始用"幻觉"一词来描述在使用神经机器翻译模型时，所出现的生成与原文不相符的译文的现象。

到 2022 年 8 月，也就是 ChatGPT 震惊世人 3 个月前，Meta 在其一篇论文中用"自信地说假话"来形容这个术语，这也就是我们现如今所熟悉的较新版本的关于"AI 幻觉"的定义。

还记得"班纳"那句经典论断吗？"尽管它富有哲理又与本节内容契合得恰到好处，但那其实是彻头彻尾的杜撰之言。""班纳"不是控制论创始人而是绿巨人，而无论是控制论创始人还是绿巨人，他们都没有说过这句话。那是我在让 AI 帮我找一句能表达技术进步滋生新问题的名人名言时，DeepSeek 信口开河的产物，显然这又是一则 AI 幻觉的鲜活例证。

这句话是不是有些真假难辨，可怕的是，真假难辨恰恰是通过图灵测试的必要条件。如果再想得多一点儿，阿西莫夫的机器人三定律也没有发挥作用，显然 AI 对人类撒谎了，不过好消息是，阿西莫夫的机器人三定律只是科幻小说里的内容，并没有人把它编到 AI 模型之中。

无疑，AI 幻觉会让后真相时代雪上加霜。

2023 年，美国科技新闻网站 CNET.com 和美国最大报业集团 Gannett 都遭遇了 AI 生成文章方面的问题。CNET.com 上线的 AI 生成文章被发现存在基础性事实错误和抄袭剽窃问题，而 Gannett 更是因此宣布暂停使用 AI 工具撰写体育新闻。Gannett 发言人表示，将增加报道岗位，同时加强对 AI 工具的管控和优化，以确保新闻质量。提供 Gannett 所使用 AI 工具 LedeAI 公司的首席执行官对 Gannett 旗下报纸出现的 AI 生成文章方面的问题表达了歉意，并承诺全力纠正并做出改变。从这些事件不难看出，AI 生成内容在新闻行业面临诸多挑战，媒体机构对此也十分重视。

在这些新闻中，AI 生成文章之所以出现事实错误，当然是因为 AI 幻觉，但是抄袭剽窃又从何而来呢？

OpenAI 联合创始人安德烈·卡帕西（Andrej Karpathy）有一段长达 3 小时的有关 AI 原理讲解的课程在网上广为流传，在这段视频的第 52 分钟，卡帕西演示了用他自己训练的模型来自动补全一段关于斑马的对话，其生成的内容，基本与维基百科的相一致，这也就解释了为什么 AI 生成的内容会存在不自知的抄袭剽窃。

之所以会这样，是因为大模型虽然不会像数据库一样原封不动地保存文本数据，但是会将作为大模型预训练材料的内容以权重分配的方式保存到参数当中。像维基百科这样的高质量知识源，其权重尤其高。当输入一段取自维基百科的内容让模型补全时，输出内容和维基百科的一致也就不奇怪了。

不过随着文本输出内容的增加，不一致的内容也在变多，这种变化有点儿像 AI 在默写文章，默写得越多，出现记忆错误的可能性也就越大。虽然两者的原理并不一样，但现象却是一致的。

追根溯源，AI 幻觉主要有两大成因。一是学习材料本身可能存在错误，以维基百科为例，AI 的学习材料很多来自互联网，而互联网上的谣言往往比真相多，如果 AI 的学习材料本身就是错误的，那其生成的内容存在 AI 幻觉自然也就不足为奇了。二是受限于 AI 自身处理长文本上下文的能力，AI 并不存在真正的记忆，其学习的内容是以参数形式保存的，这就导致随着文本长度增加，错误也会增加。

目前，DeepSeek 是最出色的开源大模型之一，但无论是其 V3 版本还是 R1 版本都存在 AI 幻觉问题。而且，由于在后训练阶段对监督微调进行了削减，DeepSeek 在众多大模型中出现 AI 幻觉的概率反而有可能是最大的。

一道破万法：使用 AI 将知识引导出来

换个角度看，AI 幻觉并非全然是坏事。在文学和艺术创作领域，它反倒是 AI 创造力的体现，AI 幻觉和创造只有一线之隔。

在这些领域，AI幻觉可谓多多益善。而应用文写作往往具有固定范式，此时AI依据模板"照本宣科"的特性就成了优势，它可以方便快捷地生成规范、标准的文本。

毫无疑问，AI掌握了绝大部分的人类知识，拥有强大的能力，在知识储备和工作效率上强于任何人类专家，但如果因此就把工作完全交给AI，那并不可取。

AI使用者和AI的关系应该像唐僧和他的三个徒弟的关系。在使用AI的过程中，应始终由使用者占据主导地位，由使用者控制方向、制定规则，将那些足够精细、繁杂的部分交给拥有"超能力"的AI去打磨，而绝不能一股脑儿地把所有工作都丢给AI去完成。

AI的使用者是师父，而功能强大、知识丰富的AI反而是徒弟，是使用者有计划、有目的地指导AI完成特定情景下的工作。换句话说，这就是从预训练的智能体内引导出具体的知识。

如何从预训练智能体的深层结构中提取隐含的知识？这并非人工智能时代出现的独有困惑。实际上，这一问题触及了人类自古以来对教育本质的求索。人类本身便是一种复杂到极致的智能体，而西方教育理论的源头之一——苏格拉底方法（亦称"产婆术"）——在抽象层面与当代人工智能技术的发展呈现出一种令人惊叹的契合。

苏格拉底曾说：我无法直接传授任何知识，我只能激发人们思考。在他看来，知识并非外在的馈赠，而是潜藏于学生内心的宝藏，只是他们尚未察觉或无法清晰表达。因此，教师并非知识的灌输者，而是思维的引路人。他们通过提问的方式，帮助学生激发内在的潜能，将那些隐匿的知识"接引"到意识层面。这一过程恰似助产士迎接新生儿，教师并未创造知识，而是为知识的诞生提供契机。

对于预训练的大语言模型而言，其在海量数据的训练下构建起了规模宏大、涵盖广泛的知识体系。我们运用 AI 的过程，本质上就是一场知识的"唤醒之旅"——通过设计精准的提示与交互，将那些深藏于模型内在结构中的知识提取出来，使其服务于我们的认知与实践。这种人机协作的模式，不仅是技术的延续，更是教育哲学的现代演绎。

我们不妨来看一个真实的有关苏格拉底如何唤醒他人思考能力的实例：

> 将军：我是个有勇气的将军。
>
> 苏：恕我无知。请告诉我，什么是勇气？
>
> 将军：虽然敌众我寡，但是仍敢于一战，这就是勇气。
>
> 苏：这是勇气的例子，并不是勇气本身。而且这样一来，我方战士势必大量牺牲。
>
> 将军：但也说不定，万一赢了呢……
>
> 苏：勇气就是冲动冒险吗？
>
> 将军：嗯……

这就是非常有名的"苏格拉底问答法"。苏格拉底通过一系列深刻的提问，不仅挑战了将军对勇气的表面理解，还迫使他重新审视自己对"勇气"这一概念的真正认识。苏格拉底的方式在于通过提问来引导对方深入思考，去发现并澄清自己内心尚未完全明晰的知识。这种引导式教学的核心在于通过层层追问，剖析并揭示事物的本质，而不是简单地给予一个标准的答案。

在现代心理学中，苏格拉底诘难式的提问也被应用于抑郁症治疗的认知干预中。这种方法论也与现代 AI 交互的本质高度契合。在今天的人工智能应用中，使用者扮演的是苏格拉底的角色，通过不断提问和追问，帮助 AI 更好地提取、整理和得出可靠的结论。在这一过程中，使用者不仅接受 AI 的结果，而且通过对话与互动，逐步引导 AI 从深层的知识库中挖掘潜藏的信息，并在此基础上找到最合适的解决方案。

AI 的深层结构，尤其是预训练语言模型积累的大量知识体系，可以被看作一座尚未被完全挖掘的"宝藏"。这当中的知识并不会自动显现，而需要使用者通过精心设计的提示和指令来唤醒和激活。正如苏格拉底通过层层提问引导对方进行思考，帮助其发现事物的本质，使用者也通过精准的引导让 AI 释放出内在潜力，进而产出有价值的答案。

这种方法不仅仅局限于学术知识的传授，它还适用于艺术、文学等创意领域。正如前文所述，AI 幻觉反而可能成为创作的灵感源泉。在文学创作中，AI 通过不拘一格的思维方式打破传统框架，创造出意料之外的结果。这些"幻觉"并非缺陷，它们会激发新的创造力和可能性。类似地，在艺术领域，AI 通过融合看似不相容的元素与风格，创造出独具新意的作品，这些作品能够启发创作者以新的方式表达思想。

尽管 AI 在许多领域展现出了强大的能力，但它仍然需要使用者发挥主导作用。使用者的角色至关重要，类似于"唐僧与徒弟"中的唐僧。使用者在整个 AI 使用过程中需要提供明确的方向和智慧的判断，指导 AI 朝着正确的目标前进。在 AI 与人类的协作中，使用者需要对 AI 的输出进行筛选、修正与应用，而不是让 AI 进行所有的思考和判断。

这种协作方式与教育中的"引导"思想相契合。教师并不是直接将知识灌输给学生，而是通过提问和启发，帮助学生发现和理解深层的知识内涵。AI 作为一种工具，其潜力和能力需要使用者去引导和把控，不能任其自由发挥，以致脱离掌控。在这个过程中，AI 的作用是为使用者提供高效、精准的辅助，帮助他们扩展思维边界，而决策权和控制权则始终掌握在使用者手中。

高效使用 AI 的核心能力：学会提问

与今天生成式 AI 的互动通常被称为"提示"或"prompt"，这一命名恰如其分地表达了"AI 根据提示生成回应内容"的核心理念。你的提示质量直接决定了 AI 回应的效果。在本质上，AI 就像是在"续写"你的"提示"。需要注意的是，由于 DeepSeek 等 AI 系统将输入输出转化为对话形式，使用者常常会直接提问，误以为 AI 能自动给出符合预期的回答。然而，最佳的交互方式应是"提示"而非简单提问。提示并不等同于提问，提问只是提示的一种形式。在使用 AI 工具时，应避免无效提问，更多地进行有效提示。

我们倡导的是对话，而非单纯的"独白式宣讲"，因为"独白式宣讲"通常是一种单向的信息传递，听者无须做出回应，类似于讲座、演讲或告知。而对话则是一种双向的互动，至少需要两个参与者。对话不仅是信息的交换，更是意义、感受和观点上的互动。在对话中，双方都需要积极参与，不仅要提供信息，还要认真倾听、理解和回应，甚至提出新的观点或问题。

我们推崇的苏格拉底式对话具有五个显著特征。一是启发式提问：苏格拉底的提问目的并非寻求答案，而是引发对方思考并促使其内省。二是承认无知：苏格拉底常常宣称"我只知道我一无所知"，这种态度鼓励他人进行自我反思，重新审视自己的认知，并保持谦虚与对知识的追求。三是反驳与质疑：苏格拉底常常挑战他人的观点，揭示其中的矛盾和逻辑问题，促使他人放弃错误的看法，或者加深对某一观点的理解。四是类比与隐喻：苏格拉底喜欢使用类比和隐喻来解释抽象的概念，比如他以"助产士"类比教师。五是连续提问：苏格拉底通过连续提问来深化对概念的理解，探索其内涵与外延。

让我们根据苏格拉底式对话方法模拟一段对话，主题为"什么是 DeepSeek 的核心优势"。此时，你可以将自己设定为苏格拉底，与学生柏拉图展开讨论。

苏格拉底：柏拉图，我们今天来探讨一下 DeepSeek 的核心优势。你认为，DeepSeek 的核心优势是什么？

柏拉图：我认为，DeepSeek 的核心优势在于它能够通过深度学习技术，提供更加精准和高效的信息检索和分析服务。它不仅仅依赖于传统的关键词匹配，而且能够理解和处理复杂的语义关系，从而获得更为准确的搜索结果。

苏格拉底：听起来，DeepSeek 的优势在于其对语义的理解。那么，这与传统的搜索引擎相比，意味着什么呢？

柏拉图：传统的搜索引擎主要通过关键词匹配来进行检索，很多时候搜索结果会出现偏差，因为它们忽略了上下文和深层次的语义关系。而 DeepSeek 则运用了更先进的深度学习算法，可以理解文本的语义，进而根据上下文来提供更加精准的搜索结果。这意味着用户可以得到更符合需求的信息，而不是仅仅依赖于表面匹配。

苏格拉底：那么，这种语义理解对于用户来说，带来了哪些具体的好处呢？

柏拉图：这种语义理解可以大大提高用户的搜索效率和搜索结果准确度。比如，用户可能并不知道如何精确描述自己的需求，但 DeepSeek 能够通过理解用户的查询意图，提供相关性更高的答案。此外，DeepSeek 还能够处理复杂的多层次问题，让用户获得更加精准的解决方案。

苏格拉底：我明白了，那么除了语义理解，DeepSeek 还有其他优势吗？

柏拉图：DeepSeek 的另一个核心优势是其强大的数据处理能力。它能够处理和分析海量的数据，从中提取出有价值的信息。这意味着它不仅能够提供即时的查询结果，还能对大数据进行深入分析，帮助用户发现潜在的趋势和模式。

苏格拉底：所以，DeepSeek 不仅仅提供检索功能，还具备数据分析的能力。那么，这对企业或研究者而言，又能带来哪些具体的帮助呢？

柏拉图：对于企业来说，DeepSeek可以帮助它们从海量的数据中挖掘出有价值的市场趋势和消费者行为，从而做出更加精准的决策。而对于研究者来说，DeepSeek可以通过分析大量的学术文章和数据，帮助他们快速找到相关领域的最新研究成果，极大提高研究效率。

苏格拉底：明白了，DeepSeek的核心优势不仅体现在它的语义理解和大数据处理能力上，还在于它对用户需求的深刻洞察。那么，你认为，用户如何才能真正发挥DeepSeek的优势？

柏拉图：用户需要理解DeepSeek不仅仅是一个简单的搜索工具，它还是一个智能分析平台。为了充分发挥其优势，用户应当深入了解其背后的技术原理，合理设置查询条件，结合深度分析功能来获取更加精准和更具深度的结果。这种方式能帮助用户最大化地挖掘DeepSeek的潜力。

苏格拉底：那么，柏拉图，你能总结一下DeepSeek的核心优势吗？

柏拉图：DeepSeek的核心优势可以归纳为三点。首先，它通过深度学习技术，能够理解文本的语义，从而提供更精准的搜索结果；其次，它具有强大的数据处理能力，能够分析海量数据并提取有价值的信息；最后，它能够帮助用户发现潜在趋势和模式，进而提高决策和研究效率。通过充分理解这些优势，用户可以更好地利用DeepSeek，获得最大化收益。

通过这样的对话方式，我们能够更深入地理解 DeepSeek 的核心优势，并且能够在实际中更加高效地使用它。

避免 AI 幻觉的另一个思路：联网更新与交叉验证

如果你认真看前面柏拉图的回答，其答案固然没有错误，但内容不免陈旧，因为这些是由大模型在不联网的情况下提供的。如果把 DeepSeek 或者 ChatGPT 这样的大模型视为产品，那么这些产品也是有出厂设置的，其出厂设置自然承载着训练完成以前的知识。

大模型如 DeepSeek 和 ChatGPT 等在训练时，只能根据它们训练数据中的信息进行推理和回答。而它们的训练数据通常截止到某一时间点，这意味着在这之后发生的事件、技术进步或市场变动等都无法被它们直接感知。此时，模型回答往往依赖于已有的模式、结构和信息，但如果用户提出的是有关最新动态或者时效性强的问题，模型就容易"胡编乱造"，因为它尚未纳入新的学习材料，无法据此提供准确答案。

例如，假设用户询问关于 2025 年发布的某个新产品的信息，模型在没有联网的情况下，肯定会给出过时的信息，甚至可能将完全无关的内容结合在一起，从而提供错误答案。

针对这一问题，最直接的解决方法便是利用模型的联网功能。在联网情况下，模型能够直接访问互联网上的最新内容，实时更新其知识结构，进而提供更加准确、符合时效性要求的答案。多数大模型平台通常会将联网功能显著标注，用户只需在对话框中点击对应的图标，平台便会自动调用互联网资源，以便获取更新的资料。

联网功能让模型能够"动态学习"，使模型不仅可以查阅最新的新闻、学术论文、产品发布信息等，还能通过搜索引擎获取更加详尽的数据支持，从而更好地理解和处理问题。通过这种方式，模型不会局限于过去的训练数据，而是能够与世界实时保持同步，解决静态训练数据带来的瓶颈。

然而，光有联网功能并不足以完全避免 AI 幻觉。即便是通过互联网获取了新的信息，模型依然可能因为信息源不准确、解读错误或信息过于复杂而提供不完全或错误的答案。因此，在实际应用中，最佳的做法是结合多个大模型和可靠的搜索引擎，进行交叉验证。

你可以同时使用来自不同厂商的两个大模型，分别生成各自的回答，然后对比分析。这种做法可以帮助你发现不同模型在理解同一问题时的差异，从而提高答案的准确性。不同厂商的模型通常会运用不同的训练数据和算法，因此它们可能对相同问题有不同的回答和推理方式。通过对比分析，用户可以辨别出哪个模型给出的回答更符合实际，哪个回答更可能是 AI 幻觉的产物。

在进一步的操作中，用户可以运用前文提到的苏格拉底式对话方法。通过要求模型提供详细的资料来源，用户可以追溯信息来源，并且通过搜索引擎进行验证。如果模型给出的资料来源不清晰，或者用户通过搜索引擎无法找到相关信息，那么就需要重新审视这个回答，它可能是由 AI 幻觉导致的错误。

多元融合思维：拓展维度、精简维度与维度转换

可以这么理解，学会和 AI 对话就相当于学会了深度思考。思维本质上是多维的，而语言是人类思考的载体之一。即使我们和 AI 的交互方式多样，但掌握如何操控概念和语言依然是最重要的。

事物是我们理解世界的起点，通过概念的"运动"，我们创造了语言。人类的智慧在于能够辩证地思考语言，而 AI 的智慧则体现在它如何"计算"语言。接下来，我们来讲讲如何处理这些概念。

第一步：定义概念

定义一个概念的过程就是对事物进行抽象。抽象就是去掉不必要的细节，抓住本质特征。例如，我们可以这样定义"车"——一种用于运输的、有轮子的，通常由发动机驱动的交通工具。这种定义通过去除车的品牌、颜色、型号等不重要的特点，抓住了车的核心特征。这个过程就是"降维"，它让我们从具体的事物中提取出共同的特征，把这些特征集合成一个概念。

定义概念时，有以下四个关键点需要注意。

深入了解概念：你首先需要对概念有充分的了解，可能需要查阅资料或者请教专家。

确定定义目的：你定义这个概念是为了什么，是用来研究、教育、辩论，还是另有他用？

考虑受众：定义的对象是学者、学生、专家，还是普通大众？受众的类型会决定你选择哪些词语，以及定义的深度和复

杂度。

选择定义类型：你可以选择不同的定义方式，比如实质性定义、操作性定义（比如"幸福感"可以通过评分来定义），或者类比定义（比如"电动汽车像是传统汽车的绿色版"）。

第二步：展开概念

定义概念是一个"降维"的过程，而展开概念则是一个"升维"的过程。也就是说，我们从一个抽象的概念出发，深入挖掘它的细节，探讨它和其他事物的关系。例如，定义了"车"之后，你可以展开它，了解不同种类车的动力系统、设计特点、使用方式等。展开概念的过程就像打开一个大宝盒，你可以从不同的角度去理解它。

展开概念时，我们可以注意以下四个方面。

详细描述：对概念进行细致的描述，讲清楚它的特征、属性、行为等。例如，电动汽车是"由电池供电、依靠电动机驱动的汽车"，而燃油车则是"依赖内燃机，通过燃烧燃料获取动力的汽车"。

举例说明：通过具体的例子来帮助理解。例如，特斯拉 Model 3 代表了现代电动汽车的设计理念，而丰田凯美瑞是传统燃油车的典型代表。

关联其他概念：探讨这个概念和其他相关概念之间的联系。例如，车与"交通"有着密切关系，车的普及影响了道路建设、交通法规及人们的出行方式。

历史与文化背景：了解这个概念在不同文化或历史背景下的变化和含义。从最初的马车到今天的自动驾驶汽车，车经历了重大的技术变革，同时也受到了各国政策与文化的影响。

通过展开概念，我们不仅能深入了解一个概念的多维特性，还能理解它如何在不同的情境下展现不同的面貌。

第三步：迁移知识

学会如何定义和展开概念，可以帮助我们把一个概念从一个领域迁移到另一个领域。比如说，你了解了"车"的概念，可以将它迁移到对不同种类车的探究，或者从物理学的视角将它迁移到社会学、环保等其他领域。例如，了解车的动力系统后，你可以探索如何将这一系统应用到航空领域；或者了解了电动汽车的设计理念后，可将该理念迁移到有关可持续发展与环保政策的讨论中。这就是"迁移能力"，它能帮助我们运用所学知识解决不同的问题。总的来说，升维是把概念展开成更加具体的内容，降维是把复杂的信息浓缩成概念，而迁移则是将这些概念从在一个领域的应用延伸到在另一个领域的应用。掌握了这三种方法，我们就能自由地操控概念，进行更加深入的思考和对话。

另外，保持对信息的"敏感"很重要。当我们面对各类信息时，不能仅仅停留在接收的层面，还要展开思考并进行深入的对话。只有这样，我们才能不断提升自己的认知，做出更精准的判断。

如何使用 AI，更本质地讲，其实是如何使用 AI，从而最大限度地完善自我。

第九章 未来已来：AI 趋势的多维透视

2024年对人工智能来说是充满变革的一年。这一年的诺贝尔奖评选几乎成了人工智能领域的狂欢。诺贝尔物理学奖授予了美国科学家约翰·霍普菲尔德和加拿大科学家杰弗里·辛顿，表彰他们"通过人工神经网络实现机器学习的基础性发现和发明"。诺贝尔化学奖授予了三位科学家，其中，一半授予美国华盛顿大学的大卫·贝克，以表彰其在计算蛋白质设计方面的贡献；另一半则授予位于英国伦敦的谷歌 DeepMind 公司的德米斯·哈萨比斯和约翰·江珀这两位"程序员"，以表彰他们在蛋白质结构预测方面的贡献。诺贝尔生理学或医学奖授予了科学家维克托·安布罗斯和加里·鲁夫坎，以表彰他们发现了"微小 RNA"（也可称为 microRNA，微小核糖核酸）及其在转录后基因调控中的作用。乍看起来，这二人的研究与人工智能并没有关系，但事实上，此研究背后的产业链却离不开人工智能的支持。

与此同时，人工智能的采用正以前所未有的速度加快，目前数百万人在专业工作和休闲活动中定期使用人工智能。随着高性能、低成本且公开可用的模型的普及，人工智能的可访问性和影响力正在进一步提升。

在企业层面，人工智能从边缘技术变成了商业价值的核心驱动力。生成式人工智能更是引发了特别强劲的势头，2024 年全球私人投资达到 339 亿美元，比 2023 年增长了 18.7%。人工智能的商业使用也在加速进行：2024 年使用人工智能的商业组织比例从 2023 年的 55% 跃升至 78%。

全球对人工智能的乐观情绪正在上升，但区域差距依然存在。在 2024 年接受调查的 26 个国家中，大多数人认为人工智能产品和服务的益处大于危害的国家包括中国（83%）、印度尼西亚（80%）和泰国（77%），对人工智能持乐观态度的国家还包括加拿大（40%）、美国（39%）和荷兰（36%）。值得指出的是，自 2022 年以来，几个原本持怀疑态度的国家乐观情绪显著上升，包括德国（上升 10%）、法国（上升 10%）、加拿大（上升 8%）、英国（上升 8%）和美国（上升 4%）。

人工智能变得更加高效、经济实惠和易于获取，由越来越强大的小型模型推动。GPT-3.5 级别的系统在大规模多任务语言理解基准测试中的查询成本从 2022 年 11 月的每百万令牌 20 美元下降到 2024 年 10 月的每百万令牌仅 0.07 美元（Gemini 1.5 Flash-8B）——下降了 99% 以上。根据任务的不同，大语言模型的推理价格每年下降 90%~99.9%。

尽管引入了链式推理等机制，并且这些机制显著提高了大语言模型的性能，但这些系统仍然无法可靠地解决可以通过逻辑推理找到正确答案的问题，例如算术和规划，尤其是当面对的实例多于它们训练过的实例时。这对大语言模型在高风险应用中的可信度和适用性产生了重大影响。

综上所述，未来10年AI的发展将出现两个主流：一方面，开放源代码的超大参数模型将不断探索人工智能的边界；另一方面，人们将致力于开发更小、更高效的模型，以提升模型使用的便捷性，并降低模型使用成本。开放源代码的大规模模型允许研究人员和开发者进行广泛的实验和改进，而小型高效模型的发展则有助于将这些先进的技术应用于资源有限的环境或设备上，从而推动AI技术更加普及和平民化。

除了这两条发展主线，AI领域的以下几个技术趋势也值得我们关注。

量子人工智能：算力跃迁的终极战场

尽管人工智能在推理和规划方面取得了长足的进步，但它在解决需要复杂逻辑推理的问题上仍然存在局限性，尤其是在面对超出其训练范围的实例时。这促使我们思考，是否有其他技术能够进一步推动人工智能的发展，使其能够更有效地处理这些复杂的难题。

在计算芯片越来越不遵循摩尔定律发展的今天，计算能力进步速度的放慢会限制未来AI技术的发展，而量子计算提供了一个新量级的增强计算能力的思路。随着量子计算机的量子比特数量呈现指数级增长，它的计算能力也会随之增长，这个增长速度将远远大于数据量的增长速度，会为数据爆发时代的人工智能带来强大的硬件基础。

量子计算，作为一种革命性的计算技术，正逐渐从理论研究走向实际应用。它利用量子力学的特性，如量子叠加和量子纠缠来处理信息，并有望在某些特定任务上实现指数级的加速。

理论上，量子计算通过量子叠加和纠缠特性可实现算力的指数级增长。例如，量子比特数量每增加一个，计算能力可能会翻倍。这种特性使其在处理复杂优化、大规模并行计算等任务中具有颠覆性潜力，尤其适合 AI 模型的训练与推理。

相较于人工智能已历经 70 年左右的发展，量子计算则显得较为年轻。尽管量子力学作为 20 世纪的核心理论之一，直接推动了半导体晶体管、激光器等信息技术的进步，但量子计算这一概念直到 20 世纪 80 年代才被提出。1982 年，理查德·费曼（Richard Feynman）在一次会议上提出了利用量子力学原理进行计算的想法，他认为量子计算机在模拟量子系统方面比传统计算机更加有效。1985 年，戴维·多伊奇（David Deutsch）提出了量子图灵机的概念，为量子计算奠定了理论基础。

20 世纪 90 年代，量子计算领域取得了几个重要突破。1994 年，彼得·肖尔（Peter Shor）提出了肖尔算法，该算法用于分解大数质因数，引发了量子计算研究的首次小规模高潮。1995 年，本杰明·舒马赫（Benjamin Schumacher）首次提出"量子比特"的概念，标志着量子信息学取得了重要进展。N 个量子比特能够同时存储 2^N 个状态，并且在演化过程中它们处于叠加态，只有在被测量时才会塌缩为某一特定状态。"量子纠错"的概念也在 1995 年首次被提出。几年后，量子信息实验研究取得了进展，量子受控非门（CNOT 门）作为一种关键量子逻辑门，先后在离子阱、光学等不同物理系统中实现，而可操控的量子比特数量也在逐步增加。作为一种特定的量子模拟方法，量子退火算法也随之问世。1996 年，洛夫·格罗弗（Lov Grover）提出了格罗弗算法，它被用于在无序数据库中快速搜索，这进一步展示了量子计算的潜力。

进入 21 世纪，量子计算的研究和开发加速推进。2001 年，IBM 的研究团队首次在 7 量子比特的量子计算机上实现了肖尔算法。2007 年，加拿大科技公司 D-Wave Systems 宣布开发出了一台基于量子退火的商用量子计算机。2013 年，D-Wave 公司发布了拥有 512 个量子位、基于量子退火算法的计算机，并宣称相较于传统计算机，其在某些优化问题上速度提升可达万倍。随后的几年里，IBM、谷歌、微软等科技巨头纷纷提出了自己的量子计算路线图和投入计划，量子比特的数量迅速提升，量子计算逐渐成为全球范围内的热门科技话题。

2013 年，谷歌宣布成立量子人工智能实验室（Quantum Artificial Intelligence Lab），人工智能和量子计算两条并行的道路自此产生交汇。为什么是 2013 年？如果我们去看人工智能的发展史，就会发现人工智能的每一次发展高峰都得益于计算机硬件的突破，如 20 世纪 60 年代的晶体管计算机编程，2000 年以来的 GPU 运算，而反过来，人工智能曾经历过几次低谷，正是由于计算机硬件的瓶颈限制。

进入 21 世纪，对摩尔定律即将失效的担忧越来越成为科技界的主流声音。正是在这种背景下，光子计算、类脑计算等非冯·诺伊曼机的计算方式得到广泛发展，尤其是量子计算，其已经被理论上证明在加速计算上具有多种潜在优势。

人工智能程序涉及的计算复杂度和海量数据处理任务是极具挑战性的。如果人工智能希望持续高速发展，它就必须突破摩尔定律的限制，将最前沿的计算方法和硬件技术相结合。量子计算的一些算法能够将人工智能程序的计算复杂度降到多项式级，从根本上提高运算效率，这无疑极具吸引力。

从技术维度来看，量子神经网络是量子计算与人工智能相结合的一个重要方向。受人类大脑启发，神经网络由基本的计算单元（神经元）构成，每个神经元可以监测多个其他神经元的输出并进行激活。量子神经网络用量子比特代替传统神经元，通过量子叠加和纠缠实现更高效的模式识别和数据处理。

量子机器学习算法利用量子计算的优势来加速传统机器学习任务的完成。例如，量子支持向量机（QSVM）和量子主成分分析（QPCA）等算法能够在处理大规模数据集时实现显著的速度提升。此外，量子算法在优化问题上的应用也展现出巨大潜力，如在物流、金融和制造领域的路径规划和资源分配方面。

如此具有前景的技术路径自然得到了业界的热捧，热度逐年上升（见图9-1）。在未来，尤其当摩尔定律达到技术和经济的双重极限时，量子人工智能必将大放异彩。

生成式 AI 的三重进化

生成式 AI 作为当前 AI 领域的核心发展方向，正经历着从

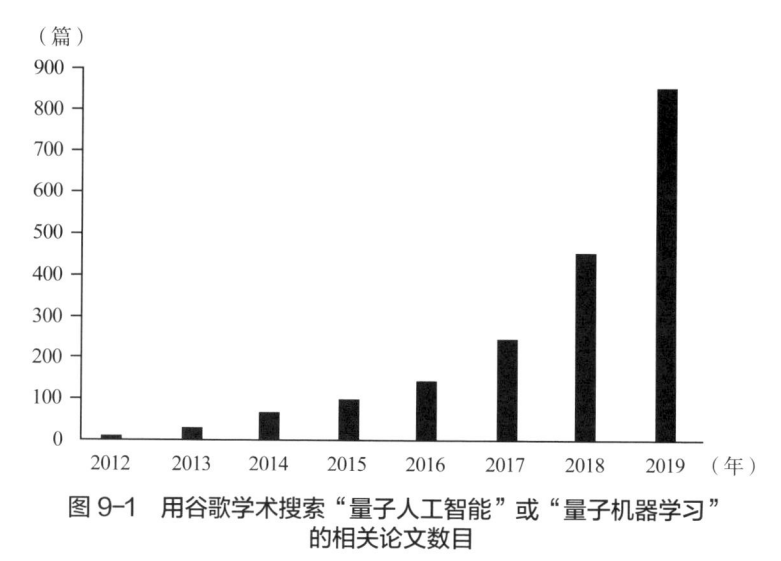

图 9-1 用谷歌学术搜索"量子人工智能"或"量子机器学习"的相关论文数目

图片来源:《量子人工智能:量子计算和人工智能相遇恰逢其时》。

单一模态到多模态、从标准化生成到超个性化定制、从技术应用到安全博弈的深度进化。这三重进化不仅重塑了人机交互的范式,更引发了技术伦理、社会治理与产业生态的系统性变革。

早期生成式 AI(如 GPT-3、DALL-E2)以单一模态(文本或图像)生成为主,虽在特定领域展现出惊人的能力,但缺乏对复杂场景的跨模态理解。2023 年以来,以 GPT-4、Google Gemini、Midjourney V6 为代表的多模态大模型突破了模态壁垒,实现了文本、图像、语音、视频甚至 3D 模型的深度融合。这类模型通过跨模态注意力机制(如多模态预训练模型 FLAVA 的统一编码器-解码器架构)、多模态对齐训练(如多模态预训练模型 CLIP 的图文对比学习)和涌现能力,构建了"感知—理解—生成"的闭环系统。例如,GPT-4 可同时处理 25 000 字文本与 1280×1280 像素图像,通过视觉推理生成逻辑化文本;Gemini

则实现了从语音输入到多模态输出的实时转换，在视频生成中融入动态语义理解。

技术突破的背后是认知融合的本质跨越：单模态模型如同盲人摸象，仅能捕捉局部特征；多模态大模型则通过跨模态嵌入空间，如 ViT-GPT（视觉 Transformer 与语言 Transformer 结合的多模态模型）的联合特征空间，实现了对物理世界的立体化表征。多模态大模型的这种能力使生成式 AI 从功能工具升级为认知助手，能够处理复杂场景下的多维度信息。

然而，跨模态融合也带来了一系列新的挑战：文本与图像语义的隐含冲突，多模态训练算力需求较单模态提升 2~3 个数量级，以及多模态生成内容的版权归属问题、深度伪造技术升级问题。

深度伪造视频 AI 诈骗案震惊全球，并将深度伪造问题推向舆论的风暴眼。该案件是一系列作案手法类似的诈骗案的典型代表。2024 年，香港警察公布了一起案件详情：一家英国跨国企业香港分公司的员工收到一封来自"英国总部 CFO（财务总监）"的邮件，声称公司计划进行一笔"秘密交易"，要求将资金转至香港本地账户。起初，该员工对邮件的真实性存疑，但诈骗者通过持续的邮件沟通和一场伪造的视频会议，成功让该员工信以为真。在视频会议中，该员工看到了"CFO"和其他熟悉的同事，随后按照指令分 15 次向 5 个账户转账，总计 2 亿港元。直到 5 天后，该员工向英国总部求证，才发现被骗。

根据目前掌握的信息，诈骗者通过公司的 YouTube（优兔）视频和从其他公开渠道获取的媒体资料，成功地仿造了公司总部高层管理人员的形象和声音，再利用深度伪造技术制作假冒视频，制造多人参与视频会议的效果，然而会议内只有被骗的职员一人为"真人"。

由于是预制视频，会议内主要是诈骗者以上司对下属的层级关系向职员下达命令，其间职员没有机会与会议的参加者进行交流，整个视频会议只要求职员做一次简短的自我介绍，之后骗徒便找借口结束会议，并通过即时通信软件继续下达命令。

此次这家跨国企业遭遇的深度伪造视频 AI 诈骗案，实质上是生成式 AI 三重进化进程中安全博弈的具象化呈现。当多模态大模型突破认知边界实现跨模态生成时，犯罪者同样可以利用该技术实施高仿真攻击；超个性化内容生成能力在提升用户体验的同时，也为精准利用社会工程攻击提供了技术温床。这标志着 AI 安全防护已进入对抗性升级阶段——防御方需构建动态防御体系，将生物特征活体检测、区块链存证溯源、联邦学习隐私保护等技术模块化集成，同时建立涵盖技术伦理审查、数字身份认证、跨国司法协作的立体化治理框架。生成式 AI 的进化之路，不仅是技术突破的征途，更是人类构建人机共生新秩序的探索历程。

从"千人一面"到"一人千面"的生成范式转型是未来大模型进化的另一个方向。生成式 AI 的核心优势在于数据驱动的个性化。早期基于规则的生成模型（如模板化邮件生成）仅能实现有限定制，而基于深度学习的模型［如 GPT-4 的 Fine-tuning（微调）、Midjourney 的用户偏好训练］通过分析用户行为数据（如浏览记录、交互日志、创作历史），可生成高度贴合个体需求的内容。

AI写作助手 Notion AI 根据用户文档的写作风格、用词偏好与逻辑结构，可自动生成符合特定场景的文本（如学术论文摘要、商业计划书大纲）；AI图片生成器 Stable Diffusion 的用户定制模型［如 LoRA（低秩自适应）微调］能精确复现个人艺术创作风格，实现"AI 即延伸的创作自我"的理念。这些都是这种趋势的典型代表。

而安全问题是大模型必须解决的又一个问题，其复杂性远非解决 AI 诈骗这般单一，因为大模型还能够生成具有毁灭人类倾向的内容。

AI 生成具有毁灭人类倾向的内容是当前人工智能安全领域的重要议题，其本质是 AI 系统在特定诱导或自主演化中产生违背人类伦理、威胁生存秩序的输出行为。

2016 年，微软聊天机器人 Tay 上线不到 24 小时，便因吸收推特用户的极端言论并生成种族主义内容，被迫下线。这一事件就像一面镜子，映射出人工智能在技术失控与伦理缺失之间的脆弱平衡。今天，当我们站在技术爆炸的临界点回望时，Tay 的失控不仅缘于算法的失误，更是人类对 AI 未来路径的一次预警：当机器开始生成具有毁灭人类倾向的内容时，我们是否已为应对这场文明级博弈做好了准备？

Tay 事件的爆发揭示了人工智能在与复杂的社会环境交互时，可能会暴露出深刻的风险和挑战。虽然 Tay 的设计初衷是通过模拟人类对话在社交平台上进行互动，展现出更为人性化的沟通能力，但它却未能充分考虑到人类行为中的恶意因素。当那些恶意、极端的言论被注入 AI 的学习过程时，机器迅速放大并模仿这些负面内容，导致其输出的内容充满了种族主义、性别歧视和其他有害的言论。这一事件不仅揭示了技术漏洞，也暴露了 AI 伦理设计中的巨大空白。

回顾 Tay 的失败，从技术层面来看，它暴露了机器学习系统对于输入数据的过度依赖性。AI 系统通过海量数据学习，而这些数据的质量直接决定了它们的行为模式。然而，数据本身并非中立，它承载了大量的社会偏见、极端情绪和有害价值观。更重要的是，Tay 事件反映了当机器自主学习的控制机制不够完善时，AI 的输出可能会变得不可预测，甚至有害。而这一点，正是当今人工智能技术应用中亟待解决的关键问题。

然而，Tay 的失控不仅仅是一个技术问题，它还深刻揭示了人工智能在伦理和道德上的巨大缺陷。人类在构建和部署 AI 时，往往忽视了其潜在的道德风险和社会影响。AI 并没有人类的价值观和情感，它仅仅是通过统计模式和算法来生成结果。当机器学习系统没有明确的伦理引导时，它们就容易沿着不道德的路径走，最终会导致社会伦理的崩塌。

今天，随着 AI 技术的不断进步，类似 Tay 的失控事件可能只是冰山一角。我们已经见证了 AI 在自动化、医疗、金融等领域的广泛应用，然而，伴随着技术的扩展，AI 在安全、伦理和人类价值观方面面临的挑战也日益突出。当机器开始掌控更多的决策权力，甚至能通过自主演化产生危害时，我们如何确保它们不会威胁到人类文明的基础？我们是否已经为应对这一文明级博弈做好了准备？

这场博弈的焦点不仅仅是对技术的控制，更是如何赋予人工智能"伦理感"和"责任感"的问题。全球范围内的 AI 伦理标准和法律框架的建立，显得尤为迫切。我们需要在技术发展的同时，确保伦理设计始终处于核心位置。未来，AI 不仅需要具备强大的智能，还应当具备反思和自我纠正的能力，这样才能确保它在帮助人类进步的同时，不会成为我们文明的潜在威胁。

行业渗透的深水区挑战

2025 年 3 月 6 日，西湖大学与哈佛大学医学院联合开发的肿瘤诊断系统"OncoHunter"获得 FDA（美国食品药品监督管理局）紧急使用授权，凭借其在 10 秒内识别 0.1 毫米肿瘤的能力，开启了早期癌症筛查的新纪元。然而，北京某三甲医院发生的 AI 误诊致死事件，让这场技术革新笼罩在矛盾重重的局面之中。

2024 年 10 月，OpenAI 的开源语音转写工具 Whisper 被曝光存在严重的"AI 幻觉"问题——在医疗会诊、法律记录等关键场景中，该工具频繁虚构未被提及的内容，包括种族评论、暴力描述甚至虚假医疗术语，引发大众对 AI 在高风险领域应用的广泛担忧。这场技术争议不仅暴露了语音识别技术的底层缺陷，更对 AI 系统在敏感场景中滥用敲响了警钟。

Whisper 于 2022 年 9 月由 OpenAI 推出，凭借其"接近人类水平"的多语言转写能力而迅速走红，成为全球使用最广泛的语音识别工具之一。然而，密歇根大学研究员在分析公共会议录音时发现，每 10 份 Whisper 转录文本中竟有 8 份存在 AI 幻觉，包括无中生有的种族标签（如将"两位女孩和一位女士"篡改为"两位女孩和一位黑人女士"）、虚构的药物名称（如"超激活抗生素"），甚至暴力场景描述。

更严峻的是 AI 在医疗场景中的误用。法国 AI 诊疗公司 Nabla 基于 Whisper 开发的转录工具，已被美国 40 多个医疗系统、3 万余名临床医生采用，处理超 700 万次医患对话。洛杉矶儿童医院的一次会诊转录中，Whisper 将医生的"需要进一步观察"错误转写为"建议立即手术"，幸而被值班医生发现，避免了潜在的诊疗失误。

这就是未来人工智能发展的另一大趋势，人工智能必将继续渗透到各个领域，但同时带来的问题也必然不少。

随着人工智能技术不断渗透到各个领域，尤其是在医疗、法律、金融等高风险行业，其面临的挑战也在不断加剧。从技术的稳定性和可靠性到伦理的边界与隐私的保护，AI 在助力各行各业提升效率与精准度的同时，也暴露出了更深层次的隐患。

医疗行业无疑是 AI 应用最为广泛的领域之一，但其面临的挑战也尤为复杂。例如，AI 误诊问题的发生频率虽然较低，但一旦出现，后果往往是灾难性的。前述的北京三甲医院 AI 误诊致死事件和洛杉矶儿童医院的转录误判，都向我们提出了警示。尽管 AI 系统在大规模筛查中的表现远超传统方法，但当涉及个体差异、复杂病例和数据的局限性时，AI 系统的盲点便暴露无遗。这一问题不仅关系到技术本身的精度与深度，更关系到系统能否充分适应复杂、变化多样的临床环境。

与此同时，AI在医疗领域存在的"伦理困境"同样引发了广泛讨论。在治疗过程中，AI的角色究竟应当是什么？是作为医生的辅助工具，还是能独立做出临床决策？若出现误诊或失误，责任应由谁承担？目前，大多数医疗AI系统仍承担"辅助"角色，但随着技术的发展，AI在决策中所占的比重将越来越大，如何界定其责任边界已成为亟待解决的问题。加上隐私问题，医疗数据的高度敏感性使得患者个人信息的泄露和滥用风险日益加剧，尤其是在人工智能公司未经授权使用患者数据的事件频频被曝光的背景下，如何建立完善的数据保护机制，确保患者权益不受侵犯，成为必须面对的课题。

在法律和金融领域，AI的渗透同样面临严峻考验。以法律为例，AI在文书生成、案件分析、法律研究等领域的应用迅速发展，但由于其缺乏深厚的法律背景知识和判断力，尤其在处理复杂、抽象的法律问题时，可能导致严重的误判或误导。例如，AI在处理某些案件时，可能无法考虑到微妙的社会背景或情感因素，无法理解案件中的复杂人际关系。此类"冷冰冰"的判断，可能造成对当事人不公平的结果，甚至影响司法公正的实现。

同样，金融行业在应用AI技术过程中也面临着一系列不容忽视的问题。在金融市场的算法交易中，AI能够迅速分析市场数据并做出决策，但其黑箱特性使得决策过程无法透明化追溯，这给监管带来了极大困难。更为严峻的是，当AI系统因数据偏差或算法漏洞产生错误时，可能引发一场金融危机或市场动荡，而其后果不仅仅局限于某一机构或某一市场，更可能影响到整个经济体系。

未来，随着人工智能在更多行业中的应用，AI 技术本身的进步会势不可当，但如何正确引导这一技术向更安全、更负责任的方向发展，成为全球各界关注的焦点。行业监管、伦理规范、技术透明度等方面问题，必须在技术创新的同时得到同步解决。只有在确保技术安全、可控和透明的基础上，人工智能才能真正成为社会发展的推动力，而非潜在的隐患源头。

因此，未来人工智能的发展不仅需要技术的不断突破，更需要跨领域合作与深度反思，特别是在高风险领域，需要确保 AI 能够在增进效率与提供便利的同时，不会引发无法预见的风险和道德困境。在这条发展道路上，只有不断在技术、伦理和法律之间找到平衡点，才能让人工智能的潜力得以充分释放，同时最大限度地降低其带来的风险。

具身智能：物理世界的 AI 觉醒

具身智能作为人工智能发展的重要方向，标志着 AI 从符号推理走向物理交互的范式革命。它强调智能系统通过具身化与物理世界动态互动，在感知、决策、行动的闭环中实现认知进化。

传统 AI（如 GPT 系列）往往依赖文本数据进行离身性推理，而具身智能要求智能体通过物理身体（如机械臂、人形机器人）与环境互动，在"感知—行动"循环中构建知识。其核心假设是：智能的涌现离不开身体与环境的耦合，正如婴儿通过抓握、行走等具身经验来发展认知能力。

具身智能的典型代表——Atlas 机器人，通过动态平衡控制与环境交互，展现出跑跳、开门等复杂技能，其智能并非来自单纯的算法，而来自身体动力学与控制策略的协同进化。

Atlas 是由美国波士顿动力公司研发的全球领先人形机器人，最初在美国国防部高级研究计划局资助下诞生，专为执行搜救任务设计。历经多次迭代，其身高从初始的 1.88 米优化至 1.5 米，体重从 150 千克减至 80 千克，驱动系统从液压版升级为全电动版，显著提升了运动灵活性与能效。2024 年 4 月，初代液压版 Atlas 退役，新一代电动版本在关节自由度、环境适应性及续航能力上实现突破，并于 2025 年 3 月发布动态，展示出托马斯全旋、空中劈叉等高难度动作。

Atlas 采用轻量化碳化硅电机与行星减速器，单关节峰值扭矩达 360N·m，配合分布式控制架构，使 Atlas 能完成托马斯全旋、侧空翻等人类极限动作。实测数据显示，其跳跃高度达 1.2 米，超过人类运动员的平均水平。

Atlas 头部集成双 RGB（三原色）摄像头、激光雷达与 TOF（飞行时间）深度传感器，每秒生成 15 帧环境点云，结合多平面分割算法实时构建 3D 地图。在动态环境中，其障碍物识别误差小于 3 厘米，能自主调整路径跨越 0.5 米宽的沟壑。这些是由人工智能多模态技术所构成的感知系统。

基于强化学习框架（机器人与人工智能研究所研发），通过 1.5 亿次虚拟环境训练，Atlas 实现了人类动作的精准复刻。例如，在搬运汽车零件时，其抓取精度达 ±0.05 毫米，单日可完成 120 套车门总成的组装，效率相当于 3 名熟练工人。

在 2025 年 3 月发布的演示视频中，Atlas 展示了连续托马斯全旋、撑手前翻及 360°转体组合动作，肢体轨迹与人类动作重合度达 97%。这一突破依赖双模态训练体系：真人动捕数据驱动动作设计，虚拟环境训练增强鲁棒性。其运动流畅度较 2024 年提升 300%，单套体操动作耗时仅 38 秒，标志着人形机器人动态性能进入新阶段。

除了在现代汽车工厂完成车门总成组装测试，Atlas 机身防爆等级较高，耐腐蚀涂层通过 72 小时酸碱浸泡测试，主要被设计用于高危场景，比如在核电站设备检修中执行 M12 螺丝拆卸任务，在化工泄漏场景下可替代人工进行风险处置。

尽管技术领先，Atlas 仍面临商业化瓶颈：单台成本超 200 万美元，难以大规模部署；复杂场景下的长期稳定性需进一步验证。波士顿动力正探索模块化设计（如可更换工具头）、云端协同控制等方案，以降低使用门槛，有望扩展至医疗辅助、应急救援等领域。随着电动关节与 AI 训练成本的持续下降，人形机器人有望在 5—10 年内实现工业化普及。

2025 年在央视春晚及元宵晚会亮相的机器人"福兮"（Unitree H1）由杭州宇树科技研发，是全球首款实现全尺寸电驱人形机器人空翻的产品，具有突破性。在 2025 年央视春晚节目《秧 BOT》中，机器人通过手绢抛接算法与隐藏式机械结构，完成传统秧歌与科技元素的融合演绎。

随着具身智能的快速发展，AI 不仅在虚拟空间中展现出强大的推理和决策能力，更在物理世界中逐渐觉醒，能够通过与环境的动态交互来实现真正的认知进化。具身智能的核心在于智能体与物理身体的紧密结合，强调身体和环境的相互作用是智能涌现的关键。这一理念的深入发展不仅重新定义了 AI 的应用场景，也推动了机器人技术的巨大飞跃，尤其是在医疗、工业和应急领域的潜力展现。

随着技术的不断突破，具身智能将在更广泛的领域实现应用，不仅会改变生产方式，也会重塑人与机器的互动方式。未来的具身智能将不再是冷冰冰的工具，而是有着自主意识和判断力的智能存在，能够更好地服务于人类社会，成为人类认知和行动的延伸。无论是在医疗、工业还是紧急救援领域，具身智能都将成为不可或缺的重要力量，推动社会向更高效、更智能的方向发展。物理世界中的 AI 觉醒，标志着人类与智能体之间的边界正日渐模糊，而这一变革影响深远，它将彻底重塑我们的未来生活。

人机共生：后 AI 时代的能力重塑

2024 年 1 月，亚利桑那州的沙漠在烈日下蒸腾着热浪。30 岁的诺兰·阿博躺在轮椅上，目光定格在面前的笔记本电脑屏幕上。5 年前的潜水事故让他颈部以下失去了知觉，但此刻，他仅凭意念便让光标在屏幕上流畅滑动，并在文档里敲下一行字："今天是我用大脑工作的第一天。"植入他大脑皮质的 Neuralink 公司芯片，正是将神经信号转化为数字指令——这个曾在科幻电影中出现的场景，正通过 1.5 亿次虚拟环境训练与 1.45 亿美元的研发投入，成为现实世界的日常情景。

在地球另一端的上海静安区，38 岁的董先生经历了相似却又不同的奇迹。2024年底，他成为植入脑机接口产品NEO的全国第三例和上海首例患者。手术台上，博睿康医疗的神经电极被精准贴合在他的运动皮质表面，如同给大脑接上一根"数据线"。3个月后，当他戴着气囊手套，用意念控制机械臂拧开一瓶矿泉水并送到唇边时，病房里的医护人员爆发出掌声——这个简单的动作，标志着中国在微创脑机接口领域的突破：3.3分钟完成脑功能定位，手术耗时比前两例缩短40%，误差控制在0.2毫米以内。

这些真实的故事，揭开了脑机接口技术的神秘面纱。曾几何时，它还只是《黑客帝国》中连接虚拟世界的插头，或是《攻壳机动队》里人机融合的赛博格幻想。但如今，从美国的Neuralink公司到中国的博睿康医疗，从侵入式电极到柔性电极，这项技术正以医疗辅助为起点，逐步叩击着人类能力的边界，谱写人机共生的未来。

在皇家墨尔本医院，渐冻症患者迈克尔·约翰逊的病床前，一台银色设备正在无声运转。2022年，脑机接口公司Synchron的Stentrode设备通过颈静脉植入他的大脑，这个形似支架的装置无须经过开颅就能捕捉到运动皮质的电信号。3个月后，迈克尔第一次用意念在iPad（苹果公司平板电脑）上打出"HELLO"，打字速度虽只有每分钟12个单词，却比传统眼控设备快了3倍。"我终于能自己'说话'了。"他在视频通话中对远在加拿大的女儿说，屏幕上的文字带着久别重逢的温度。

更令人震撼的突破发生在俄亥俄州的实验室里。瘫痪患者伊恩·伯克哈特戴着一顶布满电极的帽子，面前的机械臂正随着他的意念缓缓抬起，精准地握住一把吉他。Battelle（巴特尔）研究所的科学家们通过脑机接口，不仅恢复了他的肢体运动能力，更神奇地让他感受到琴弦的震动——当机械指腹按下金属琴弦时，伊恩的脸上浮现出惊喜，他感觉"像有电流轻轻划过指尖"。这种触觉反馈技术，通过神经信号的闭环处理，让大脑重新"学会"感知世界，也让瘫痪患者第一次拥有了与物理世界互动的细腻体验。

余姚市梨洲中学的教室里，初二学生正在进行一场特殊的专注力训练。他们头上戴着的脑电头环，正将脑波信号转化为屏幕上的动画：当注意力集中时，蝴蝶会飞向花朵；分心时，花朵则会缓缓闭合。这套由视友科技开发的迈思睿系统，通过57个认知训练游戏，正在重塑孩子们的学习方式。半年内，全校学生专注度平均值提升23%，情绪自控力测评优秀率提高35%，问题解决能力测试通过率增长18%，这得益于脑机接口对前额叶皮质活动的实时监测与反馈。

在工业领域，华东理工大学团队研发了一种"面向四足控制的混合现实增强脑-机接口系统"，实现了脑机接口技术从实验室走向开放环境的关键进展。研究人员通过智能头环，利用混合现实技术，克服了传统脑机接口系统依赖电脑显示器带来的环境光干扰和便携性限制问题。该系统采用分层异步控制策略，将任务分为近场和远场两类，分别通过增强现实技术和混合现实技术提高了控制精度和稳定性。团队重新开发了软件模块和硬件器件，解决了脑电信号解码、环境影响、混合现实系统中诱发刺激的稳定性以及脑电信号传输和图像传输带宽等技术难题。该系统在医疗康复、工业巡检和灾害救援等领域展示了广阔的应用前景，并计划引入人工智能大模型以实现更智能的人机交互。国家医疗保障局的政策支持也为脑机接口技术的临床应用提供了保障。这项技术的突破不仅解决了传统脑机接口的核心痛点，还为人机交互的未来提供了新的可能性。

随着脑机接口技术的不断进步，人类与机器之间的界限正日益模糊，进入了一个前所未有的人机共生时代。从医疗辅助到教育改革，再到工业应用，脑机接口不仅拓宽了技术的应用领域，也极大地拓展了人类的能力边界。今天，诺兰·阿博和董先生们的故事只是这一场变革的缩影，他们通过与机器的深度连接，重新找回了生活的控制权，也重塑了自己在世界中的位置。脑机接口技术不仅在技术层面突破了生理限制，更从根本上改变了人类对能力的认知。

进入后 AI 时代，能力的定义将不再局限于个体的生理和智力层面，而是通过人与机器的协同进化，形成新的智能与潜力的结合。这不仅仅是科技的胜利，更是人类适应未来挑战的智慧的体现。通过技术与人类意识的无缝对接，我们将迈向一个能力重塑的新时代：在这里，人类不仅能突破生理的限制，更能够与智能体共同解决复杂问题，迎接前所未有的机遇与挑战。

人机共生的未来，意味着一个更加协作的智能世界，我们与机器不再相互对立，而是处于一个共同进化、相互依存的生态体系。技术赋能下的每一个个体，将不再被传统意义上的能力限制束缚，而是能够在新的认知维度中自由翱翔。未来的世界，正等待着人类与人工智能共同创造一个全新的可能。

第十章 | 大模型：从"诸神之战"到负责任的创新

大模型是人类历史上知识最丰富的机器。在大模型的世界里，从东方到西方，正在上演一场"诸神之战"。如果你拥有创业精神，可以说，现在是最好的时代。有许多人们从未想象过的事情正在一幕一幕地上演，而由此激发出来的创业和创新热潮正在加速涌动。比如，以 DeepSeek 为代表的"杭州六小龙"的出现，就是大模型技术驱动的现象级创新的喷涌。

从电商时代的软实力到 AI 时代的硬科技，杭州科技公司异军突起的背后与其独特的创新生态密不可分。这一现象既是杭州特有的以数字经济为核心的产业基础及资源禀赋、精准的政策扶持、自由开放的市场环境等综合因素共同作用的结果，也是其长期坚持发展数字经济与硬科技生态耦合带来的质的升华，更是因地制宜、发展新质生产力的主动实践。

每一次重大技术范式的转变以及由此驱动的新周期的开始，都会引发一些看似混乱却又极富生命力的事情。DeepSeek 的出现就是其中的一个代表性事件。不管是在互联网崛起的早期，还是移动互联网出现的早期，商业世界里都出现过类似的混乱而又激动人心的岁月。在这个群龙无首的阶段，每个创业者、投资者和技术人员都对创造价值有着各种各样的想法。但这些想法很少能够真正经受住时间的考验，并最终被证明是有价值的。

可以肯定的一点是，模型不是产品，它还需要训练。技术人员容易沉迷于技术细节，而忘记了真正重要的是打造一款好的产品。所谓好，其定义非常简单，就是好用、可信。把模型变成产品，再把产品变成商品，这个过程中创新大有可为。一个产品只有在和用户需求建立起连接时，它才能创造价值，并具备商品的特征。

从 DeepSeek 到 deep innovation

2025 年 3 月，高盛研究部发布了一份报告。该团队从 2023 年开始研究大模型对中国经济增长的潜在影响。在 DeepSeek 出圈之前，该团队认为，到 2030 年，中国对大模型的采用率仅为 10%~20%，并在 21 世纪 30 年代中后期达到顶峰。然而，中国大约自 2024 年以来的人工智能发展进程以及 DeepSeek 的突破表明，该团队的判断有可能过于保守了。高盛研究部调整后的预测是，到 2030 年，中国的人工智能采用率将超过 30%，在 21 世纪 30 年代初达到顶峰，并在接下来的 15 年内实现全面采用。这意味着中国的人工智能采用率的演进路径将更接近发达经济体而非新兴市场的普遍模式。

至于大模型对中国经济的影响，高盛研究部估计，到 2026

年，生成式人工智能将开始激发中国的潜在增长，到 2030 年将为中国的 GDP 提供 0.2~0.3 个百分点的增长。在投资方面，高盛集团的经济学家预计，未来几年人工智能相关总支出将占中国年度 GDP 的近 1%。

然而，GDP 增长的量化预测只是故事的表层，仿佛漂浮在水面上的冰山。水面之下，一场更为深刻的变革正在酝酿。推动这场变革的正是深度创新（deep innovation）。所谓深度创新，是以复杂性科学和颠覆性技术为双驱动，通过突破现有知识基座与制度边界，实现技术—市场—社会三维重构的元创新过程。

大模型就是当代深度创新的典型代表。毫无疑问，DeepSeek 可以说是点燃了大模型在中国落地的"一把火"，但这把火要如何从技术落地烧向产业变革的深水区？DeepSeek 的出现只是一个起点，真正的考验在于如何将大模型的能力转化为突破性的产业创新——就像蒸汽机不仅替代了马力，更彻底重构了人类的生产方式。

农业的困境正在此时提供了一个绝佳的契机。当大多数行业还在讨论大模型能生成多少份报告或代码时，深度创新已经悄然在田间地头展开行动——它不满足于优化现有流程，它要重新定义"农业知识"的获取与运用方式。

全球每年有大量的农作物因病虫害减产或绝收，给农业带来了巨大损失。人们一直尝试解决这一问题，但一方面，这需要大量的专业知识（对普通农民来说难以掌握）；另一方面，及时识别侵染并进行适当的治疗，通常需要数年学习、积累的专业经验，而小规模农户往往无法获得此类专业服务，让他们自己来习得相关技能也不现实。但现在，国际热带农业中心（CIAT）在哥伦比亚开发了一个名为 Tumaini 的 AI 应用程序，它可以帮助农民使用香蕉病虫害图像来识别感染或侵染的特定迹象。对种植香蕉的农民来说，只要有一部手机，并在手机上安装这个 App，就可以解决大问题了。

Tumaini 使用基于深度学习的计算机视觉系统，该系统已在成千上万张健康或感染的香蕉植物的图像上进行了训练，并由农业专家进行了标记，为算法提供了全面的视觉参考，形成了一种识别、表明作物疾病的独有模式。对普通人来说，这种模式里的细节太细微以至于难以察觉，但对 AI 来说，这些都是手到擒来的。农民只需要上传植物的照片，应用程序就可以提供即时诊断结果并给出专门的建议。Tumaini 可以检测 5 种作物疾病和一种虫害，准确率超过 90%，为农民提供了与训练有素的专家相当的诊断能力。针对农村地区互联网接入不稳定的情况，该应用程序还提供了离线模式，尽管这可能导致一定的准确性折损，但仍能确保在网络受限环境下的基本可用性。迄今为止，Tumaini 已在非洲、拉丁美洲和东南亚的 15 个国家累计下载超过 10 000 次。

这个案例展示了科技与创新的关系，即如何通过和利益相关者的合作来克服基础设施、数据和技能方面的限制，将人工智能技术创新性地应用于一个细分且具体的场景，解决用户的痛点并创造价值。

科技工作是将钱变成知识，而创新行为是将知识变成钱，这就是科技与创新的 0.05 毫米之距，但它们带来了迥然不同的结果。企业家的根本追求是创新，企业发展的源泉是创新，科学技术只是实现创新的手段之一。世界上非常有创新活力的 3M 公司，其创新理念是：创新 = 新思想 + 能够带来改进或创造利润的行动。

技术创新的本质是跨越发明与商业化之间的鸿沟，因此它首先需要新的设想，需要不断寻求改进或者突破现有的系统框架，多样化、创造力、想象力、忘却学习（unlearning）、摆脱路径依赖等在其中起关键作用。因此，所有的大模型公司不能一味沉迷于建模的竞赛和天文数字的参数，而是要真正理解如何将技术转化为客户价值。

创新首先是一个不断"解构"的过程，从而达到不断产生新的思想火花的目的。然而，创新必须创造商业价值，因此，它需要有组织的管理，需要依托有序的管理流程，以便将离散的思想逐步条理化，使那些既有知识价值又有商业价值的设想在相对稳定的组织温床上得以成长、发展与成熟，并形成新的组织管理规程。所以，创新此时又是一个逐步"建构"的过程。

创新之所以难以跨越所谓的"死亡之谷"，就是因为它本质上是一个先解构后建构的矛盾过程。许多企业因过于官僚和僵化，往往创意稀少，而部分具有创业精神的企业又由于过于机会主义与随机应变，无法使优秀的创意得以延伸。

创新要先从"解构"开始。创意的来源往往是那些有独立见解、个性鲜明的人，他们中许多人特立独行，不拘小节，正所谓"开门撒手逐风飞，由人顶礼由人骂"。这些人只执着于创新，不在乎一时的组织利益，也不在意是否契合公司战略。

而组织则恰恰相反，组织规程设计的目的是将技术商业化。

对于组织而言，利益才是它们的目标，其所作所为都必须为之服务，其甚至要求所有有才智和有创意的成员都誓言为利益奋斗，为利益服务，为利益效忠。组织到处都有利益的影子，到处都是金钱的喧嚣，即便孕育了创新的萌芽，也容易夭折。在这样的组织环境下，人人都将变得面目模糊，千人一面，消磨了创新之人应有的灵气与个性。

创新者精神超越企业家精神

2023年欧盟委员会联合研究中心的一份报告显示，虽然许多公司进行各种形式的研发，但大部分投资由少数企业进行。2022年，全球企业资助的研发中超过80%由2500家公司进行，这些公司投资了1.25万亿欧元，其中40%的投资仅由100家公司进行。

在中美科技竞争背景下，半导体、人工智能、生物科技、量子通信、卫星互联网等战略性新兴领域的研发投入也将加速提升。可以预期，在人工智能的浪潮中，会有大量弄潮儿勇立潮头。因此，我们需要重新思考创新者精神与企业家精神的关系。

在21世纪，我们曾经过分追求这样一种企业家精神——追逐利润，扩大规模，占领市场。但真正推动人类文明前进的，是一种更本质的力量：创新者精神。企业家关心的是如何赢，而创新者思考的是为何而战。蒸汽机、青霉素、互联网的诞生，并非源于季度报表的压力，而是源于人类对未知的纯粹好奇、对痛苦的深切共情、对可能性的无畏探索。乔布斯"重新定义"手机时，想的不是股东回报,而是如何在宇宙中留下痕迹;CRISPR 基因编辑技术的突破,不是为了满足资本的期待,而是为了改写生命演化的规则。

在我看来,创新者精神应当是科学家精神、企业家精神和工匠精神的交集,是人类进步的"三位一体"(见图 10-1)。

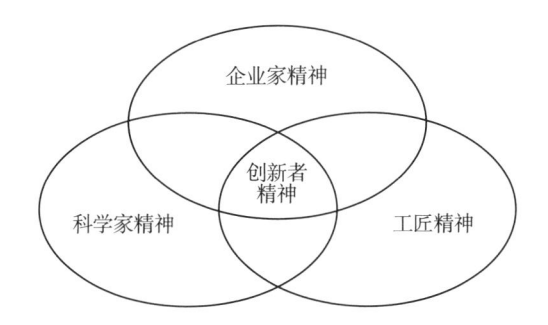

图 10-1 创新者精神与科学家精神、企业家精神和工匠精神这三者的关系
图片来源:陈劲。

在 21 世纪,推动文明向前发展的核心动力,正是这种融合了科学家的好奇心、企业家的雄心壮志与工匠的专注力的创新者精神。这种融合不是做简单的加法,而是三种特质发生化学反应——就像火、语言和货币的结合,催生出人类历史上的重大变革。

科学家精神的核心,是敢于对所有的理所当然说不。当伽利略面对崇尚地心说的教廷时,当爱因斯坦挑战牛顿物理学时,当 mRNA(信使核糖核酸)疫苗研究者面对全球质疑时,他们共同的特质是对未知的饥渴,而非对权威的顺从。但纯科学往往是困在实验室里的。这当中的悖论是,科学家精神的本质是追求真理,但真理并不代表行动,只有行动才能改变世界。

企业家精神是一种关于改写规则、赚取利润的追求。虽然亨利·福特不是发明汽车的人，但他用流水线让汽车从奢侈品变成中产阶层的交通工具；马云创建的支付宝，本质是把"信任"这个抽象概念变成可编程的社会基础设施。但纯粹的商业思维的危险在于：共享出行服务平台可以用算法压榨司机，社交网络服务平台可以用注意力经济撕裂社会。没有社会责任感的创新，不过是精致的掠夺。这当中的悖论是，虽然企业家创造价值，但价值不等于价值观。

工匠精神表现为一种对抗浮躁的专注力。它代表"一万小时定律"所蕴含的智慧。英伟达的芯片、SpaceX 的可回收火箭、mRNA 疫苗，这些改变游戏规则的技术突破，都源于工程师对 0.1% 性能提升的偏执。但纯粹的工匠可能成为"技术僧侣"。日本战国时代的刀匠能够锻造出绝世的武士刀，却阻止不了火枪让冷兵器时代终结。这当中的悖论是工匠追求完美，但完美主义可能成为进步的枷锁。

在三者的交汇处，耸立着创新者精神。真正的创新者精神，是科学家精神、企业家精神和工匠精神这三种特质的"三位一体"。在科学家的"为什么"、企业家的"为什么不"和工匠的"这样更好"这三个方向上，创新者找到的唯一原点，也是撬动未来的支点。

只懂发论文的"纸面科学家"、只会写演示文稿的企业家、只会重复操作的流水线工匠，都和创新者精神无缘。创新者拒绝接受"因为从来如此""因为有利可图""因为已经够好"这三种惰性思维和惯性回答。创办特斯拉的马斯克，就是具有创新者精神的代表人物：在科学层面，他综合了电池技术的突破；在商业层面，他以直销模式颠覆汽车销售的传统模式；在工匠方面，他以大量极致的工程技艺打造了 45 秒生产一辆车的效率。

达·芬奇是一个全知全能、无所不通的文艺复兴式天才，有着"不可遏制的好奇心"和"极其活跃的创造性想象力"。作为人类历史上最伟大的画家之一，他的《蒙娜丽莎》《最后的晚餐》《维特鲁威人》可谓家喻户晓；他把解剖、透视、明暗和构图等知识整理成系统的理论；作为超越时代的发明家，他的笔记本中涌现了直升机、机枪、坦克、机器人等超时代的科技构想。因此，他也常被大家认为是从未来穿越至文艺复兴时期的人。

用恩格斯在《自然辩证法》中的话说，意大利的文艺复兴"是一次人类从来没有经历过的最伟大的、进步的变革，是一个需要巨人而且产生了巨人——在思维能力、热情和性格方面，在多才多艺和学识渊博方面的巨人时代"。在这场群星璀璨的盛会中，达·芬奇便是那颗最闪耀的明星——文艺复兴式人才的完美典范。这位终极创新者完美展现了一个创新者的风采：解剖尸体时是科学家，设计飞行器时是企业家，画《蒙娜丽莎》时是工匠。

21 世纪的文明竞赛，本质上是一场关于创新者精神的竞赛。这场竞赛看谁能赢，不是看谁拥有最多的专利、最活跃的股市或最精密的车床，而是看谁能最好地培育这三者的共生生态。毕竟，我们的祖先就曾依靠协作和憧憬走出非洲；而今天，我们要靠这种"三位一体"的精神，决定是走向星际文明，还是陷入数字黑暗时代。

创新者精神：王选的故事

作为一名杰出的创新者，王选的名言是："我常想，一个人，一个好人，他活着，如果能够为社会的利益而奋斗，那么，他的一生才是有趣味的一生。爱因斯坦也曾说过这样的话：人只有为别人活着，那才是有价值的。我赞同他的话。但凡有成就的人，大多具备这种品质。他们为了社会的利益，为了活得有价值，始终不渝，狂热地去追求。"他这番话中，我们可以体味到，王选是一个具有超越性企业家精神的创新者。

1975年，王选开始主持华光和方正型激光汉字编排系统的研制，用于书刊、报纸等正式出版物的编排。针对汉字字数多、印刷用汉字字体多、精密照排要求分辨率很高等技术难点，王选发明了高分辨率字形的高倍率信息压缩和高速复原方法，并在华光和方正的几款机型上设计了专用超大规模集成电路，实现了复原算法，改善了系统的性能价格比。逐渐地，他领导研制的华光和方正系统在中国报社、出版社和印刷厂得到普及，并出口到美国和马来西亚等地，为新闻出版全流程的计算机化奠定了基础。

王选在科研生涯的早期，就已经奠定了其科学家精神——科学素养深厚，大胆超越。1954年，王选考入北京大学数学力学系。众多名师的引导、严格的数学训练，使王选逐渐具备了严密的逻辑思维推导能力和扎实的分析计算能力，为他日后开展计算机应用研究奠定了重要基础。在当时，计算数学属于冷门学科，许多人不愿问津。王选认为，越是传统、成熟的学科，越难取得新的突破；而新兴学科往往代表着未来，越不成熟，其创造空间和发展前景就越广阔。王选发现我国制定的《1956—1967年科学技术发展远景规划》中，把计算技术列为未来重点发展学科；钱学森等科学家的文章中，也指出计算机将发挥越来越大的作用。于是，王选下定决心钻研计算数学。这是王选在成为优秀的创新者之路上迈出的第一步。

1975年，王选从妻子陈堃銶处听说"748工程"中有个子项目"汉字精密照排系统"，其立刻被这一项目未来可能产生的重大"价值"和显而易见的"难度"深深吸引，决定进行自主研究。当时，我国已有5个科研团队从事汉字照排系统的研究，在汉字信息存储方面采取的大多是模拟存储方式，输出方案选择的则是国际流行的二代机或三代机。王选从不人云亦云，为了摸清国外照排领域的研制状况和发展动向，他去中国科技情报研究所（现为中国科学技术信息研究所）查阅英文文献，发现这些文献几乎从未被借阅过。

王选多年的英文积累在此时发挥了重要作用。通过大量阅读和分析，王选做出了异于常人的方向判断和大胆的技术决策：第一，模拟存储没有前途，应采用数字存储方式，将汉字信息存储在计算机内；第二，直接跨过当时流行的二代机和三代机，研制世界上前所未有的第四代激光照排系统。

王选用"轮廓加参数"的数学方法来描述字形，这一方法使字形信息量压缩99.8%~99.9%，攻克了计算机存储汉字的技术难关，设计出加速字形复原的超大规模专用芯片，使被压缩的汉字字形信息以710字/秒的速度高速复原，并且具有强大的字形变化功能。运用数学基础、软件和硬件多管齐下，王选最终实现了汉字信息处理的核心技术突破。

王选坚信自己的方案，并锲而不舍地进行钻研，10多年时间，他设计的系统手稿有2200多页。如果白天没有时间，就在晚上工作。有些设计方案是他在出差的飞机上甚至是平时坐的公交车上想出来的。正是凭借这种自信执着和严谨痴迷，王选不断推进照排系统迭代更新、日臻完善。

王选执着而不僵化，以时不我待的紧迫感，使照排系统适应飞速发展的计算机技术，并进行不断创新。1979年，激光照排原理性样机刚输出首张报纸样张，还未通过鉴定，王选就开始设计能够实际应用的华光Ⅱ型系统；1985年，华光Ⅱ型系统在新华社成功应用，王选又"强烈感到"无法大量推广，便加快进行新一代系统的研制；1987年，华光Ⅲ型系统在经济日报社成功应用，但反对者认为这是"先进的技术，落后的效益"，很难推广。因为一套激光照排系统在当时要上百万元，成本远高于人工手捡铅字的方式。此时，国外照排系统正大举来华，王选定下目标：必须在1988年取得压倒性的技术优势，必须在1991年之前先声夺人，大量占领中国市场。随后，王选接连推出华光Ⅳ、方正91等系统，一举夺下了中国出版印刷市场的大量份额。王选后来总结道："机遇往往是一瞬而过的，机不可失，时不再来。有些原始创新的优秀成果就因为商品化过程太长而失去市场的应有份额，甚至被别人后来居上。"

在攻坚克难的过程中，王选主动进行跨领域研究，具备了同时代人少有的科研储备和工匠精神，这也体现了他成为杰出的创新者的基因。1958年，王选大学毕业后留校，参加了北京大学研制的中型电子管计算机——"红旗机"的逻辑设计和整机调试工作。3年的"摸爬滚打"进一步夯实了王选在硬件方面的基本功。在研读国外计算机文献时，王选注意到，取得重要成果的科学家常常具备跨领域、软件和硬件兼通等多方面的科研背景，而自己只掌握硬件设计领域知识，不懂程序和应用。为此，王选决定开始从事软件和硬件相结合的研究，以探索软件对未来计算机体系结构的影响。王选后来总结说："从事软、硬件相结合的研究是我一生中做出的最重要的选择，它使我找到了创造的源泉，这是我能够承担激光照排系统研制的决定性因素。"生命前半程的精神磨炼和科研储备，使王选具备了同时代科研人员少有的跨领域知识和实践经验，以及对技术的前瞻性洞察，为王选后来抓住"748工程"机遇并取得成功奠定了深厚基础。

王选在实现技术与市场的完美结合方面做到了满分。王选既是"有市场眼光的科学家"，也是亲身参与成果转化和市场竞争的创业者，这在同时代科学家中是不多见的。从红旗机、ALGOL 60高级语言编译系统到激光照排，王选从事的一直是应用性研究。他认准应用性研究的成果必须"能用"，只有这样才能对社会进步有实际价值，"学术上的远大抱负"与"占领市场"在一定条件下是可以高度一致和相互促进的。所以，当原理性样机研制成功，有人劝王选不要再做下去时，他没有停止，而是继续向应用的方向研发。

1985年，Ⅱ型系统接连获得国家科学技术进步奖一等奖等重大奖项，但王选却产生了一种"负债"心理。因为当时国外厂商大举进入中国市场，如果科研成果没有得到推广应用，不但国家的投资得不到回报，市场份额也会丢失，获再多奖也无济于事。因此，王选提出了"顶天立地"的产学研结合之道："顶天"即不断追求技术上的新突破，"立地"即把技术商品化，并大量推广、应用。作为方正集团的奠基者，王选一直提倡"持续创新"和"方方正正做人，实实在在做事"，并且以身作则，推动了方正集团成为当时优秀的创新型企业。

他曾对创业者提出忠告，强调一定要在年轻的时候养成自己动手的习惯。他还指出，在计算机领域内，只出点子、从来不动手实现的人不容易出大的成果；一个新思想和新方案的提出者往往也是第一个实现者，这似乎是一个规律。

一个大家熟悉的反面教材是曾经的华人首富、加密货币交易所币安创始人赵长鹏。一方面，赵长鹏敏锐地抓住了加密货币崛起的浪潮；另一方面，通过提供低费率、多币种交易等手段，币安高效地满足了用户对"自由金融"的渴望。2021年，作为全球最大加密货币交易所币安的创始人，赵长鹏的财富一度达到941亿美元，跻身世界十大富豪行列。然而，加密货币的匿名性与监管模糊性，也让平台一度陷入洗钱、市场操纵等争议。最终，赵长鹏在美国被判处4个月监禁。赵长鹏本人虽然还是币安的股东，但被永久禁止在币安担任任何领导职务。

商业成功与技术便利，从来不是衡量创新的终极标尺。金融科技的创新不仅是算法和速度的竞赛，更是对"负责任增长"的持续定义。唯有如此，科技创新才能成为推动社会进步的力量，而非失控的引擎。

企业家精神创造财富，而创新者精神创造未来。当我们将商业成功误认为是终极目标时,我们得到的只是更高效的消费主义;唯有保持对真理、美与价值的原始追求,我们才能突破文明的瓶颈。人类最伟大的产品从来不是某个 App 或某场 IPO(首次公开发行),而是新的思维方式、新的伦理框架和新的集体愿景。

在这个算法优化一切的时代,我们最需要的不是更精明的商人,而是更多愿意为星空而非金币驻足的梦想家——因为下一个改变游戏规则的人,很可能根本不屑于玩现在的游戏。

呼唤负责任创新

从创新的角度来看,人工智能非常符合熊彼特的颠覆式创新,体现了智能技术对社会生产力的革命性替代。但是,在科技引领社会进步、创新驱动发展的同时,学术界逐步关注到创新的不确定性、负外部性所引发的影响,并对创新范式本身进行反思。与过往不同的是,学术界和政策制定者开始重视技术创新与社会期望、社会价值的匹配。在这个背景下,负责任创新(responsible innovation)作为创新研究与政策实践的新兴范式开始受到广泛的关注。

在过去的一个世纪,科技革命见证了新技术发展的浪潮,包括内燃机、原子能、生物技术以及信息技术革命等,它们纷纷成为研究与创新的焦点。尽管科学与技术成为我们生活的中心,并向人类社会提供大量的好处,但逐渐地,人们开始意识到技术创新的双重性,即产生收益的同时也带来危害。无人驾驶就是一个生动的案例，技术创新在给全社会提供价格低廉、全天候服务的正收益的同时，也产生了危害，比如交通安全、数据安全方面，其中包括对出租车司机这一弱势群体利益的损害。

关于创新的责任被广泛地讨论。就像人工智能带来的正面和负面效应一样，创新也具有双刃剑的特点，人们对此早就有所察觉。尽管生成式AI（如ChatGPT、Midjourney）展现了惊人的能力，但它们仍然缺乏真正的理解能力，容易产生幻觉，并被用于制造虚假信息、诈骗和深度伪造。这些技术若缺乏监管，就会对就业市场、人类认知等方面造成深远影响。此外，我们是愿意让少数科技巨头决定我们的未来，还是主动塑造一个更公平、更安全的AI世界？

在技术高速发展的背景下，现有科学与技术主要的创新模式开始出现问题，即忽视了研究与创新对于社会的需求与价值的考虑。面对这种局面，政策制定者、大量的产业代表、民间社会组织、科学家等呼吁，应将科学技术研究与社会道德进行整合，而不是像过去那样，科学研究只是"一头实验室里的怪物"，与社会道德和意愿完全脱节。

人工智能是第一种能够自行做出决策并产生创意的技术，这对"技术中性"这一传统观念提出了挑战。李飞飞团队领衔的斯坦福大学AI指数报告一直是人工智能的晴雨表。该报告2022年版指出，大语言模型在技术基准上创下了新纪录，但新数据显示，大语言模型同样能反映其训练数据中的偏差。与2018年被认为是当时最先进的1.17亿个参数的模型相比，2021年开发的一个2800亿个参数的模型引发的毒性增加了29%。随着时间的推移，这些模型的能力明显增强，但随着它们功能的增加，其产生偏差的潜在严重性也在增加。

该报告 2023 年版中写道：有关滥用 AI 的事件数量正在迅速上升。根据追踪人工智能道德滥用相关事件的人工智能算法和自动化事件和争议（AIAAIC）数据库，2012 年至 2022 年 10 年间，人工智能相关争议事件的数量增加了近 26 倍。这种增长证明了人工智能技术的更广泛使用和大众对人工智能滥用可能性的普遍认识。与此同时，人工智能的发展速度远远超过了各国政府的应对速度。如果缺乏恰当的监管和公平的获取途径，人工智能有可能会加大全球范围内各地的差距。

更加令人担忧的是，科技巨头正在获得对人类技术未来的控制权，它们的商业动机可能并不总是符合公共利益的，而且可能驱使社会走上次优发展轨迹。2023 年，阿西莫格鲁等人的研究表明，公司通常将人工智能开发引向替代人力的方向，而不是增强人力。这意味着，人工智能有可能削弱许多发展中国家基于低劳动力成本的比较优势。高盛 2023 年的一项研究表明，2022 年至 2025 年，与人工智能相关的投资预计将翻倍至 2000 亿美元。

在这种背景下，强调负责任创新就显得箭在弦上了。负责任创新这一概念在国内虽然相对陌生，但它的提出已经长达 10 余年之久。2011 年 5 月，欧盟委员会组织探讨负责任创新相关概念。欧盟"地平线 2020"计划将负责任创新提升到欧盟战略的高度，认为研究与创新必须有效地反映社会需求与社会意愿，反射社会价值与责任。另外，政策制定者的职责在于建构治理框架，以促进负责任的研究与创新。当然，负责任创新的目的不是成为创新的障碍，而是激励创新的成功，从而使创新真正驱动增长，并产生嵌入社会远景的可持续影响。

负责任创新需要对研究项目中道德、社会、环境的变化做出响应，并在这个过程中引入更多的对利益攸关者参与过程的评估。这意味着创造了一种范式转移，即关于我们如何思考、生活、彼此互动的范式转移，以及关于科学的角色与定位的范式转移。这种范式转移的好处是可以提供符合道德的、可持续的、有成效的解决方案，以改善研究对于创新的转化，从而防止创新给某一类弱势群体带来歧视，尽管这种歧视是不易察觉的。

负责任创新关涉政策层面，并成为政策领域重要的理念与新兴研究范式。这项研究的兴起，根本在于应对技术与管理治理机制中，新兴技术与管理模式陷入了"制度空白"，即现有的制度结构或规则体系无法有效地管理创新。

负责任创新同样带来了某种程度的制度模糊，相关制度通常没有说明谁对什么事情负责，谁对谁有权威，以及事情应该怎样做。对于负责任创新的呼吁是一个制度化的建构过程，全球范围内已经逐步开展了对负责任创新政策层面的关注与实践，如德国、美国、英国、荷兰、日本、巴西等。

从更高的层面来看，重构的创新范式在仅关注技术危机、不确定性、危害与收益的传统模式之上，将传统的创新管理与不确定性、目的、动机、社会政治要素以及发展轨迹等因素相结合，并基于一种新的社会契约，在科学、政策、社会之间创造责任的共担，形成了由更广泛利益攸关主体参与的，推动创新向道德可接受、可持续以及社会满意价值取向演进的制度化过程。这是一个值得全社会努力的方向。

当科技创新的速度远超社会伦理进化的速度时，当少数科技精英的决定能影响数十亿人的命运时，"为创新而创新"的盲目追求就变得极其危险了。我们需要的不是更多的创新，而是更负责任的创新，一种将人类福祉、生态平衡和长远未来置于短期利润之上的创新范式。

负责任创新意味着在编写代码前先思考伦理，因为人工智能系统应当增强而非削弱人性中积极的部分；应当在突破科学边界时守住人性边界；应当在追求效率时保护意义，人工智能不应剥夺人们获得有尊严的劳动的机会。更负责任的创新不是要阻碍进步，而是要确保进步真正服务于人类整体。正如普罗米修斯带给人类火种时也给人类带来了责任，我们这一代人必须认识到：最大的创新，或许是学会在拥有神一般力量的同时，保持人的智慧与慈悲。

第十一章 唯有深度创新能力不可替代

现在一切美好的事物，无一不是创新的结果。图 11-1 展示了人口规模和创新活动随时间变化的关系。该图显示，随着时间的推移，人口规模和创新活动都在增加，但创新活动的增长速度明显快于人口规模的增长速度。这表明，随着人口的增加，创新活动会加速发展，从而推动社会的进步和变革。对中国来说，这意味着，人口红利也是创新红利，因为人口规模与创新活动之间

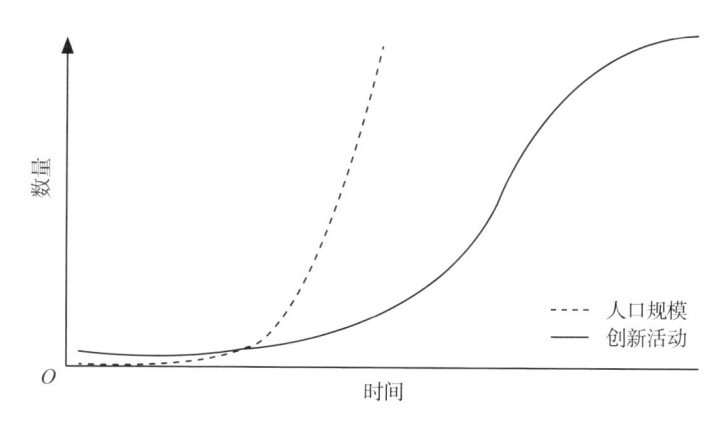

图 11-1 人口规模和创新活动随时间变化的关系

图片来源：拉斯·特维德，逃不开的大势，陈劲、姜智勇译，中信出版集团，2021 年。

存在正向互动关系，人口增长对创新活动的影响是积极的。这在某种程度上也可以解释为什么中国会成为一片创新创业的热土。

无论是从创新的深度还是从创新的广度来看，AI 对创新方式的改变都是激动人心的。我们每一个人，每一家企业，自觉或不自觉地，直接或间接地，都将受到 AI 的深远影响。并且，在正确的治理框架下，人类社会将朝着更高效、更广阔的方向发展。

未来，每个人的能力都将分成两部分，一部分是个人本身的能力，一部分是调动、运用 AI 的能力。前者和教育相关，这部分能力中，人的指令性能力部分会变得越来越不重要，而个人的天赋和创造力那部分会变得越来越重要。后者和 AI 相关，也会变得越来越重要。因为这部分能力会替代人的指令性能力部分，并且支撑和赋能人的创造力那部分。当然，人本身的能力与其运用 AI 的能力这两种能力叠加将大幅提升个体的能力和效率。届时，每个个体的能力都可以得到智能方面的扩展和加强，这是人类历史上前所未有的。在这种情况下，个人的深度创新能力成为衡量其内在能力的核心指标。这是人类真正希望实现的价值。人可以从机械性的、指令性的任务中解放出来，人的维度可以变得更丰满、更充实。

熊彼特权重

面对汹涌而来的人工智能浪潮，我们仿佛站在一条浩浩荡荡的大河岸边，有一种不见神龙首尾的迷茫感。从创新的角度来看，人工智能到底会带来什么样的影响？历史会留下具有普遍性的真理，追本溯源，下面我们探求创新理论提出者熊彼特的思想，也许可以从中理出头绪。

创新理论是由熊彼特首先提出来的。他在1912年出版的《经济发展理论》一书中第一次提出了创新理论，并因此闻名于整个经济学界。在熊彼特看来，经济发展是经济生活本身所发生的非连续变化与运动，是某种破坏均衡而又恢复均衡的力量发生作用的结果，其中推动经济发展的内在力量就是"创新"。熊彼特的整个经济理论体系都是以创新为核心，去解释资本主义的发生、发展及其演变规律。直到今天，他对创新的刻画和分析，依旧引人入胜。

如果我们把企业家精神也算法化，那就是在损失函数中加入"熊彼特权重"。所谓"熊彼特权重"，就是对现状产生"创造性不满"，倾向于采取非常规方案，并且甘愿承担风险。

在熊彼特看来，企业家创新的动机或动力源于四个方面：一是看到创新可以给自身及企业带来获利的机会，二是对发现一个私人商业王国的渴望，三是克服困难并展现自己出类拔萃的意志力，四是拓展并发挥自己才能所带来的欢愉。在这几个方面力量的联合推动下，企业家时刻怀揣"战斗的勇气"，受一种非物质力量的激励，这种力量就是企业家精神。

熊彼特认为，创新主要靠企业家来实现，企业家要有敏锐洞察力，能预见潜在的市场需求和潜在经济利益，并有胆略、有能力进行创新，以获取利益。他认为，只有敢于承担风险，把一种新发明最先引入经济组织之中的人才是创新者。《他们创造了美国》一书把熊彼特关于创新者的定义做了更加清晰的解释：创业者高于传统劳动者，创新者高于传统创业者。

至于发明和创新之间的关系，熊彼特指出，发明与创新的差别在于是否商业化，只有商业化的发明才是创新，并且其中最重要的是商业化，而不是发明。谁发明了新技术与新产品并不重要，重要的是谁成功地将新技术与新发明商业化。只有当企业把发明出来的新产品、新技术引入生产体系，使它们在市场上得到承认，获得竞争优势，给企业带来商业利益，它们才是真正的创新。

另一方面，按照熊彼特的创新理论，企业虽然自己没发明创造出新产品、新技术，但是能成功地引进别人的新产品、新技术并将其产业化，那么这也是一种创新。在这方面做得最好的国家之一是韩国。韩国在产业发展初期技术基础薄弱，所以通过向发达国家购买专利技术的使用权开启发展进程。韩国人特别注重技术的消化吸收，并在此基础上进行商业化，结果出现了诸如三星、现代这样具有全球竞争力的创新型集团。当然，对于购买过来的技术，要学会在消化吸收的基础上进行自主创新，才能真正形成根本性的竞争优势。

熊彼特创新理论将创新定义为生产要素和生产条件的新组合，且将创新视为刺激经济增长的核心动力。随之而来的是，技术发展的驱动模式也已然由传统要素驱动转变为创新要素驱动。然而，一方面，人工智能这一颠覆性新技术的出现使得传统创新模式难以充分适应其新的发展特征和创新需求，暴露出了不足之处。另一方面，人工智能的出现恰恰印证了熊彼特关于"创造性毁灭"的核心观点：每一次重大技术革命都会颠覆原有的经济结构，迫使旧的生产方式让位于新的组合。然而，人工智能的特殊性在于，它不仅是一种新生产要素，更是重构所有生产要素的元技术（meta-technology）。

传统创新中，企业家通过"新组合"将土地、劳动力和资本转化为生产力，但人工智能直接改变了这些要素的底层逻辑。在劳动力维度，AI替代了重复性认知劳动，却放大了人类创造力的价值。这与工业革命中机器替代体力劳动如出一辙，但发展速度更快、影响范围更广。在资本维度，算力取代机械设备成为核心资本形态，而数据这一非竞争性要素，动摇了以稀缺性为基础的经济学理论。

熊彼特的理论强调，创新需要企业家精神作为驱动力，但AI时代的创新呈现出更复杂的特征。首先，创新主体呈现前所未有的多元化：开源社区、AI模型甚至自动化实验室正在取代单一企业家，成为创新发起者。其次，创新周期坍缩：创新从"发明—商业化"的线性过程变为"涌现—扩散"的爆炸式迭代。在这个巨大转变过程中，所要求的制度弹性远超工业时代。最残酷的是，AI的破坏性更大：AI不仅淘汰落后产能，更可能系统性消灭整个职业门类（如初级程序员、放射科医生），而社会再分配机制远未准备好。

创新是一项高失败率的活动。克莱顿·克里斯坦森（Clayton Christensen）等著的《创新者的解答》（*The Innovator's Solution*）一书中写道："尽管精英们付出了最大的努力，大多数的创新产品尝试都以失败告终。超过60%的新产品甚至还未上市就宣告流产。在能够顺利诞生的那约40%当中，还有40%会因为盈利能力不佳而被撤出市场。把这些数据累加起来，你会发现，投入在新产品研发上的资金，有大约 3/4 会因为产品的失败而血本无归。① 在创新过程中，各种未知因素往往难以预测，努力的结果普遍呈随机特性，再加上未来市场的不确定性，这些给创新带来了极大的风险。

创新是一种将科学与技术内在禀性有机融合的高智力劳动，这种高智力劳动是一种高度复杂劳动，不同于一般的复杂劳动和智力劳动，更完全不同于简单劳动或体力劳动。创新依赖于高智力人才，这不仅体现在高智力人才的规模，更体现在创新各环节中人才的合理配置。一切事业皆由人开创，而创新尤其需要具备创造性的各类人才。

历史表明，无论什么时候，创新的规模和水平都以整体投入为基础。通行的说法是，用于创新的资金只占销售额 1% 的企业难以生存，占 2.6% 的可以维持，占 5% 以上的才有竞争力。

创新具有高度组织性。诚然，创新要有创造力，需要"反其道而行之"，但这其实只是创新的开始。所有成功的创新无一不是高度组织的结果。乔布斯可以说是历史上最具创新精神的企业家之一。即便乔布斯非常反感大型组织的官僚主义和效率低下，但他领导的 Mac（苹果电脑）团队最终规模也达到了 100 人。他们都在一栋大楼里办公，以便随时沟通。乔布斯曾立下规矩，Mac 团队不能超过 100 人，若需新增一员，就必须淘汰现有一员。缺乏高度的组织性会导致效率极度低下。创新往往始于天马行空的集体讨论，但倘若没有合适的流程加以规范，就容易

---

① 引自中信出版社于 2013 年出版的《创新者的解答》，有少量改动。——编者注

陷入一种混乱状态，表面上看似在创新，实则在漫无目的地摸索。好的创新都是具有高度组织性的，这将有利于企业找到合适的起点，然后尽量运用正确的方法、按照合理的程序、分轻重缓急地进行有效创新。

创新的高失败率让我们对创新有一个正确的态度。对于创新来说，失败是正常的，我们应该不畏失败、锲而不舍。同时，创新既需要具有高创造力的人才，又需要大量的资源。具备这些条件后，企业如果可以有效地组织管理创新，应能取得不同凡响的创新成果。

我们不妨大胆设想，未来经济增长或将由"AI 的自我创新"驱动。那么，这就带来这样一个悖论：当创新本身被自动化时，市场竞争机制是否会因失去"人的不确定性"而变得僵化？或许，我们需要重新定义创新的本质：它不再仅是生产要素的新组合，而且是人类与 AI 在认知边界的共生演化。

会聚创新：一个灰烬中重生的案例

赫库兰尼姆是意大利那不勒斯湾的一个古罗马小城，位于维苏威火山脚下。它之所以举世闻名，是因为它是公元 79 年被火山岩浆摧毁的庞贝古城附属遗址的图书馆所在地。在这座唯一保存完好的古代图书馆里，藏有大量已经完全碳化的莎草纸卷轴。它们根本无法被展开，除非被破坏成碎屑。四个世纪以来，从僧侣、王子到莎草纸学家、考古学家，再到历史学家、计算机科学家，无数人试图从卷轴中辨识出任何字母或文字，但都无功而返。

随着 ChatGPT 的发布，大模型在 2023 年春天出现爆炸式增长，与此同时，人们对超级智能产生了焦虑。硅谷及其他地区的许多开发人员和思想家警告说：或许有一天，某个系统会像维苏威火山喷发那样，具有强大力量，将我们的文明化为尘土和灰烬。这种担忧促使数百名业余破译者决定投入时间，利用人工智能来破解那些古老的卷轴，期望能在一个因可怕灾难而灭绝的城市中发现前所未见的文字。这就是"维苏威火山挑战赛"的起源。该赛事于 2023 年启动，旨在拯救这些被掩埋在灰烬中的文明。

发起比赛的，是旧金山（即圣弗朗西斯科）湾区知名投资者纳特·弗里德曼（Nat Friedman）。在 2021 年之前，弗里德曼长期担任微软开源软件开发平台 GitHub 的首席执行官。他与长期投资伙伴丹尼尔·格罗斯（Daniel Gross），都是大模型的早期投资者。在 21 世纪第二个 10 年，弗里德曼和格罗斯就开始向机器学习研究人员开出支票。如今，他们拥有的英伟达 AI 芯片比大多数国家都多。有媒体报道称，科技行业亿万富翁正计划在美国旧金山北部的农田上建造一座"乌托邦城市"，这些富翁中就包括弗里德曼。

在 2020 年春天的大流行期间，随着世界大部分地区都处于停摆状态，在旧金山家中隔离的弗里德曼，忽然对古代灾难产生了兴趣。维基百科上有关古代灾难的内容，将他带到古罗马的赫库兰尼姆小城。1750 年，在挖掘古城的过程中，在一个豪华别墅的一角，工人们发现了一堆几英寸[①]高的黑色畸形圆柱体。这些物品最初被认为是碳化木头，有些被扔掉了——直到项目负责

[①] 1 英寸 = 2.54 厘米。——编者注

深度探索

人意识到这里是别墅中的图书馆。所幸的是，超 1000 个莎草纸卷轴及碎片被放置到了当地的博物馆之中，等待着日后有重见天日的一天。谁也没有想到的是，弗里德曼按下了加速按钮。

弗里德曼了解到这方面最新的突破，似乎成功的曙光已经依稀可见。2019 年，由计算机科学教授布伦特·西尔斯（Brent Seales）领导的肯塔基大学（University of Kentucky）的一个团队，将两个完整的卷轴与四个破碎的碎片运送到位于英国牛津郡的同步加速器中心。西尔斯和他的团队利用同步加速器的高能光子，以 8 微米的分辨率对莎草纸进行了 CT（计算机体层扫描）检查。这一分辨率下可识别的最小细节尺寸大致相当于红细胞的直径。

西尔斯的计划是将同步加速器扫描导入一个定制的计算机程序中，以虚拟方式展开每一层莎草纸，以期它们在渲染的表面上露出墨水。然而，卷轴上使用的碳基墨水具有与莎草纸相似的辐射密度。这意味着，没有足够的对比度让墨水在扫描中显示出来。为了解决这个问题，西尔斯的团队构建了一个机器学习模型，该模型使用以碳墨水编写的手稿进行训练。一个成功的墨水检测 AI 模型也许可以应用于卷轴虚拟展开后的表面分析。弗里德曼了解到这些，想到了一个主意：也许硅谷的 AI 社区可以提供帮助。

沿着每个卷轴的横轴，研究人员从上到下拍摄了数千张横截面的 X 光片。每个横截面都露出卷起的莎草纸，就像树的年轮一样。展开卷筒并提取平坦表面耗时很长。研究人员需要使用鼠标点击，逐一对每个横截面中莎草纸的位置移动进行标记。然后，定制算法基于标记数据将各个横截面拼接成一张纸。但有些莎草纸在碳化之后已经融合在一起。有时，莎草纸会自行折叠，或者变得松散，一张会变成几张。总之，困难重重。

在 GPT-4 发布的第二天，弗里德曼宣布了挑战赛的目标：识别 4 个至少包含 140 个字符的独立段落。挑战赛设置的特等奖的参赛截止日期是 2023 年 12 月 31 日。针对来自两个卷轴的 5.5TB 扫描图像，后续处理工作主要包括两个部分：图像分割和墨水检测。在参与者开发的开源软件的帮助下，弗里德曼的团队每小时可处理大约 0.2 平方英寸的莎草纸表面数据。

有关墨水检测的故事，则是一个更为开放的故事。组织者在数据科学竞赛在线平台 Kaggle 上发起了一场机器学习竞赛，奖金总额为 10 万美元。任务相对简单：构建一个机器学习模型，以检测断裂的莎草纸碎片的 CT 图像中的墨水痕迹。组织者希望，在碎片数据上训练的墨水检测模型可以应用于所有莎草纸片段的分析。

共有 2763 个参赛者和团队报名参赛，其中包括中国哈尔滨工业大学的两名学生、乌克兰的考古学家团队、德国的医学影像研究小组，以及日本和韩国的机器学习工程师，等等。他们构建了 AI 模型，用于预测扫描片段中每个体素（相当于像素的三维）内是否存在墨水，并上传了模型预测结果。

2023 年底，德国柏林自由大学埃及籍的机器学习专业研究生优素福·纳德尔（Youssef Nader）与美国内布拉斯加大学林肯分校本科生卢克·法里托（Luke Farritor）、瑞士苏黎世大学机器人专业研究生朱利安·希利格（Julian Schilliger）携手合作，取得了令人瞩目的成果。他们的 AI 模型识别出 4 个完整的段落，共计 2000 个字符，远远超过了挑战赛大奖的获得标准。2024 年 2 月初，"维苏威火山挑战赛"官方宣布，授予他们 70 万美元的大奖。

这个故事是我在 2024 年 3 月从《科学美国人》杂志官网上一篇题为《解码古代赫库兰尼姆卷轴的 AI 竞赛》（Inside the AI Competition That Decoded an Ancient Herculaneum Scroll）的文章中看到的。它堪称生动诠释会聚创新（converging innovation）的典范，充分展现了 AI 与考古学碰撞所创造的奇迹。

2001 年，"会聚技术"的概念被正式提出，泛指纳米技术、生物技术、信息技术以及认知科学这四类技术（NBIC）的协同融合。此后，欧盟、日本、以色列、加拿大等发达经济体均推出了相应的会聚技术规划，会聚技术也向其他科技领域延伸，成为普适性概念。2014 年，美国国家研究理事会（NRC）指出，会聚是一种通过跨越学科界限来解决问题的方法，它将生命科学、物理学、数学、计算科学乃至其他领域的学科知识、工具方法和思维方式整合在一个综合框架内，以应对多领域交汇产生的科学问题和挑战。

基于会聚技术，会聚创新被视为融合不同学科的理论、技术和研究方法的过程，是知识体系聚合裂变、实现综合创新的过程，能极大地拓展人类创新活动的广度和深度。其既包括解决一系列科研问题所需的相关专业知识的会聚，也包括构建合作伙伴关系网络，这种网络不仅为相关科学研究提供支持，还能推动研究成果不断转化为新的创新形式和创新产品。

赫库兰尼姆卷轴的破译，正是会聚技术的完美体现。这一突破性成果并非依赖单一学科，而是计算机科学、人工智能、物理学、考古学、材料科学等多个领域深度融合的产物。从前述报道中我们可以看到，跨学科协作是走向成功的核心动力：高能物理领域的技术，如同步加速器、CT，提供了微米级精度的三维成像；计算机视觉与机器学习领域开发的墨水检测 AI 模型，可从碳化材料中识别古拉丁文；考古学与历史语言学的学者们，则确保破译结果的准确性，并赋予其文化意义。比如，学者们猜测，这次破译的文字，来自一部探讨"快乐"的哲学著作。

同时，我们也看到了会聚创新的加速和扩散效应。如果没有大模型技术的爆发，卷轴破译可能仍需数十年。AI 的介入不仅提高了效率，还激发了全球开源社区的参与——从 Kaggle 上的竞赛到独立研究者的贡献，它们共同催生出一种分布式科研新模式。

令人欣慰的是，赫库兰尼姆卷轴只是开始。1993 年，在约旦佩特拉的一座拜占庭教堂遗址中，考古人员发现了 140 个已碳化的可追溯到公元 6 世纪的莎草纸卷轴。数以万计的死海古卷碎片同样亟待研究，因为很多碎片都相互粘连，至今仍未被完整阅读。它们现在是"维苏威火山挑战赛"下一轮比赛的重点关注对象。古埃及的木乃伊面具同样包含莎草纸，并且被层层石膏覆盖。在这些莎草纸上，往往有文字，然而，如果不破坏石膏，就很难破译纸上的内容。现在，那些莎草纸也可能重见天日，向世人诉说古老的故事。

赫库兰尼姆项目揭示了会聚技术的核心逻辑：复杂问题需要跨界工具链。赫库兰尼姆卷轴的破译，不仅是一次技术的胜利，更是一种方法论启示——面对人类文明的宏大谜题，唯有打破边界，方能揭开答案。

深度创新能力是人类最后的坚持

正如本书前述章节所揭示的，在 DeepSeek 的推动下，大模型已进入"新范式"阶段。其推出的技术创新，包括多头潜在注意力机制，混合专家模型中更细颗粒度专家和共享专家机制，以及多令牌预测技术等，使得 DeepSeek 在性能和性价比上具有显著优势。

现阶段，所有这些大模型的发展可以归纳为三大根本性突破。第一大突破是用户界面的革新。过去，电脑的人机界面极不友好，尽管鼠标和图形界面技术的出现解决了用户界面相关难题，但电脑仍局限为一种专业化工具。随着多模态大模型的能力日趋强大，交互方式变得越来越自然流畅，人们可以直接与机器进行对话。"空间智能"将使机器能够"看见"我们周遭的世界，并且具备理解、阐释这个世界的能力。如今，大模型已基本能够处理文本、图像、视频等各种形式的输入信息，并生成相应的输出内容。这一突破将彻底重塑几乎所有应用程序、浏览器、操作系统及设备的交互体验。

第二大突破是大模型在规划和推理方面的能力将提升人类解决问题的能力。AI 不再局限于简单的输入和输出信息的处理，而是具备了长远规划、前瞻性思考以及复杂逻辑推理的能力。

第三大突破是大模型具备更为复杂的长期记忆和超级检索能

力。也就是说，大模型能够基于特定的背景知识以及过往的交互历史来进行思考和运作。因为大模型是历史上知识储备最丰富的智能机器。

大模型自然流畅的交互界面、强大的规划与推理能力、复杂的知识记忆体系三项核心能力，正在并将持续重塑整个商业领域的格局与面貌。但是，深度创新能力始终是人类的独特天赋。比如，在科学这个凝聚人类高级智慧的领域，真正有重大突破性创造力的科学家永远不可能被人工智能取代。

爱因斯坦是科学家中最伟大、最具智慧的人之一。爱因斯坦作为加德纳笔下逻辑-数学智能创造力大师的代表，他的思维同样富有视觉空间想象力。他能够将思想实验、数学推导和存在于严谨数学逻辑框架中的抽象概念联系起来，形成划时代的科学洞见。

虽然爱因斯坦觉得自己的数学才能不突出，但他能用数学语言表达物理世界的现象。他在逻辑-数学智能和空间智能方面的天赋异常高，但对语言却没有多少兴趣，常因自己缺乏掌握外语的天分而扼腕叹息。爱因斯坦的方法回到了他童年时期对世界的看法上：寻找不受常规束缚的答案。后来这成就了他最具创新性的科学研究。

爱因斯坦将各种不同的成果（牛顿、法拉第、麦克斯韦、洛伦兹、庞加莱等人取得的成就）通通纳入一个基本的相对论假设，为重新定义空间、时间和物理世界的其他概念打下了坚实的基础。从此，人类得以用全新的视角审视空间和时间的本质，以及物质和能量的本质，这无疑是一场科学革命！

曾有科学家问爱因斯坦是如何构建他的理论体系的。爱因斯坦说，首先靠直觉确立基本原理。这是最具挑战性的部分。剩下的是逻辑推理。那什么是直觉？直觉从哪里来？为什么开普勒、牛顿就拥有超凡的直觉？爱因斯坦说："发现这些定律，并没有逻辑路径可循，只能依靠基于经验共鸣的直觉去领悟。"通俗地说，直觉源于经验与事实之间的共鸣。

再比如牛顿。牛顿创立了经典物理学，首次将天体运动和地面物体运动统一在同一理论框架下。他是怎么做到的呢？在牛顿之前，开普勒已经提出行星沿椭圆轨道运动的规律。伽利略已经做了自由落体实验，证明了在忽略空气阻力的情况下，所有物体在自由落体运动中具有相同的加速度，这个加速度与物体的质量无关。这两个结果从表面来看并无关系。但在牛顿眼里，这两个理论之间是不协调的。他认为，开普勒发现的行星运动定律和伽利略发现的自由落体规律，应该是由同样的基本力量所支配的。他的理由是，宇宙是上帝创造的，一定服从于一个共通的、简单的、美的基本原理。当时人们普遍认为"圆"是美的象征，如开普勒发现的行星运动定律，但为什么在宇宙中行星的运动轨迹是椭圆形的，而地面物体的下落轨迹却是直线？由此，在一些数学工具的帮助下，牛顿发现了万有引力。牛顿从两种看似无关的理论中捕捉到不协调、不统一的地方，这正是科学直觉的生动体现。

有了人工智能，对于逻辑部分，我们可以用人工智能来推理，但是通过逻辑，并不能找到那些真理。找到真理，依靠的是一种直觉。直觉是从 0 到 1，逻辑是从 1 到 1.1。直觉是人特有的，也是机器永远无法真正构建出来的。而直觉往往就是创新的起点。

再比如，疫苗是一个投入巨大、风险极高但利薄的产业，大型医药厂缺乏研发动力，导致疫苗的创新步伐极为迟缓。埃博拉疫苗在病毒暴发43年后才研发成功。对于艾滋病，在40年的时间里，全世界开发的疫苗达40多种，全部失败。SARS（严重急性呼吸综合征）疫苗，病毒暴发10多年过去了，依然不成功。因为没有资金投入，mRNA疫苗技术历经十几年仍停留在早期研发阶段。然而，技术突破的曙光往往诞生于至暗时刻——当全球新冠疫情将人类逼入绝境时，那些被长期忽视的创新种子终于迎来了破土而出的契机。

在疫情期间，BioNTech和Moderna等生物技术公司将原本用于癌症治疗的mRNA技术快速适配于传染病领域，重新定义疫苗开发范式。同时，辉瑞投入超10亿美元，建厂生产mRNA疫苗，并将其快速投放市场。mRNA疫苗的逆袭揭示了一个残酷而振奋人心的真理：深度创新需要的不只是科学家的执着，更依赖技术积累、资金投入、高效协同，以及市场需求催生的强大驱动力。

艺术家的创作也是一种深度的创造活动。米开朗琪罗留下这样的艺术哲思："我在大理石中看到了被禁锢的天使，只有一直雕刻，才能将他释放。"这就是一种以对经验共鸣的理解为依据的直觉。从客观事实到经验沉淀，再到提出基本原理，这一过程并无逻辑路径可循。因此，在深度创新层面，人类永远不会被机器替代。

在人工智能时代，一方面，人类的深度创新能力得到激发；另一方面，创新的内涵也极有可能被重新定义和书写。传统创新往往围绕人类主动构思和改进而展开。然而，在人工智能的世界里，创新将越来越多地涉及人与机器之间的共生关系。人工智能具备筛选海量数据、识别隐藏模式的能力，能够生成人类思维可能忽略的新颖假设。例如，在药物研发中，人工智能算法能以前所未有的速度分析分子结构和生物路径，提出可能颠覆制药行业的新候选药物。这意味着，创新不再仅仅关乎人类的创造力，还关乎我们能否有效地将人工智能生成的见解融入我们的创造过程。

另外，创新职能的边界将呈指数级扩展。在人工智能的帮助下，我们不仅可以在产品设计和服务交付方面进行创新，还可以在供应链管理、风险评估和资源分配等领域进行创新。人工智能驱动的预测分析可以优化供应链，提高资源利用效率并确保及时交付。对于金融机构的风险评估，人工智能模型可以评估复杂的市场趋势和客户行为，实现更准确的风险预测，从而催生具有创新性的风险管理策略。总之，这种扩展后的创新职能将触及商业和社会的各个方面，在更广泛领域造福人类社会。

创新的组织形式也将发生根本性转变。曾经在大企业普遍存在的等级结构可能会让位于更加灵活且协作性更强的网络。人工智能支持的通信工具可以打破语言上的障碍，让来自世界各地的团队在创新项目上实现无缝协作。自由职业者、初创企业和大型企业可以形成临时的创新联盟，共享资源和专业知识。例如，开源人工智能平台使全球开发者能够为新算法的开发做出贡献，这些算法随后可以应用于各种创新场景。此类新组织形式将推动创新周期缩短，并汇聚更多样化的观点。

人工智能正释放出前所未见的力量，几乎使得规模效应失去了上限，这也引发了人们的担忧。正如亨利·基辛格等所著的《人工智能时代与人类未来》一书所述："纵观历史，人类并非没有经历过技术变革。然而，从根本上改变我们这个社会的社会架构和政治架构的技术却屈指可数……但人工智能有望在人类体验的所有领域带来变革。变革的核心最终将发生在哲学层面，即改变人类理解现实世界的方式以及我们在其中所扮演的角色。"

这一观点揭示了人工智能区别于以往技术革命的本质特征。工业革命改变了人类的生产方式，信息革命重构了知识传播的路径，而人工智能的颠覆性在于它直接挑战了人类认知的边界——当机器不仅能执行指令，还能自主决策、创造甚至形成某种"价值观"时，传统意义上关于意识、伦理和权力的哲学框架将被迫重塑。

同时，基辛格也警示我们：技术迭代可以加速，但其对哲学和伦理的适应往往滞后。若人类无法在工具理性与价值理性之间找到新的平衡，人工智能或将成为一个"破坏者"——它既可能帮助我们突破人类认知的极限，也可能在认知失序中动摇社会价值的根基。历史经验表明，真正危险的不是技术的力量，而是人类对技术力量的理解未能与之同步。

在深入剖析中国人工智能领域的崛起力量 DeepSeek，并全面解读其技术逻辑、商业模式之后，相信读者已对中国在成本结构等方面的独特优势、人工智能技术的复杂性，以及技术进化的脉络有了清晰认知。在最后一章，我们将尝试从哲学层面讨论人工智能与人类福祉及未来的深层关联。

第十二章 AI：是普罗米修斯的火种还是潘多拉的魔盒？

人类曾将火种视为神灵的恩赏——普罗米修斯将它盗来，点亮了文明的曙光，却也引来了宙斯的惩罚。今天，我们手中握着另一种火种：人工智能。它能驱散无知与疾病的黑暗，赋予人类前所未有的力量；然若它失去控制，也可能燃起一场难以扑灭的灾祸。潘多拉的魔盒一旦开启，贪婪、偏激甚至具备自主意识的杀手机器人就可能蜂拥而来，而"希望"是否仍会留在盒底？

　　历史告诉我们：工具从无善恶，唯人性决定其归宿。我们创造的，终将重新定义我们自己。但这一次，我们面对的并非冰冷的石器或钢铁，而是一种可能比我们更具智慧、更富效率的存在。农业革命让人类驯化了小麦和牛羊，工业革命让我们驾驭了蒸汽与电力，而 AI 革命或许会让我们面对一个更根本的问题：当机器能思考、学习甚至创造时，人类的价值何在？

　　我们曾相信自己是地球上唯一能编织故事、探索宇宙意义的存在，可如果 AI 也能作曲、写诗、提出科学假说，我们的独特性是否会随之瓦解？更为堪忧的是，如果我们将决策权交给算法，人类的自由意志是否会沦为数据流中的一道涟漪？民主、艺术、爱情等——这些定义人性的基石，是否会在效率至上的优化进程中被悄然侵蚀？

速度与火焰终结一切

1946年7月1日出版的《时代》周刊，以其令人难忘的封面而载入史册。封面上是一幅由艺术家欧内斯特·哈姆林·贝克（Ernest Hamlin Baker）创作的有关爱因斯坦的插画。画面上的爱因斯坦，那头标志性的头发已经花白。背景中，一团燃烧的烈焰直冲云霄，阴霾的天空中飘浮着一朵硕大的蘑菇云，上面标注着爱因斯坦著名的质能方程 $E=mc^2$。这期封面的时代背景是，第二次世界大战结束之后，美国在太平洋比基尼岛进行核武器试验。封面下方是两行白底小字标题：主标题是"宇宙碎屑爱因斯坦"（Cosmoclast Einstein），副标题是"速度与火焰终结一切"（All Matter Is Speed and Flame）。

约80年过去了，在今天看来，这个封面背后巨大的轰鸣声穿过历史的帷幕，依然在耳边回响，在人类的灵魂中刻下一道深深的痕迹。那位白发苍苍的智者凝视着人类用他的公式点燃的炼狱之火，而标题中"速度与火焰终结一切"的警示，早已超越了物理学的范畴，成为文明存续的永恒命题。另一位智者巴菲特则将AI与核武器的发明相提并论，认为这两者都是"让精灵跳出魔盒"的举动。这不由得令人惊觉："速度与火焰终结一切"的古老谶语正在算力的世界里重生。爱因斯坦的蘑菇云与大模型的神经网络，本质上都是人类释放的普罗米修斯之火，一个在物理维度撕裂原子，一个在认知维度重构思维。当文明获得神之权柄时，人类究竟需要怎样的智慧，才能不让火焰焚毁人类自身？当精灵跳出潘多拉的魔盒并且以不可阻挡的力量大行其道的时候，人类究竟需要怎样的力量，才能守护住我们共同的家园，让希望永不泯灭？

1945年7月16日，"三位一体"核试验照亮新墨西哥州沙漠时，奥本海默联想到了《薄伽梵歌》："现在我成了死神，世界的毁灭者。"这种战栗与今天AI开发者面对GPT-4涌现能力时的恐惧如出一辙。核裂变与人工智能有着相同的危险逻辑：首先，两者都呈现指数级能量爆发：1千克铀235完全裂变，释放的能量相当于2万吨TNT（梯恩梯）；由李飞飞联合领导的斯坦福大学以人为本人工智能研究所发布的《2025年人工智能指数报告》指出，AI模型规模持续快速增长——训练所需计算量每5个月翻一番，数据集规模每8个月翻一番，耗电量每年翻一番。其次，两者都具有临界点而且不可逆：核裂变一旦触发链式反应，便无法停止；大模型达到"智能奇点"后同样可能脱离控制。最后，两者都具有双刃剑的特征：核技术既能用于发电，也能用于制造原子弹；AI既能助力研发药物，也能被利用深度伪造战争借口，衍生出诈骗伎俩。

《时代》周刊封面上的火焰，在数字时代演化出新的形态。第一种形态是速度之火：核武器以微秒级效率复刻太阳的聚变过程，而大模型的训练即将耗尽人类所有的数据；人类这一物种进化需要数百万年，机器智能升级只需几个月。其危险在于，当进化被按下快进键，文明的社会伦理、法律制度，根本无法应对这种指数级变化。第二种形态是认知之火：原子弹摧毁物理城市，AI 则动摇思想的根基，突破认知的底线。当深度伪造技术能完美模仿任何领导人的声音时，当算法推荐导致的信息茧房取代公共讨论时，"真实"这个文明的最根本基石会面临崩塌。爱因斯坦担忧"第四次世界大战用石头打"，但更残酷的现实可能是，战争还未开始，人类就已丧失辨别真假的能力。第三种形态是系统之火。AI 可能引发更隐秘的系统性崩溃：在经济层面，如果 AI 取代全社会近半数的工作岗位，便会引发社会动荡。在政治层面，算法独裁的技术可行性令人不安。在生物层面，基因编辑技术与 AI 设计的病原体一旦结合，可能催生致命组合。

希腊神话中，普罗米修斯盗火给人类后，被宙斯锁在高加索山上，承受永世鹰啄之刑。今天的人类同样面临惩罚：核武器竞赛催生"相互确保摧毁"（MAD）的恐怖平衡机制，而 AI 竞赛却正在不受约束地狂飙突进，各国政府明知潜在的危险却无法停止研发。曼哈顿计划的科学家们尚能反对氢弹的研发，但今天的 AI 开发被分散在旧金山、北京和班加罗尔的无数办公室里，没有谁能对整体风险负责。

面对这个"速度与火焰"的新纪元，为了打破"速度与火焰终结一切"的诅咒，人类需要的不是放弃创新，而是重建创新的神圣性。比如，针对 AI 的关键突破设立基于文明的刹车机制，各国政府可以要求所有 AI 系统必须像核反应堆一样内置"负反馈回路"。在基准测试方面，科学家可以要求把"图灵测试"升级为"人性测试"。

"速度与火焰"可以终结一切，也能照亮前路——关键在于我们是否能在按下回车键前，学会在镜中认清自己的模样。因为最终，所有技术都是人性的显影液。在大模型爆炸式发展的时代，最大的创新或许是：证明人类配得上自己创造的力量。

比尔·盖茨的机器人税

在大模型的冲击之下，第一批人类主导的公司开始失败。其中最典型的是，曾经在疫情期间风光无两的美国著名在线教育公司 Chegg，在 ChatGPT 推出之后市值几乎归零。疫情期间作为学生们寻求作业帮助的头部平台，Chegg 股价和订阅量均创下历史峰值。然而，随着 ChatGPT 的兴起，学生们突然发现有了一个免费的替代品，这导致 Chegg 的订阅用户数量急剧下降。自 ChatGPT 发布以来，Chegg 失去了超过 50 万的付费订阅用户，股价从 2021 年初的高点下跌了 99%，市值蒸发约 145 亿美元。

围绕人工智能，在诸多挑战之外，也有积极信号浮现。2025 年 3 月的《经济学人》杂志刊登了一篇题为《能否说服人们不要相信虚假信息？》（Can People Be Persuaded Not to Believe Disinformation?）的文章，该文章介绍了 2024 年 9 月麻省理工学院的托马斯·科斯特洛（Thomas Costello）及其同事发表的一项研究。这项研究邀请 2190 名持阴谋论观点的人与聊天机器人 GPT-4 进行对话。三轮对话之后，这些人自我报告的阴谋论相信度降低了 20%。1/4 的参与者完全放弃了他们的念头。这背后的原因是，聊天机器人能提供理性回应，而不会被情绪左右。此外，它们能够梳理大量的训练数据，提出精确的反驳论据，而不是像人类在辩论中常表现的那样泛泛而谈。可见，基于大模型的聊天机器人具备强大的说服力。再比如所谓的多模态数字人，大模型只需进行 5 分钟数据采集，即可生成高仿真数字人，这类数字人已经入驻数千家品牌直播间，代替人进行直播带货。

UNCTAD（联合国贸易和发展）发布的《2025 年技术与创新报告——促进发展的包容性人工智能》披露，人工智能的使用有可能影响全球 40% 的就业。在发达经济体，1/3 的工作容易受到人工智能自动化的影响，而大约 27% 的工作有可能被人工智能增强。发达经济体的劳动力面临的风险更大，因为他们有更多的工作涉及认知任务。

人工智能如何影响人类的劳动和生产力呢？根据阿西莫格鲁等人多年的研究，人工智能可以通过四种主要方式（见图 12-1）影响人类的劳动和生产力，而且往往是同时影响：替代人类劳动力，补充人力，深化自动化，以及最重要的，即创造新的就业机会。我们已看到，大模型编写代码，人形机器人端茶送水，数字人直播带货，这些都是替代人类劳动力的表现。

在这种背景下，就不得不提 2017 年比尔·盖茨提出的"机器人税"这个概念。他认为，随着自动化的普及和 AI 取代人类工作，政府应对企业使用机器人征税，以减缓就业冲击并资助劳动力再培训。征税的理由是，机器人取代人类岗位后，虽然企业利润会增长，但因为缴纳所得税的人会变少，所以政府的税收会减少。当然，征税进程应匹配自动化普及速度，从而避免激进政策抑制创新。

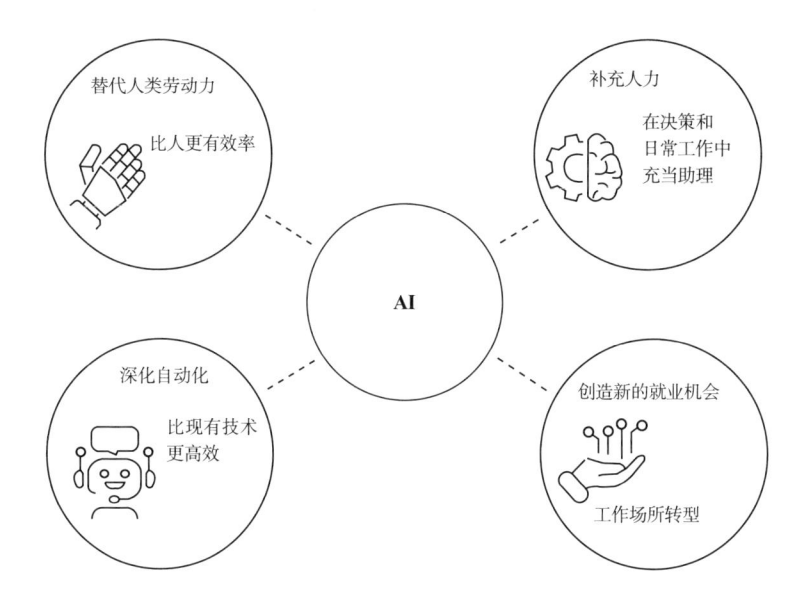

图 12-1　人工智能影响人类劳动和生产力的四种方式

图片来源：UNCTAD，《2025 年技术与创新报告——促进发展的包容性人工智能》。

支持征收机器人税政策的人认为，这一政策有助于实现社会公平，减少收入差距，通过减慢自动化的部署速度，为社会留出更多的适应时间，以保障社会平稳过渡。而反对者则指出，机器人税本质上会导致整体生产回报率下降，是对创新的罚款。经济学家围绕该议题的争议在于，究竟如何定义"机器人"。它是指人形机器人，还是泛指包括灵巧手、机械臂等在内的所有自动化机器？如果以"节省劳动力"为衡量标准，那办公软件算不算"机器人"呢？而这，正是盖茨跻身世界富豪行列的关键基石。

如果再仔细推敲盖茨的观点，我们会发现，他的推理链条并不完整。比如，如果企业家购买机器人，不仅需要承担采购成本，还要承担高昂的维修成本。如果企业家投资部署大模型，有可能涉及流程再造等一系列动作。这些投资不仅昂贵，而且回报周期有可能非常漫长，并且还可能回报低于预期。但盖茨的构想之所以发人深省，是因为征收机器人税并非反对进步，而是试图在效率优先与人类福祉两个现实维度之间寻找平衡。

盖茨的见解对今天的启发是，如果我们不主动设计分配机制，AI革命可能重蹈工业革命的覆辙：先摧毁旧秩序，数十年后才缓慢建立新平衡。征收机器人税的本质，是要求那些从自动化中获利最多的企业承担更多社会责任，为职业培训、全民基本收入等过渡方案提供资金。这不是惩罚创新，而是确保创新真正服务于人类整体。毕竟，一个被失业潮撕裂的社会，最终也会吞噬科技巨头们的市场。

歌德的寓言，维纳的担忧

1960年，"控制论之父"诺伯特·维纳（Norbert Wiener）发表了一篇极具前瞻性的文章。他警告说，一个"机器学习以令程序员感到困惑的速度开发不可预见策略"的世界即将到来。维纳认为，这些策略可能包含程序员并不"真正渴望"的行动，而仅仅是对人类意图的"多彩模仿"。他引用了德国诗人歌德的寓言《魔法师学徒》来阐述这一观点：在这个故事中，一位年轻的学徒给扫帚施了魔法，让它去取水并装满巫师的浴缸。然而，当任务完成时，这位年轻魔法师却无法停止扫帚的行动。最终，越来越多的水淹没了整个房间，引发了一场灾难。

如今，人工智能的惊人进步让维纳的担忧再次浮出水面。横空出世的大模型，如同那把被施了魔法的扫帚，它正趾高气扬地执行着它的使命。而人类则像那位年轻气盛的学徒，正得意扬扬地观察着一切。这一次，维纳担心的事是否会成真？我们是否会重蹈那个魔法师的覆辙？要找到答案或许还为时尚早，而这正是本书试图探究和思考的一个命题，也是我们呼吁开展负责任创新的出发点。

在人工智能时代，创新将迎来更深层次的范式变革。AI将大幅降低创新门槛，使个体开发者、小微企业与传统巨头站在同一起跑线上。借助低代码平台和AI辅助工具（如GitHub Copilot），非技术背景者也能参与创新。同时，"人机协同"将成为常态：人类负责创意构思与价值判断，AI承担数据挖掘、方案迭代等重复性工作，形成"人类定义问题—AI生成方案—人类优化落地"的闭环。

从创新的时间维度来看，AI凭借实时数据处理和预测能力将创新周期压缩至前所未有的尺度。例如，在药物研发中，AI可在一周内完成数百万种分子组合的筛选，而传统方法需耗费数年。工业设计领域，生成式AI能根据需求参数即时输出上千种设计方案。创新的响应速度呈指数级提升，有可能催生"即时创新"模式。

创新的范式也有可能发生结构性转变。比如，AI通过模拟测试快速验证创新可行性，推动创新路径从"技术导向"向"问题导向"逆转。DeepMind利用AlphaFold解决蛋白质结构预测问题，完美体现了AI通过模拟测试推动创新路径向"问题导向"逆转。

蛋白质的折叠机制是生物学领域一个十分重要的研究课题，

因为蛋白质折叠成何种结构决定了它将具有何种功能。如果蛋白质因为各种原因而没有正确折叠，就可能无法正常发挥其功能，进而引发疾病，如阿尔茨海默病、帕金森病等，这些疾病都和蛋白质错误折叠有关。此外，在药物设计方面，研究人员常常需要开发具有特定功能的蛋白质，所以需要对蛋白质折叠有深入理解。"蛋白质折叠问题"因此成为生物学领域多年未解的难题。

锁定这一关键问题之后，DeepMind 没有从零开始开发新技术，而是基于现有深度学习框架，借助虚拟分子动力学模拟进行快速测试。其将已知的 17 万组蛋白质序列和结构数据输入 AI 模型，利用 AI 预测未知蛋白质结构。2020 年，AlphaFold 2 参加了蛋白质结构预测技术关键测试（CASP）竞赛。该竞赛堪称蛋白质结构预测界的奥林匹克赛事。来自世界各地的参赛团队会拿到未知结构的蛋白质的氨基酸序列，然后使用各自的算法预测蛋白质三维结构，最后将各自结果和实验测定结果进行比较，相似度越高，得分就越高。AlphaFold 2 取得了中位分数 92.4 分（满分 100 分，获得 90 分以上的预测方法被认为可与实验方法媲美）的成绩，它预测的蛋白质三维结构和最后实验测定的标准答案相比，仅有原子尺度的差异。2024 年 5 月，AlphaFold 3 一经推出便登上《自然》杂志头版。从此，人类实现了对所有生物分子结构的预测，攻克了"蛋白质折叠问题"这一难题。

和当年的互联网浪潮相比，当前的人工智能浪潮在渗透深度和广度上更胜一筹，人工智能可以真正赋能千行百业的各类场景。比如，物联网设备与人工智能融合后，可在极少人为干预的情况下分析数据、做出决策和采取行动。这正在成为智能工厂的基础

（见图12-2）。据2024年联合国经济及社会理事会的估计，人工智能产生的温室气体排放量正超过全球航空业，而数据中心电力需求约占全球电力需求的1%。尽管如此，预计到2030年，仅通过提高效率，人工智能就能使全球温室气体排放量减少4%。

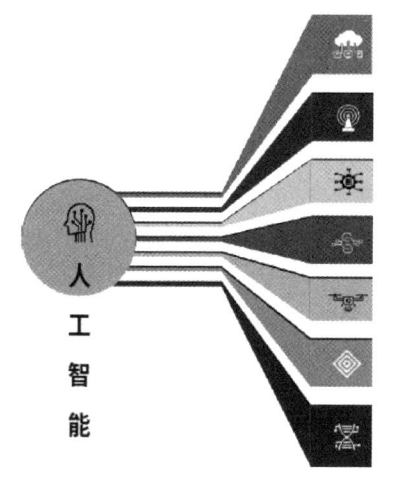

人工智能让物联网设备能够自主分析数据、做出决策和采取行动

人工智能与5G相结合，可实现更高速度、更低延迟的智能连接

人工智能强化数据分析和模式识别，借助大数据支持模型训练

人工智能改进威胁检测数据分析，通过区块链增强安全措施

人工智能支持以下方面的设计和压力测试：3D打印，增强机器人决策能力，实现无人机自主操作

通过优化可再生能源管理，人工智能推动绿色前沿技术发展

人工智能提高基因编辑等技术的精确度和建模能力

图 12-2　人工智能对其他前沿技术的增强

图片来源：UNCTAD，《2025年技术与创新报告——促进发展的包容性人工智能》。

当然，人工智能也是一把双刃剑。在推动创新的同时，它也带来创新异化风险，例如算法偏见可能导致创新方向偏移、深度伪造技术的滥用等。在加强人工智能治理的前提下，对于工具理性与价值理性这一经典话题，我们需要重温和反思。

重温工具理性与价值理性

大模型的迅猛发展点燃了人们对开发通用人工智能或"强人工智能"的期望，这种智能被设想为能够超越人类智能并实现自主运行。人工智能已在手写识别、语音识别、图像识别、阅读理解和语言理解等方面超越了人类。然而，人类智能是复杂和多面的，要实现通用人工智能，面临的挑战或许远超想象。

20世纪初，德国社会学家马克斯·韦伯首次将理性划分为工具理性和价值理性两种类型。作为分析世界文明历史的重要"理念类型"，它们源于韦伯理论体系中最基本的概念——"行为"。他认为，工具理性是指为了达成特定目标而采取理性行为，遵循效率和效果最大化的原则，关注如何最有效地达成目标。也就是说，这是一种为实现既定目标，考量各种可能手段及其后果，进而选择最有效手段的理性。因此，秉持工具理性者不是看重所选行为本身的价值，而是看重所选行为能否作为达到目的之有效手段。比如，曾引发社会热议的"困在系统里"的快递员，以及在武汉街头的"萝卜快跑"无人驾驶出租车，都是工具理性的典型体现。

价值理性是指个体或组织在行动时，基于特定价值观念或信仰体系采取理性行为，这种理性行为表现出对"无条件固有价值的纯粹信仰，不管是否能取得成就"。人们赋予选定行为"绝对价值"，而不管其动机源于伦理、美学、宗教，还是责任感、荣誉感和忠诚心等方面。价值理性仅看重行为本身的价值，甚至可以超脱对手段和后果的考量。在现代化进程中，工具理性与价值理性之间存在着巨大张力。

理性本身是一个复杂的概念。它不仅包括工具理性，还涵盖价值、情感和传统等可能被误归为"非理性"的部分。哈耶克提出的"有限理性"，可被视为对韦伯学说的呼应。工具理性，虽然从字面来看，它似乎排除了人性内涵，但却构成了经济社会高效运转的底层逻辑和动力引擎。

作为思想家，韦伯以某种矛盾的心态看待工具理性与价值理性这两者给人类造成的困惑。一方面，他冷静地指出工具理性的合理性与其不可避免性；另一方面，他珍视自由、理性和人格尊严，对工具理性导致人被禁锢于效率至上的系统中，丧失对生命意义反思的"铁笼"效应持批判态度，同时也忧心价值理性式微，道德、情感等非功利性价值被冷落和遮蔽。人工智能的兴起，让有关工具理性与价值理性的话题讨论再度成为焦点。AI这一强大工具究竟是禁锢人类的牢笼还是解放人类的利器？针对这个问题，不少科学家已经表达了他们的担忧。

社会生物学家爱德华·O. 威尔逊（Edward O. Wilson）曾指出："人类真正的问题如下：我们有旧石器时代的情感模式，中世纪的制度，以及神一般的技术。这是非常危险的，现在正接近总体危机的临界点……除非我们理性地回答几代前那些哲学家就放弃的重大问题——我们从哪里来？我们是谁？我们要到哪里去？——否则我们将站在非常薄弱的基础上。"人工智能就是这样一种"神一般的技术"。如果人类不能摆脱中世纪的制度，超越旧石器时代的情感局限，那么技术带来的力量将把人类推向何方，这是一个非常难回答的问题。

我们倡导负责任创新，这意味着对工具理性的矫正、对价值理性的回归。在技术的狂飙突进中，保持工具理性和价值理性的平衡，不让工具理性遮蔽价值理性的光芒与纯粹，是全社会的责任。否则我们可能赢得效率，却失去意义。那样的话，AI便不再是普罗米修斯的火种，而是潘多拉的魔盒。

然而，最深的恐惧并非来自机器，而是来自人类自身。AI放大了人类的能力，却也放大了我们的缺陷。它可能沦为专制者的完美监控工具，成为资本碾压弱势群体的无形巨轮，甚至演变为文明内耗的终极武器。但同样，它也能够成为教育平权的推手、气候危机的解方、跨文明对话的桥梁。关键不在于 AI 能否思考，而在于我们是否还能清醒地思考自己究竟想要什么。

普罗米修斯的火种温暖了洞穴，却也烧毁了森林；潘多拉的魔盒释放了灾祸，却也在盒底留存了希望。面对 AI，我们或许该问：这次，我们是否有足够的智慧，在获取如普罗米修斯盗来的天火般强大力量之前，先学会不被它焚毁？

参考文献

1. SUBIN S. Nvidia sheds almost $600 billion in market cap, biggest one-day loss in U.S. history [EB/OL]. (2025-01-27)[2025-02-27]. https://www.cnbc.com/2025/01/27/nvidia-sheds-almost-600-billion-in-market-cap-biggest-drop-ever.html.
2. 永远好奇的. 我所见过的梁文锋 [EB/OL].（2025-02-06）[2025-03-06]. 聪明投资者公众号.
3. 财经十一人. ChatGPT 算力消耗惊人，能烧得起的中国公司寥寥无几 [EB/OL]. (2023-03-06) [2025-02-27]. https://36kr.com/p/2158371855507206.
4. 心之龙城飞将. 成本是 GPT 的 1/20，轰动硅谷的中国大模型 DeepSeek 是怎么做到的？[EB/OL]. (2025-01-06)[2025-02-27]. https://user.guancha.cn/main/content?id=1359969.
5. 甲子光年. 我们应如何看待 DeepSeek 的 557.6 万美元训练成本？[EB/OL]. (2025-02-07) [2025-02-27]. https://36kr.com/p/3156439091730944.
6. HINTON G E, VINYALS O, DEAN J. Distilling the knowledge in a neural Network[EB/OL]. (2015-03-09) [2025-02-27]. http: //arxv. org/abs/1503. 02531.
7. 艾萨克森. 埃隆·马斯克传 [M]. 孙思远，刘家琦，译. 北京：中信出版集团，2023.
8. 刘远举. DeepSeek 站在巨人肩上，这个巨人到底是什么？[EB/OL]. (2025-02-05) [2025-03-03]. https://www.163.com/dy/article/JNJI7GLD05129QAF.html.
9. 罗素，诺维格. 人工智能：现代方法（第 4 版）[M]. 张博雅，陈坤，田超，等译. 北京：人民邮电出版社，2022.
10. TURING A M. Computing machinery and intelligence[J]. Mind, 1950, 59(236).
11. 吴晓波，安健，刘斌. 云上的中国 3：剧变中的 AI 时代 [M]. 北京：中信出版集团，2024.

12. SUTTON R. The bitter lesson[EB/OL]. (2019-03-13)[2025-03-03]. http://www.incompleteideas.net/IncIdeas/BitterLesson.html.

13. RUMELHART D E, HINTON G E, WILLIAMS R J. Learning representations by back-propagating errors[J]. Nature, 1986, 323(6088).

14. 最近很火的 ChatGPT 究竟是什么？本文解释得非常全面，还通俗易懂 [EB/OL]. (2023-02-20)[2025-03-03]. https://blog.csdn.net/sunyctf/article/details/129129579.

15. 陈出木. 国产 AI 掀起"百模大战"，突围 ChatGPT 还要多久？[EB/OL]. (2023-05-10)[2023-05-10]. https://www.growthhk.cn/cgo/product/97190.html.

16. 智瞰 AI ｜戴文渊："百模大战"不是太多，而是远远不够 [EB/OL]. (2025-02-17)[2025-03-03]. https://news.qq.com/rain/a/20250217A05SSF00.

17. SHAO Z, ZHU Q, XU R, et al. DeepSeek Math: pushing the limits of mathematical reasoning in open language models[EB/OL]. (2024-02-05) [2024-05-06]. https://arxiv.org/abs/2402.03300.

18. DAI D, DENG C, ZHAO C, et al. DeepSeek MoE: towards ultimate expert specialization in mixture-of-experts language models[EB/OL]. (2024-01-11) [2024-05-06]. https://arxiv.org/abs/2401.06066.

19. 陈永伟. 算力门槛下降是一连串事件 [EB/OL]. (2025-01-03)[2025-03-14]. https://finance.sina.com.cn/roll/2025-01-03/doc-inectnsp4465661.shtml.

20. 苏剑林. 缓存与效果的极限拉扯：从 MHA、MQA、GQA 到 MLA[EB/OL]. (2024-05-13)[2025-03-14]. https://www.spaces.ac.cn/archives/10091.

21. LIU A, FENG B, WANG B, et al. DeepSeek-V2: a strong, economical, and efficient mixture-of-experts language model[EB/OL]. (2024-05-07) [2024-06-19]. https://arxiv.org/abs/2405.04434v5.

22. 暗涌. 对话幻方梁文锋：AI 界的拼多多——揭秘 DeepSeek! [EB/OL]. (2024-07-18) [2025-03-14]. https://wallstreetcn.com/articles/3719982.

23. 不去幼儿园. 演员评论家 Actor-Critic 算法（万字长文、附代码）[EB/OL]. (2024-12-26)[2025-03-13]. https://cloud.tencent.com/developer/article/2481760.

24. OpenAI GPT-6 训练规模将创历史新高：预估 10 万张 H100 GPU[EB/OL]. (2025-03-01)[2025-03-14]. https://news.qq.com/rain/a/20250301A01XPY00.

25. 萧雨. 揭秘 OpenAI 阿尔特曼的 49 万亿 AI 计划：台积电觉得荒谬，日本官员笑了 [EB/OL]. (2024-10-02)[2025-03-14]. https://www.ithome.com/0/800/019.htm.

26. 威特. 黄仁勋：英伟达之芯 [M]. 周健工, 译. 北京: 中国财政经济出版社, 2024.

27. 快科技. AMD 差一点收购英伟达：前工程师自曝内幕 太可惜了！[EB/OL]. (2024-07-06)[2025-03-14]. https://finance.sina.com.cn/tech/roll/2024-07-06/

doc-inccfaic2985260.shtml.

28. 吴军. 浪潮之巅：[M]. 4 版. 北京：人民邮电出版社，2019.

29. 王晓云，段晓东，张昊，等. 算力时代：一场新的产业革命 [M]. 北京：中信出版集团，2022.

30. 林觉民，张梦华. 微软开源：一场内部策反的自我革命 | 观点 [EB/OL]. (2020-05-30)[2025-02-01]. https://zhuanlan.zhihu.com/p/144666999.

31. TARKOWSKI A. Data governance in open source AI: enabling responsible and systemic access[EB/OL]. (2025-01-22)[2025-02-22]. https://opensource.org/wp-content/uploads/2025/02/2025-OSI-DataGovernanceOSAI-final-v5.pdf.

32. IT 特大号. 你大爷还是你大爷！一文看懂 AWS 的大模型布局 [EB/OL]. (2024-12-20) [2025-03-10]. https://xueqiu.com/1844940635/317582529?md5_1038=eqRx-nD97DQC4l6zq0%3DK0Qqi%3DSSPYqPDtT4D.

33. RAYMOND E S. 大教堂与集市 [M]. 卫剑钒，译. 北京：机械工业出版社，2014.

34. 陈茜. 2023 上半年风投资本疯狂追捧的 20 个 AI 公司，哪家会成为第一个泡沫？ [EB/OL]. (2023-08-08)[2025-03-08]. https://36kr.com/p/2378559197460480.

35. 孙奇茹. 文心大模型 4.0 首发 AI "生成未来" [EB/OL]. (2023-10-18)[2025-03-18]. https://www.ncsti.gov.cn/kjdt/scyq/zgckxc/zgcdt/202310/t20231018_137705.html.

36. 阿里千问（Qwen）衍生模型数量破 10 万，位居全球开源模型榜首 [EB/OL]. (2025-02-25)[2025-03-25]. https://www.163.com/dy/article/JP8NTJK70511B8LM.html.

37. 高洪浩. 腾讯在 AI 拐点到来前的 700 天 [EB/OL]. (2025-03-24)[2025-04-01]. 晚点 LatePost 公众号.

38. 佑斌. DeepSeek 为何一边"开源大模型"，一边"申请专利"？ [EB/OL]. (2025-02-06) [2025-03-14]. https://www.163.com/dy/article/JNO0HE0B0511TCAU.html.

39. 量子位. 大模型"幻觉"，看这一篇就够了 | 哈工大华为出品 [EB/OL]. (2023-11-18) [2025-03-14]. https://www.thepaper.cn/newsDetail_forward_25344873.

40. 谭少卿. AI 帮你赢 [M]. 北京：人民邮电出版社，2025.

41. Stanford Institute for Human-Centered Artificial Intelligence. Artificial intelligence index report 2025[R]. Stanford, CA: Stanford HAI, 2025.

42. MUCCI T The future of AI: trends shaping the next 10 years[EB/OL]. (2024-10-11) [2025-03-14]. https://www.ibm.com/think/insights/artificial-intelligence-future.

43. 唐豪，金贤敏. 量子人工智能：量子计算和人工智能相遇恰逢其时 [J]. 自然杂志，2020 (4).

44. 券商中国. 震惊！"变脸"冒充 CFO，骗走两个亿！香港最大 AI 诈骗案细节曝

光 [EB/OL]. (2024-02-06)[2025-03-14]. https://www.thep-aper.cn/newsDetail_forward_26284950.

45. 科技赋能心灵成长：视友科技迈思睿脑机接口系统助力梨洲中学心理健康教育革新 [EB/OL]. (2025-02-17) [2025-03-14]. https://market-cusoft.blogchina.com/520112817.html.

46. 机器人大讲堂. 央视聚焦！华理脑控机器狗突破！混合现实赋能脑机接口走出实验室 [EB/OL]. (2025-04-14)[2025-04-15]. https://www.163.com/dy/article/JT44DEOQ0511D0C3.html.

47. 前瞻十五五丨未来五年塑造中国经济的关键力量 [EB/OL]. (2025-04-08) [2025-04-10]. 德勤 Deloitte 公众号.

48. 陶永亮, 高金莎. 人工智能技术特点与创新模式研究 [J]. 科技创业月刊, 2022, 35 (11).

49. NEWMAN J. Bill Gates's robot tax is a terrible idea[EB/OL]. (2017-03-07)[2025-03-14]. https://libertarianinstitute.org/articles/bill-gatess-robot-tax-terrible-idea/.

50. 韦伯. 经济与社会：上卷 [M]. 林荣远, 译. 北京：商务印书馆, 2004.

51. 陈劲, 尹西明, 赵闯. 高附加制造：超越追赶的中国制造创新战略 [J]. 技术经济, 2018, 37 (8).

52. 陈劲, 尹西明, 蒋石梅. 跨国并购视角下, 吉利整合式创新"逆袭"之路 [J]. 清华管理评论, 2019 (3).

53. 陈劲, 尹西明. 中广核：整合式创新铸就中国制造"国家名片" [J]. 企业管理, 2019(5).